माध्यमिक बीजगणित

माध्यमिक बीजगणित

डॉ. तिलेश्वर राय

वाणी प्रकाशन

वाणी प्रकाशन

4695, 21-ए, दरियागंज, नयी दिल्ली 110 002

शाखा

अशोक राजपथ, पटना 800 004

फ़ोन : +91 11 23273167 फ़ैक्स : +91 11 23275710

www.vaniprakashan.in
vaniprakashan@gmail.com
sales@vaniprakashan.in

MADHYAMIK BEEJGANIT
by Dr. Tileshwar Ray

ISBN : 978-93-87409-76-7
Maths

प्रथम (वाणी) संस्करण

मूल्य : ₹ 450

सिटी प्रेस, दिल्ली-110 095 में मुद्रित

वाणी प्रकाशन का लोगो मक़बूल फ़िदा हुसेन की कूची से

अनुक्रमणिका

माध्यमिक बीजगणित

अध्याय १

विषय प्रवेश

[१] हम जानते हैं कि अङ्कगणित में—

(क) १, २, ३, ४, ५, ६, ७, ८, ९ और ० की सहायता से छोटी अथवा बड़ी संख्यायें तथा राशियाँ प्रकट की जाती हैं, जैसे: ५ पेड़, २४० लड़के, १२३५ रुपये, इत्यादि।

एवं (ख) +, −, ×, ÷, आदि **क्रियासूचक चिह्नों** (Signs of operation) तथा ∵, ∴, =, आदि **संक्षिप्त संकेतों** (Symbols of abbreviation) का प्रयोग किया जाता है, जैसे: ४+३=७, ७−४=३, ३×५=१५, २०÷५=४, और

∵ ४ पुस्तकों का मूल्य =२० ०

∴ १ पुस्तक का मूल्य $=\frac{२०}{४}$ ० =५ रु०

बीजगणित में (क) किसी संख्या अथवा राशि को प्रकट करने के लिये अंकों के अतिरिक्त **य, र, ल, क, ख, ग,** आदि अक्षरों का भी प्रयोग किया जाता है, जैसे: **य** लड़के, **ल** गेंद, २ **क** पुस्तकें। और (ख) +, −, ×, ÷, आदि क्रिया सूचक चिह्नों तथा ∵, ∴, =, आदि संक्षिप्त संकेतों के अतिरिक्त **भेद चिह्न** (~) का भी प्रयोग किया जाता है, जैसे: **य~र** से सूचित होता है कि बड़ी संख्या में से छोटी संख्या घटाई गई है।

३५ एक ऐसी संख्या सूचित करता है, जिसमें ३ दहाइयाँ और ५ इकाइयाँ हैं। परन्तु **य र** एक ऐसी राशि प्रकट करता है जो **य** और **र** का गुणनफल है। बीजगणित में जब अक्षरों के बीच में अथवा किसी अंक और अक्षर के बीच में कोई क्रियासूचक चिह्न नहीं होता तब उसका अभिप्राय गुणा होता है, जैसे: **य र ल=य×र×ल** और **५ क ख= ५×क×ख**।

कभी-कभी गुणन चिह्न के स्थान पर एक विन्दु लिख दिया जाता है, जैसे : **य.र=य×र=य र**

इससे स्पष्ट है कि **गणित-शास्त्र की उस शाखा को जिसमें अंकों के अतिरिक्त अक्षरों की सहायता से राशियाँ प्रकट की जाती हैं, बीजगणित कहते हैं।** अंकगणित की राशियाँ निश्चित होती हैं, परन्तु बीजगणित की राशियाँ निश्चित भी हो सकती हैं, अनिश्चित भी। **इसलिये** बीजगणित को कभी-कभी **व्याप्त अंकगणित** (Generalised Arithmetic) कहते हैं।

[२] **गुणनखंड और गुणक** (Factors & Coefficient)—

उस संख्या को जो दो या दो से अधिक संख्याओं को आपस में परस्पर गुणा करने से प्राप्त होती हैं, **गुणनफल** (Product) कहते हैं; और उन संख्याओं में से प्रत्यक को, जिनको आपस में गुणा किया जाता है, गुणनफलों का **गुणनखंड** (Factor) कहते हैं, जैसेः— २, **य** और **र** को आपस में गुणा करने से २ **य र** प्राप्त हुआ, इसलिये २, **य** और र का गुणनफल २ य र है और २, **य** और **र** में से प्रत्येक या २ य, २ र अथवा **य र**, २ य र के गुणनखंड हैं।

यदि दो या दो से अधिक संख्याओं को परस्पर गुणा किया जाय, तो किसी गुणनखंड को शेष संख्या का **गुणक** (Coefficient) कहते हैं, जैसे : **६ य र ल** में **य र ल** का गुणक **६**, **य र** का गुणक **६ ल**, **ल** का गुणक **६ य र** और **र** का गुणक **६ य ल** है।

सूचना :

जब कोई संख्या केवल एक ही अक्षर की बनी हो, तब उसका गुणक **१** होता है, जैसे **य** का गुणक **१** है।

[३] **घात और घातांक** (Power & Index)—

जब किसी संख्या को उसी संख्या से एक बार अथवा कई बार गुणा किया जाता है, तब **गुणनफल** को उस संख्या का **घात** (Power) कहते हैं; और उस संख्या या अक्षर को जो किसी संख्या की दाहिनी ओर थोड़ा-सा ऊपर छोटी लिपि में लिखी जाती है, **घाताङ्क** (Index)

कहते हैं, जैसे : **य** के घात **$य^२$**, **$य^३$**, **$य^४$**, और **$य^न$** हैं; और **य** की दाहिनी ओर कुछ ऊपर लिखे हुए २, ३, ४ और **न**, **य** के घातांक हैं। **य** के घात इस बात को सूचित करते हैं कि कितने **य** परस्पर गुणा किये गये जैसे : **$य^७$=य** का घात ७ से। इससे ज्ञात होता है कि सात **य** का परस्पर गुणा करने से **$य^७$** प्राप्त हुआ है।

ऊपर की परिभाषा से यह स्पष्ट है कि—

(१) य×य=$य^२$, $य^२$ को य का द्वितीय घात या य का **वर्ग** (Square) कहते हैं।

(२) य×य×य=$य^३$, $य^३$ को य का तृतीय घात या य का **घन** (Cube) कहते हैं।

(३) य×य×य×य×य×य×य=$य^७$, $य^७$ को य का **सातवाँ** घात अथवा य घात सात कहते हैं।

(४) य×य×य×य×......य=$य^म$ को य का **म** वाँ घात या य घात **म** कहते ह।

सूचना :

(१) य को य का पहला घात कहते हैं। और य का घातांक १ है।

(२) ७ य और $य^७$ में बहुत अन्तर है।

७ य में य का गुणक ७ है अर्थात् य और ७ का गुणनफल ७ य है। परन्तु $य^७$ म य का घातांक ७ है, अर्थात् सात य का परस्पर गुणा करने से $य^७$ प्राप्त हुआ है। दूसरे शब्दों में य को य से छः बार गुणा किया गया है।

अत: ७ य=७×य

और $य^७$ =य×य×य×य×य×य×य

[४] व्यंजक और पद (Expression & Term)—

उन संख्याओं और अक्षरों के समूह को जो धन या ऋण अथवा दोनों क्रियासूचक चिह्नों द्वारा सम्बन्धित हों, **व्यंजक** (Expression) अथवा **बीजगणितीय व्यंजक** (Algebraical Expression) कहते हैं; और व्जयंक के प्रत्येक उस भाग को जो धन अथवा ऋण के चिह्नों द्वारा सम्बन्धित हो, **पद** (Term) कहते हैं, जैसे : क $य^२$+३ ख य$-\frac{र}{ल}$ एक व्यंजक है और क $य^२$, ३ ख य और $\frac{र}{ल}$ में से प्रत्येक पद है।

[५] सजातीय तथा विजातीय पद—

उन पदों को जिनमें अक्षर तथा उनके घात समान हों और उनके गुणक केवल संख्यात्मक हों, **सजातीय पद** (Like terms) कहते हैं, जैसे : य, ७ य और १० य सजातीय पद है। इसी प्रकार य^{४} र, २ य^{४} र, ५ य^{४} र आदि सजातीय पद हैं।

उन पदों को जिनमें अक्षर अथवा उनके घात भिन्न-भिन्न हों, **विजातीय पद** (Unlike terms) कहते हैं, जैसे : ३ य, ४ क य, ३ य^{२}, य र आदि विजातीय पद हैं।

[६] प्रतिस्थापन (Subsitution)—

उस क्रिया को जिसके द्वारा किसी व्यंजक में आये हुए अक्षरों के दिये हुए मान की सहायता से सम्पूर्ण व्यंजक का मान निकाला जाता है, **तिस्थापन** (Subsitution) कहते हैं, जैसे : यदि य=२, र=३ और ल=४, तो ३ स्थानापनापत्ति द्वारा य र+र ल−ल य का मान=२×३+३×४−४×२=६+१२−८=१०।

[७] धनात्मक और ऋणात्मक राशियाँ (Positive & Negative Quantities)—

उन संख्याओं या राशियों को जिनके पहले धन का चिह्न होता है अथवा कोई चिह्न नहीं होता, **धनात्मक** (Positive) कहते हैं; और उन संख्याओं को जिनके पहले ऋण का चिह्न होता है, **ऋणात्मक** (Negative) कहते हैं। जैसे : ८ य धनात्मक संख्या है और −८ य ऋणात्मक संख्या है।

धनात्मक और ऋणात्मक पद विपरीत गुण प्रकट करते हैं, जैसे— यदि ५ रु० का लाभ=५ रु०, तो ५ रु० की हानि=−५ रु०।

चूंकि उत्तर और दक्खिन, पूरब और पश्चिम, दायाँ और बायाँ, नीचे और ऊपर, आगे और पीछे तथा लाभ और हानि विपरीत दिशायें अथवा राशियाँ हैं, इसलिये प्रत्येक जोड़े में से यदि एक धनात्मक है तो दूसरा ऋणात्मक है।

[८] कोष्ठक (Brackets)—

कोष्ठक **तीन** प्रकार के होते हैं : १. [ ] २. { } और ३. ( )

१. [ ] को **गुरु कोष्ठक** (बड़ा कोष्ठक) कहते हैं।

२. { } को **धनु कोष्ठक** (मँझला कोष्ठक) कहते हैं। और

३. ( ) को **लघु कोष्ठक** (छोटा कोष्ठक) कहते हैं।

कभी-कभी किसी **व्यंजक** के भिन्न पदों को एक राशि बनाने के लिये कोष्ठक के स्थान पर उन पदों के ऊपर एक सरल रेखा खींच दी जाती है। इस सरल रेखा को **रेखा बन्धनी** (Vinculum) कहते हैं, जैसे : $८+\overline{३-५}$

[९] कोष्ठक का हटाना—

यदि कोष्ठक के पहले '+' का चिह्न हो तो कोष्ठक के हटाने पर इसके भीतर के धन तथा ऋण के चिह्नों में कोई परिवर्तन किये बिना ही कोष्ठक हटाये जा सकते हैं, जैसे : क+(ख−ग)=क+ख−ग

यदि कोष्ठक के पहले '−' का चिह्न है, तो कोष्ठक के हटाने पर इसके भीतर के धन के चिह्न बदल कर ऋण तथा ऋण के चिह्न बदल कर धन हो जाते हैं, जैसे : क−(ख−ग)=क−ख+ग।

जब कभी एक से अधिक कोष्ठक हों तब सबसे पहले **रेखा कोष्ठक** को हटाते हैं। इसके पश्चात क्रमशः लघु कोष्ठक, **धनु कोष्ठक** तथा **गुरु कोष्ठक** को बारी-बारी से हटाते हैं, जैसे—

$$२-[क+\{ख-(ग-\overline{घ-च})\}]=२-[क+\{ख-(ग-घ+च)\}]$$
$$=२-[क+\{ख-ग+घ-च\}]$$
$$=२-[क+ख-ग+घ-च]$$
$$=२-क-ख+ग-घ+च$$

[१०] कोष्ठक से लाभ—

जब किसी राशि को दूसरी राशि से पृथक करना होता है, तब उस राशि को कोष्ठक के भीतर लिखते हैं। परन्तु हम लोग कोष्ठक का प्रयोग इस हेतु भी करते हैं कि इसके भीतर की लिखी संख्यायें एक राशि मानी जायें, जैसे : क−(ख+ग) सूचित करता है कि क में से ख और ग का योग फल घटाना है।

प्रश्नावली १

(१) गुणक किसे कहते हैं ?

७ क य, ४ क ख य, ३ $क^{२}$ ख य में य के गुणक बताओ।

(२) यदि क=७ और ख=९ तो ७९ और क ख में कितना अन्तर है ?

(३) यदि क=३, ख=४ और ग=५ तो ३$\frac{४}{५}$ और क$\frac{ख}{ग}$ का अन्तर बताओ।

(४) यदि क=३, ख=४ और ग=६ तो

(क) क ख ग (ख) $\sqrt{२ क ख ग}$ और (ग) $क^{२}$+ख−ग का मान बताओ।

(५) यदि य=३, र=४, ल=१, तो $\sqrt{२ य र+४ ल य}+\sqrt{९ र}+\frac{२ य र ल}{३}$ का मान बताओ। [दिल्ली १९२७]

(६) यदि य=२, र=१, तो $\frac{४ य^{२} र-३ य र^{२}-३ य र}{य र}$ का मान निकालो।

(७) यदि य=०, र=४, ख=३ और ग=४, तो क $य^{२}$+ख ग−२० र का मान ज्ञात करो। [हा० स्कू० स्का० १९२१]

(८) यदि क=३, ख=४ और ग=५, तो निम्नलिखित को बीजगणितीय पद में लिखो:—

(क) ५४ (ख) ४५३ (ग) ४$\frac{३}{५}$

(९) निम्नलिखित को + तथा − के चिह्नों द्वारा प्रकट करो:—

(क) ५ मील पूरब, ८ मील पश्चिम;

(ख) ८ मील दाहिनी ओर, ५ मील बाईं ओर;

(ग) ८ रुपये का लाभ, ७ रुपये की हानि;

(घ) ३ इंच अधिक वर्षा, ५ इंच कम वर्षा।

(१०) निम्नलिखित से क्या समझते हो ?

(क) मोहन का स्कूल −२ गोल से जीत गया।

(ख) क्रिकेट के खेल में एक पक्ष −१०० रनों से जीत गया।

निम्नलिखित में से कोष्ठक को हटाओ:—

(११) $१-[१-\{१-(१-\overline{१-य})\}]$ [अलीगढ़ १९३२]

(१२) $य-[र-\{ल-(क-\overline{ख-ग})\}]$

(१३) $य-[क+\{ख-२(ग+घ)-र\}+ल]$

(१४) $३य-[क-\{ग-(घ-\overline{च+छ})\}]$

(१५) $३-२र+\{३-(ल-\overline{क-ख})\}$।

(१६) राम काशी से **य** मील उत्तर जाकर फिर **र** मील वापस आ गया। बताओ काशी से वह कितनी दूर पर है ?

(१७) करोड़ी मल को व्यापार में पहले दिन **१०य** रुपये का लाभ हुआ और दूसरे दिन **३र** रुपये की हानि हुई। बताओ उस को कुल कितने रुपये का लाभ हुआ।

(१८) मोहन के पास **१०य** रुपये थे। उसमें से उसने सोहन को **क** रुपये और रोहन को **ख** रुपये दे दिये। कोष्ठक का प्रयोग करके बताओ मोहन के पास कितने पये बच गये ?

—::०::—

अध्याय २

चारों क्रियायें

जोड़ और घटाना

तुम पढ़ चुके हो कि

(क) दो या दो से अधिक राशियों के जोड़ को **योगफल** कहते हैं। जब एक राशि दूसरी राशि में से घटाई जाती है, तब उस राशि को जिसमें से कोई राशि घटाई जाती है, **वियोजक** कहते हैं, घटाई जानेवाली राशि को **वियोज्य** कहते हैं; और उस राशि को जो घटाने की क्रिया करने के बाद प्राप्त होती है, **शेष** कहते हैं।

(ख) धनात्मक सजातीय पदों के जोड़ने के लिये अक्षरों के संख्यात्मक गुणकों को जोड़ा जाता है, जैसे : **३क+५क+७क=१५क**।

(ख) एक सजातीय पद को दूसरे सजातीय पद में से घटाने के लिये केवल एक पद के संख्यात्मक गुणक को ही संगति सजातीय पद के संख्यात्मक गुणक में से घटाया जाता है, जैसे : **१३क ख—६क ख=४क ख।**

(घ) दो राशियों का जोड़, जिनमें से एक धनात्मक और दूसरी ऋणात्मक हो, उनके अन्तर के बराबर होता है। जब धनात्मक राशि बड़ी होती है, तब जोड़ धनात्मक होता है और जब ऋणात्मक संख्या बड़ी होती है, तब जोड़ ऋणात्मक होता है, जैसे : **५क+(—३क) =२क और (—५क)+३क= —२क।**

(च) दो ऋणात्मक राशियों का जोड़ उनके स्वतंत्र मानों के जोड़ के बराबर होता है, परन्तु जोड़ ऋणात्मक होता है, जैसे : **—५क+(—३क)= —८क।**

(छ) वियोज्य के प्रत्येक पद के चिह्न को '+' से '—' और '—' से '+' में बदलकर वियोजक में जोड़ देने से अभीष्ट शेष प्राप्त होता है। जैसे : **३य+५र—७ल** में से **२य—४र+६ल** को घटाओ।

वियोजक=३य+५र—७ल

वियोज्य =**२य—४र+६ल**

— + —   वियोज्य के चिह्नों को बदलने से

शेष = **य+९र —१३ल**

उत्तर : य+९र—१३ल

प्रश्नावली २

मौखिक

निम्नलिखित को जोड़ो :—

(१) —४ और ७ (२) —७ और ५ (३) —६ और —४ (४) क और —क (५) ३ क और २ क (६) ८ क और —३ क (७) —७ क और ४ क (८) —३ क और —५ क

घटाओ :—

(९) ७ में से ३ (१०) ७ में से —३ (११) ५ में से ८ (१२) —७ में से —४ (१३) ३ क में से २ क (१४) ४ क में से —३ क (१५) —४ क में से —३ क (१६) —४ क में से —५ क

लिखित

निम्नलिखित का योगफल बताओ :—

(१७) क + ख + ग, क – ख + ग, क + ख – ग और – क + ख + ग

(१८) २ क + ३ ख + ४ ग, – ३ क + ४ ख + ५ ग और ४ क – ५ ख – ६ ग

(१९) ५ य – ८ र + १, – य + ५ र + ल और ३ य + २ र – २ ल + १

(२०) ३ य^2 – ५ य र + ३ र^2, – ४ य^2 + ८ य र – र^2 और – ३ य^2 + ३ य र + ८ र^2

घटाओ :—

(२१) ४ क + ५ ख + ६ ग में से २ क – ३ ख + ४ ग

(२२) ३ य^2 + ७ य + ३ में से ३ य^2 – २ य + ४

(२३) य – ७ र + १४ में से ३ य + १५ र – १०

(२४) ५ य^2 – ७ य र + ३ र^2 में से ६ य^2 – ३ य र – १० र^2

(२५) राम के पास ३क + ४ ख – २ र रुपये थे और उसके पिता ने उसको ३ख + २र – ४क रुपये और दिये। अब उसके पास कितने रुपये हो गये ?

(२६) वर्षगाँठ के अवसर पर राम को उसके नाता, पिता और भाइयों से क्रमशः ४ क – ५ ख + २ ग रुपये, ४ ख – २ ग रुपये और २ क – ३ ख रुपये मिले। यदि उसके मामा ने भी ५ ख – २ क पये दिये, तो बताओ उसको कुल कितने रुपये मिले ?

(२७) यदि य = क + २ख – ३ग, र = – ३क – २ख + ४ग और ल = २क + ३ख – ५ग, तो य + र + ल का मान बताओ।

(२८) एक बाटिका में २ य – ४ र + ५ ल पेड़ आम के, – ४ य + ५ र + ३ ल पेड़ जामुन के और ५ य + ३ र – ४ ल पेड़ कटहल के हैं। उस बाटिका में कुल कितने पेड़ हैं ?

(२९) य + र में कितना जोड़ा जाय कि योगफल ४य हो जाय ?

(३०) ११य + १२र में कितना जोड़ा जाय कि योगफल ५ य – ३ र हो जाय ?

(३१) – ५ क^2 – ७ ख^2 – ९ ग^2 में कितना जोड़ा जाय कि योगफल क^2 + ख^2 + ग^2 हो जाय ?

(३२) यदि य = ३क + ४ख – ५ग, र = ३क – ४ख + ५ग और ल = ३ क + ४ ख + ५ ग तो य – २ र + ल का मान बतओ।

(३३) $५य^३$ में से $१-२य^२+य$ घटाओ, शेष में $२य-३य^२$ और $१-५य^३$ के योगफल को जोड़ो [हा० स्कू० स्क० १९१२]

(३४) किसी रेलगाड़ी में $३य+४र-ल$ यात्री हैं। इनमें से $य-र+ल$ यात्री प्रथम श्रेणी के और $२य+३र-ल$ यात्री तृतीय श्रेणी के हैं। बीजीगणितीय व्यंजक में बताओ कि द्वीतीय श्रेणी में कितने यात्री हैं? यदि $य=४५$, $र=३६$ और $ल=५$, तो प्रत्येक श्रेणी में अलग-अलग कितने यात्री हैं?

(३५) $२य^२-५य-३$ में से $३य^३-७य+१$ को घटाओ; शेष को शून्य म से घटाओ फिर अन्तिम शेष को $२य^२-२य^३+२$ में जोड़ो।

[हा० स्कू० स्क० १९२०]

गुणा (Multiplication)

तुम जानते हो कि—

[१] **गुणा जोड़ की सरल रीति को कहते हैं**, जैसे—

(क) $६\times३=६+६+६=१८$

(ख) $य\times३=य+य+य=३य$

(ग) $य\times र=य+य+य+\ldots र \text{ बार}=य र$

(छ) $-६\times३=(-६)+(-६)+(६-)=-१८$

(ङ) $-य\times३=(-य)+(-य)+(-य)=-३य$

और (च) $-य\times र=(-य)+(-य)+(-य)+\ldots र \text{ बार}=-य र$

[२] (क) उस राशि या व्यंजक को जिसको गुणा किया जाता है, **गुण्य** (Multiplicant) कहते हैं, जैसे : $य\times३$ में $य$ गुण्य है।

(ख) उस राशि या व्यंजक को जिससे गणा किया जाता है, **गुणक** (Multiplier) कहते हैं, जैसे : $य\times३$ में ३ गुणक है।

और (ग) उस राशि या व्यंजक को जो गुणा की क्रिया करने से प्राप्त होती है, **गुणनफल** (Product) कहते हैं, जैसे : $य\times३=३य$ में $३य$ गुणनफल है।

(३) जब अक्षरों के बीच में कोई **क्रियात्मक चिह्न** (Sign of Operation) नहीं रहता, तब उनके बीच में गुणा का चिह्न समझा जाता है, जैसे : $क\ ख\ ग=क\times ख\times ग$।

(४) बीजगणित में गुणा की राशियाँ किसी भी क्रम से रखी जा सकती हैं, जैसे : **क ख ग = क ग ख = ग क ख = ग ख क = ख ग क = ख क ग।**

(५) (क) जब गुण्य और गुणक दोनों के पहले एक ही प्रकार के **दैशिक चिह्न** (Directional Signs) हों—(दोनों '+' अथवा दोनों '−' हों), तब गुणनफल धनात्मक होता है, जैसे :

$$क \times ख = क\ ख \text{ और } (-क) \times (-ख) = क\ ख।$$

(ख) जब गुण्य और गुणक के पहले विपरीत दैशिक चिह्न हों (एक '+' हो और दूसरा हो '−'), तब गुणनफल ऋणात्मक (Negative) होता है, जैसे : $(-क) \times ख = -क\ ख$ और $क \times (-ख) = -क\ ख$ ।

(६) गुणनफल का घात गुण्य और गुणक के घातों के योगफल के बराबर होता है, जैसे : $क^{४} \times घ^{५} = क^{६}$ और $क^{म} \times क^{न} = क^{म+न}$

(७) $(-क)^{२} = (-क) \times (-क) = क^{२}$

$(-क)^{३} = (-क) \times (-क) \times (-क) - = क^{३}$

$(-क)^{४} = (-क) \times (-क) \times (-क) \times (-क) क^{४}$

$(-क)^{५} = (-क) \times (-क) \times (-क) \times (-क) \times (-क) = -क^{५}$

अर्थात् ऋणात्मक राशि का समघात **धन** और विषमघात **ऋण** होता है।

प्रश्नावली ३

मौखिक

निम्नलिखित का मान निकालो:—

(१) $३क \times ५ख$ (२) $य \times (-र)$

(३) $४क \times (-ख)$ (४) $(-३य) \times (३र)$

(५) $(क) \times (४ख)$ (६) $(-२य) \times (५र)$

(७) $(-य) \times (-र)$ (८) $(-४क) \times (-३ख)$

(९) $(-३क) \times (७ख)$ (१०) $क^{२} \times क^{३}$

(११) $२\ क^{३} \times ३\ क^{४}$ (१२) $(-क\ ख) \times (क^{३}\ ख^{४})$

(१३) $(-३क^{४}) \times (२क^{६})$ (१४) $(-२क^{२}\ य) \times (-४क^{३}य^{४})$

(१५) $(-क^{२}\ य^{३}) \times \left(-क^{म}\ य^{न}\right)$

लिखित

(१६) $य^{२}-३य+२$ को $य+१$ से गुणा करो ।

क्रिया :

$$\begin{array}{r} य^{२}-३य+२ \\ य+१ \\ \hline य^{३}-३य^{२}+२य \\ य^{२}-३य+२ \\ \hline य^{३}-२य^{२}-य+२ \\ \hline \end{array}$$

उत्तर : $य^{३}-२य^{२}-य+२$

गुणा करो—

(१७) $य^{२}-४य+३$ को $य+२$ से

(१८) $य^{२}-५य+६$ को $य-२$ से

(१९) $३य^{२}-४य+५$ को $२य-३$ से

(२०) $९य^{२}+३य\,र+र^{२}$ को $३य-र$ से

(२१) $क^{२}+२क+४$ को $क^{२}-२क+४$ से

(२२) $क^{२}+३क\,ख+९ख^{२}$ को $क^{२}-३क\,ख+९ख^{२}$ से

(२३) $२य+३र-४ल$ को $२य-३र+४ल$ से

(२४) $य^{२}+य\,र+र^{२}$ को $य-र$ से

(२५) $य^{२}-य\,र+र^{२}$ को $य+र$ से

(२६) $य^{३}+य^{२}+य+१$ को $य-१$ से

(२७) $य^{३}+य^{२}\,र+य\,र^{२}+र^{३}$ को $य-र$ से

(२८) $य^{३}-य^{२}+य-१$ को $य+१$ से

(२९) $य^{३}-य^{२}\,र+य\,र^{२}-र^{३}$ को $य+र$ से

(३०) $१-य+य^{२}-य^{३}$ को $१+य+य^{२}+य^{३}$ से [कलकत्ता १८५९]

(३१) $\frac{य^{२}}{र^{२}}+१+\frac{र^{२}}{य^{२}}$ को $\frac{य}{र}-\frac{र}{य}$ से [कलकत्ता १८७५]

(३२) $य^{२}+र^{२}+ल^{२}-य\,र-र\,ल-ल\,य$ को $य+र+ल$ से

(३३) $क+ख$ को $क-ख$ से

(३४) $२क+३ख$ को $२क-३ख$ से

निम्नलिखित का वितत गुणनफल (Continued Product) ज्ञात करो:—

(३५) य–ल, य+र और $य^2+र^2$ का

(३६) २य–र, २य+र, $४य^2+र^2$ और $१६य^4+र^4$ का

(३७) य+र+ल, य+र–ल, य+ल–र और र+ल–य का

[कलकत्ता १८६६]

(३८) $य^2–२य+२$, $य^2+२य+२$, $य^4–२य^3+२य^2–४य+४$ और $य^4+२य^3+२य^2+४य+४$ [पंजाब १८९३]

(३९) $क^2–कख+ख^2$, $क^2+कख+ख^2$ और $क^4–क^2ख^2+ख^4$ का

मान निकालो:—

(४०) क(क+ख)–ख(क+ख)

(४१) क(क+ख+ग)–ख(क+ख+ग)+ग(क+ख+ग)

(४२) (य+२)(य+१)–(य–३)(य–४)

(४३) (२क+३ख)(२क–३ख)–(३ख–२क)(३ख+२क)

(४४) एक वस्तु का मूल्य य+र रु० है, तो $य^2–यर+र^2$ वस्तुओं का मूल्य बताओ।

(४५) एक पाठशाला में $य^2–यर+ल^2$ कक्षायें हैं और प्रत्येक कक्षा में विद्यार्थियों की औसत उपस्थिति $य^2+यर+ल^2$ है, तो उस पाठशाला में कितने विद्यार्थी उपस्थित हैं ?

(४६) एक रेलगाड़ी एक घंटे में २य–र मील जाती है, तो $४य^2+२यर+र^2$ घंटे में कितने मील जायेगी ?

(४७) एक आयताकार खेत की लम्बाई और चौड़ाई क्रमशः $क^2+२कख+ख^2$ फुट और $क^2–२कख+ख^2$ फुट है। उस खेत का क्षेत्रफल बताओ।

भाग (Division)

तुम जानते हो कि—

[१] किसी एक संख्या को दूसरी संख्या से भाग देने का अर्थ यह पता लगाना होता है कि पहली संख्या में दूसरी संख्या कितनी बार सम्मिलित है। अथवा पहली संख्या में से दूसरी संख्या कितनी बार घटाई जा सकती

है, जैसे : २४ में ६ से भाग देने का अर्थ उस संख्या का पता लगाना है, जितनी बार २४ में ६ सम्मिलित है अथवा २४ में से ६ घटाया जा सके।

[२] उस संख्या को जिसको विभाजित किया जाता है, **भाज्य** (Dividend) कहते हैं; उस संख्या को जिससे भाग दिया जाता है, **भाजक** (Divider) कहते हैं; उस संख्या को जिससे यह ज्ञात होता है कि भाज्य में भाजक कितनी बार सम्मिलित है, **भागफल** (Quotient) कहते हैं; और उस संख्या को जो भाग की क्रिया करने के पश्चात् बच जाती है, **शेषफल** (Remainder) कहते हैं।

[३] **भाज्य = भाजक × भागफल + शेषफल।**

[४] जब भाजक और भाज्य दोनों के दैशिक चिह्न एक ही होते हैं (अर्थात् दोनों '+' अथवा दोनों '−' हों), तब भागफल धनात्मक होता है; परन्तु जब भाजक और भाज्य दोनों के दैशिक चिह्न विपरीत होते हैं (अर्थात् एक '+' और दूसरा '−' हो), तब भागफल ऋणात्मक होता है।

जैसे : (क) $य र \div र = +य$

(ख) $-य र \div (-र) = +य$

(ग) $य र \div (-य) = -य$

और (घ) $-य र \div (+र) = -य$

[५] किसी राशि के घात को उसी राशि के किसी दूसरे घात से भाग देने पर भागफल का घातांक वही संख्या होती है, जो भाज्य के घातांक में से भाजक के घातांक को घटाने से प्राप्त होती है, जैसे—

$$य^५ \div य^३ = \frac{य^५}{य^३}$$

$$= \frac{य \times य \times य \times य \times य}{य \times य \times य}$$

$$= य^२ = य^{५-३}$$

सूचना : इस नियम की सहायता से यह सिद्धि किया जा सकता है कि उस राशि का मान १ होता है, जिसका घात शून्य हो जैसे : $य^० = १$

क्योंकि $य^३ \div य^३ = य^{३-३} = य^०$

परन्तु $य^३ \div य^३ = \frac{य^३}{य^३} = १$

$\therefore य^० = १$

[६] जब किसी व्यंजक में एक पद से भाग देना होता है, तब व्यंजक के प्रत्येक पद में भाज्य से भाग दिया जाता है और भागफल समस्त भागफलों के **बीजगणितीय योग** (Algebraic Sum) के बराबर होता है, जैसे :—

क य^२ + ३ख य — ग य में य से भाग दिया जाय, तो

$$\text{भागफल} = \frac{\text{क य}^{२} + \text{३ख य} - \text{ग य}}{\text{य}} = \frac{\text{क य}^{२}}{\text{य}} + \frac{\text{३ख य}}{\text{य}} - \frac{\text{ग य}}{\text{य}}$$

$$= \text{क य} + \text{३ख} - \text{ग}$$

[७] एक व्यंजक में किसी दूसरे व्यंजक से भाग देने के लिये सर्वप्रथम भाज्य और भाजक के पदों को किसी एक राशि के घातों को **अवरोह क्रम** (Descending Order) अथवा **आरोह क्रम** (Ascending Order) से लिखते हैं। फिर अंकगणित के समान ही भाग की क्रिया करते हैं, जैसे :—

६ — ३ य^२ — ५ य + २ य^३ को य^२ + २ — ३ य से भाग दो।

क्रिया : पहले भाज्य और भाग को य के घातों को अवरोह क्रम से लिखो। फिर अंकगणित के समान ही क्रिया करो।

```
                  २ य   + ३
य² — ३य + २ ) २ य³ — ३ य² — ५ य + ६
              २ य³ — ६ य² + ४ य
                     ३ य² — ९य + ६
                     ३ य² — ९य + ६
```

प्रश्नावली ४

मौखिक

भाग दो—

(१) २ क + ६ ख को २ से

(२) ६ क + ९ ख को ३ से

(३) ४ क + क ख को क से

(४) १५ क ख + २५ ख ग को ५ ख से

(५) $२ य^{२} र^{२} + ४ य र$ को $य र$ से

(६) $३ क^{२} ख^{२} ग^{२} + ६ क^{३} ख^{३} ग^{३}$ को $क ख ग$ से

(७) $३ य^{३} - ४ य^{२}$ को $य^{२}$ से

(८) $२ य^{३} - ४ य^{२} र + ६ य^{२} र^{२}$ को $२ य^{२}$ से

(९) यदि एक आदमी ५ घंटे में $१० क + ३० ख$ मील चलता है, तो उसकी चाल प्रति घंटा कितनी है ?

(१०) एक गाड़ी २क घंटों में $८क - क ख$ मील जाती है, तो उसकी प्रति घंटे की चाल बताओ।

लिखित

मान बताओ:—

(११) $\frac{य^{४} - य^{२}}{य^{२}} + \frac{य^{२} - २ य}{य}$ (१२) $\frac{क य^{३} + ख य^{२} + य}{य^{२}} - \frac{क य^{२} - ख य}{य}$

(१३) $२ य^{३} - ९ य^{२} + ११ य - ६$ को $य - ३$ से भाग दो

क्रिया :

$$
\begin{array}{r|l}
 & २य^{२} - ३य + २ \\
\hline
य - ३ & २य^{३} - ९य^{२} + ११य - ६ \\
 & २य^{३} - ६य^{२} \\
\hline
 & -३य^{२} + ११य \\
 & -३य^{२} + ९य \\
\hline
 & २य - ६ \\
 & २य - ६ \\
\hline
\end{array}
$$

उत्तर : भागफल $= २ य^{२} - ३ य + २$

भाग दो:—

(१४) $य^{३} - र^{३}$ को $य - र$ से

(१५) $य^{३} + र^{३}$ को $य + र$ से

(१६) $य^{३} + ८ र^{३} + ल^{३} - ६ य र ल$ को $य + २ र + ल$ से

(१७) $य^{३} - र^{३} + ल^{३} + ३ य र ल$ को $य - र + ल$ से

(१८) $य^{३} - र^{३} - ८ ल^{३} - ६ य र ल$ को $य - र - २ ल$ से

(१९) $य^{४} + ६ य^{३} - १८ य - ९$ को $य^{२} - ३$ से

(२०) $य^{५} - २ य^{४} + २ य^{३} - ४ य^{२} - ८ य + १६$ को $य - २$ से

(२१) $य^४ - र^४$ को $य - र$ से

(२२) $६क^४ - क^३ख + २क^२ख^२ + १३कख^३ + ४ख^४$ को $२क^२ - ३कख + ४ख$ से [बम्बई १८६६]

(२३) $४य^४ - १२य^३ + ९य^२ - ४$ को $२य^२ - ३य - २$ से [दिल्ली १९३१]

(२४) $य^४ + २कय^३ + (क^२ + ख + ग)य^२ + (कख + गक)य + खग$ को $य^२ + कय + ख$ से [पटना १९२५]

(२५) $क^३ - ख^३$ और $क^३ + ख^३$ के गुणनफल को $क^४ + क^२ख^२ + ख^२$ से भाग दो।

शेषफल का सिद्धान्त

[क] $३य^२ + ४य + ५$ को $य - क$ से भाग दो और शेषफल (अर्थात् जिस शेषफल में य न हो) बताओ।

क्रियाः

$$
\begin{array}{r|l}
 & ३य + ४ + ३क \\
\hline
य - क & ३य^२ + ४य + ५ \\
 & ३य^२ - ३कय \\
\hline
 & ४य + ३कय + ५ \\
 & ४य \quad - ४क \\
\hline
 & + ३कय + ४क + ५ \\
 & + ३कय - ३क^२ \\
\hline
 & ३क^२ + ४क + ५ \\
\hline
\end{array}
$$

अभीष्ट शेषफल : $३क^२ + ४क + ५$

[ख] $४य^२ - ३य - २$ को $य - क$ से भाग दो

क्रिया :

$$
\begin{array}{r|l}
 & ४य - ३ + ४क \\
\hline
य - क & ४य^२ - ३य - २ \\
 & ४य^२ - ४कय \\
\hline
 & -३य + ४कय - २ \\
 & -३य + ३क \\
\hline
 & ४कय - ३क - २ \\
 & ४कय - ४क^२ \\
\hline
 & ४क^२ - ३क - २ \\
\hline
\end{array}
$$

अभीष्ट शेषफल : $४क^२ - ३क - २$

'क' और 'ख' को देखने से यह स्पष्ट है कि "यदि य के **फलन** (Function) में य–क से भाग देने पर यदि भाज्य में य के स्थान पर क लिख दिया जाय, तो बिना य वाला शेषफल प्राप्त हो जायेगा।"

[ग] $य^३ - ५ य^२ + ६ य + ९$ का य+क से भाग दो और शेषफल बताओ

$$य^२ - ५ य - क य + ६ + ५ क + क^२$$

क्रिया : य+क) $य^३ - ५ य^२ + ६ य + ९$

$$य^३ + क य^२$$

$$-५ य^२ - क य^२ + ६ य + ९$$

$$-५ य^२ \quad -५ क य$$

$$-क य^२ + ६ य + ५ क य + ९$$

$$-क य^२ - क^२ य$$

$$६य + ५क य + क^२ य + ९$$

$$६य \quad + ६ क$$

$$५ क य + क^२ य - ६ क + ९$$

$$५ क य \quad + ५ क^२$$

$$क^२ य - ५ क^२ - ६ क + ९$$

$$क^२ य + क^३$$

$$-क^३ - ५ क^२ - ६ क + ९$$

अभीष्ट शेषफल : $-क^३ - ५ क^२ - ६ क + ९$

$$= (-क)^३ - ५ (-क)^२ + ६ (-क) + ९$$

इससे ज्ञात होता है कि य के फलन में य+क से भाग देने पर यदि भाज्य में य के स्थान पर –क लिख दिया जाय, तो बिना य वाला शेषफल प्राप्त होता है।

प्रश्नावली ५

भाग की क्रिया किये बिना शेषफल बताओ, जब

(१.) $४ य^३ - ३ य^२ + य - १ \div य - २$

क्रिया : अभीष्ट शेषफल $= ४ \times (२)^३ - ३ \times २^२ + २ - १$

$$= ३२ - १२ + २ - १ = २१$$

उत्तर : २१

(२) ३य^{३}+४य–३य+४÷य–१ (३) २य^{३}–५य^{२}+य–४÷य+१

(४) ५य^{२}+७य–३÷य–२ (५) य^{४}–य^{३}+य^{२}–१÷य+२

(६) २य^{३}–३य^{२}+२य–१÷य–३ (७) य^{३}+४य^{२}–२य–२÷य+३

(८) २य^{३}+य^{२}–३य+२÷२य–१

[संकेत : इस प्रश्न में य के स्थान पर $\frac{१}{२}$ लिखा जायेगा]

(९) २य^{३}–३य^{२}+४य+१÷२य–३ (१०) य^{२}+४य+१÷२य–५

(११) यदि क–२ से य^{२}–३ य+क विभाजित हो जाता है तो क का मान बताओ :—

क्रियाः य^{२}–३ य+क में यदि य–२ से भाग दिया जायेगा तो शेषफल

२^{२}–३×२+क= –२+क

∵ य–२ से य^{२}–३ य+क विभाजित हो जाता है, तो शेष शून्य बचेगा

∴ क–२=०

अर्थात् क=२

उत्तर : क=२

क का मान बताओ, यदि—

(१२) य – १ से य^{२}+५ य+क विभाजित हो जाता है।

(१३) य+१ से य^{३}+य^{२}+२ य+क विभाजित हो जाता है।

(१४) य – २ से य^{३} – २ य^{२}+४ य+क विभाजित हो जाता है।

(१५) य+२ से य^{३}+य^{२}–३ य+क विभाजित हो जाता है।

(१६) य – ३ से य^{२} – ५ य+क विभाजित हो जाता है।

(१७) य+३ से य^{३} – य^{२}+४ य+क विभाजित हो जाता है।

(१८) क और ख के किस मान के लिये य^{३}–६ य^{२}+क य+ख को य–१ और य–२ विभाजित कर देंगे।

(१९) यदि य^{२}+३य+२ से य^{३}–७य+क विभाजित हो जाता है तो क का मान बताओ।

(२०) यदि य=१२ तो य का मान प्रतिस्थापित किये बिना (Without Subsituting) य^{५}–१५ य^{४}+४ य^{३}–५१ य^{२}+१४० य+१ का मान ज्ञात करो।

क्रिया : अभीष्ट मान उस शेष फल के बराबर होगा जो दिये हुए व्यंजक में य−१२ से भाग देने पर प्राप्त होगा ।

इसलिये य−१२ से दिये हुए व्यंजक में भाग दिया गया ।

$$\begin{array}{l}
\qquad\qquad\quad य^{४}-३य^{३}+३य^{२}-१५य+४० \\
\hline
य-१२)\ य^{५}-१५य^{४}+४२य^{३}-५१य^{२}+१४०य+१ \\
\qquad\quad\ य^{५}-१२य^{४} \\
\hline
\qquad\qquad -३य^{४}+४२य^{३} \\
\qquad\qquad -३य^{४}+३९य^{३} \\
\hline
\qquad\qquad\qquad\quad ३य^{३}-५१य^{२} \\
\qquad\qquad\qquad\quad ३य^{३}-३६य^{२} \\
\hline
\qquad\qquad\qquad\qquad -१५य^{२}+१४०य \\
\qquad\qquad\qquad\qquad -१५य^{२}+१८०य \\
\hline
\qquad\qquad\qquad\qquad\qquad ४०य+१ \\
\qquad\qquad\qquad\qquad\qquad ४०य-४८० \\
\hline
\qquad\qquad\qquad\qquad\qquad\qquad ४८१
\end{array}$$

अभीष्ट मान＝४८१

उत्तर : ४८१

य का मान प्रतिस्थापित किये बिना निम्नलिखित का मान निकालो:—

(२१) $य^{५}-२०य^{४}+१००य^{३}-१२०य^{२}+४२य-१$, जब य＝१३

(२२) $य^{६}-२१य^{५}+१००य^{४}-३३य^{३}+७५य^{२}-७३य-३$, जब य＝१४

(३३) $य^{६}-१९य^{५}+६५य^{४}-७४य^{३}+६३य^{२}-४९य+४$, जब य＝१५

(२४) $य^{६}-१८य^{५}+३०य^{४}+२८य^{३}+६९य^{२}-८२य+४१$, जब य＝१६

—×—

अध्याय ३

कुछ बीजगणितीय गुर

गुर [१] $(क+ख)^{२}=क^{२}+२क\,ख+ख^{२}$

उपपत्ति : $(क+ख)^{२}=(क+ख)\,(क+ख)$

$=क^{२}+क\,ख+क\,ख+ख^{२}$ यथार्थ गुणन से

$=क^{२}+२\,क\,ख+ख^{२}$

इस गुर के अनुसार दो राशियों के योग का वर्ग उन राशियों के वर्गों एवं उनके गुणनफल के दूने के योगफल के बराबर होता है।

प्रश्नावली ६

मौखिक

निम्नलिखित का गुर की सहायता से वर्ग ज्ञात करो:—

(१) $क+२$ (२) $३+क$ (३) $४+क$

(४) $१+२ख$ (५) $(३क+१)$ (६) $४क+१$

लिखित

(७) $३य+२र$

क्रिया : मान लिया कि $३य=क$ और $२र=ख$

$\therefore \quad (३य+२र)^{२}=(क+ख)^{२}$

$=क^{२}+२क\,ख+ख^{२}$

$=(३क)^{२}+२\times३य\times२र+(२र)^{२}$

$=९क^{२}+१२य\,र+४र^{२}$

उत्तर : $९क^{२}+१२य\,र+४र^{२}$

(८) $३य+४र$ (९) $४य+५र$ (१०) $५य+६र$

(११) $क\,य+ख\,र$ (१२) $२क\,य+३ख\,र$ (१३) $३क\,य+४ख\,र$

(१४) $३य^२+र^२$ (१५) $३य^२+४र^२$ (१६) $४य^२+५र^२$

(१७) क+ख+ग

क्रिया : $(क+ख+ग)^२=\{(क+ख)+ग\}^२$

$=(क+ख)^२+२\ (क+ख)\ ग+ग^२$

$=क^२+२क\ ख+ख^२+२क\ ग+२ख\ ग+ग^२$

$=क^२+ख^२+ग^२+२क\ ख+२ख\ ग+२ग\ क$

उत्तर : $क^२+ख^२+ग^२+२क\ ख+२ख\ ग+२ग\ क$

(१८) क+ख+२ग (१९) २क+ख+ग

(२०) २क+३ख+ग (२१) २क+३ख+४ग

(२२) १०५

क्रिया : $(१०५)^२=(१००+५)^२$

$=१००^२+२\times१००\times५+५^२$

$=१००००+१०००+२५$

$=११०२५$

उत्तर : ११०२५

(२३) ९३ (२४) ९७

(२५) १०७ (२६) २०९

(२७) $क+\frac{१}{क}$

क्रिया : $\left(क+\frac{१}{क}\right)^२=क^२+२क\times\frac{१}{क}+\frac{१}{क^२}$

$=क^२+२+\frac{१}{क^२}$

$=क^२+\frac{१}{क^२}+२$

(२८) $२क+\frac{२}{क}$ (२९) $\frac{क}{४}+\frac{४}{क}$

(३०) $\frac{क}{य}+\frac{य}{क}$ (३१) $\frac{क\ ख}{य\ र}+\frac{य\ र}{क\ ख}$

संक्षेप में लिखो:—

(३२) $४क^२+१२कख+९ख^२$

क्रिया : $४क^२+१२कख+९ख^२=(२क)^२+२(२क)(३ख)+(३ख)^२$

$=(२क+३ख)^२$

उत्तर : $(२क+३ख)^२$

(३३) $४क^२+४कख+ख^२$ (३४) $९क^२+६कख+ख^२$

(३५) $क^२+१०कख+२५ख^२$ (३६) $४क^२+२०कख+२५ख^२$

(३७) $२५क+३०कख+९ख^२$ (३८) $४९क^२+७०कख+२५ख^२$

सरल करो:—

(३९) $(क+ख)^२+२(क+ख)(क-ख)+(क-ख)^२$

क्रिया : $(क+ख)^२+२(क+ख)(क-ख)+(क-ख)^२$

$=\{(क+ख)+(क-ख)\}^२$

$=(२क)^२=४क^२$

(४०) $(२क+ख)^२+२(२क+ख)(२क-ख)+(२क-ख)^२$

(४१) $(२क+३ख)^२+२(२क+३ख)(२क-३ख)+(२क-३ख)^२$

(४२) $(क+ख-ग)^२+२(क+ख-ग)(क-ख+ग)+(क-ख+ग)^२$

(४३) $(क+२ख-३ग)^२+२(क+२ख-३ग)(-क+२ख+३ग)^२$
$+(-क+२ख+३ग)^२$

मान निकालो:—

(४४) $२५क^२+२०क+४$ का यदि $क=-१$

क्रिया : $२५क^२+२०क+४=(५क+२)^२$

$=\{५\times(-१)+२\}^२$

$=(-५+२)^२=(-३)^२$

$=९$

उत्तर : ९

(४५) $९क^२+१२क+४$ का यदि $क=-२$

(४६) $१६क^२+४०क+२५$ का यदि $क=-२$

(४७) $४क^२+२४क+३६$ का यदि $क=-३$

(४८) $९क^2 + २४क ख + १६ख$ का यदि क $= -४$, ख $= ३$

(४९) $४९क^2 + ७०क ख + २५ ख$ का यदि क $= २$, ख $= -३$

(५०) $क^2 + ख^2$ का यदि $क + ख = ७$ और $क ख = १२$

क्रिया : $(क + ख) = ७$

$\therefore (क + ख)^2 = ७^2 = ४९$

या $क^2 + २क ख + ख^2 = ४९$

या $क^2 + २ \times १२ + ख^2 = ४९$

या $क^2 + ख^2 = ४९ - २४ = २५$

उत्तर : २५

(५१) $क^2 + ख^2$ का यदि $क + ख = ६$ और $क ख = १६$

(५२) $क^2 + ख^2$ का यदि $क + ख = ९$ और $क ख = ३०$

(५३) $क^2 + ख^2$ का यदि $क + ख = १०$ और $क ख = ५०$

(५४) $क^2 + ख^2$ का यदि $क + ख = १२$ और $क ख = ७०$

(५५) $क^2 + ख^2$ का यदि $क + ख = म$ और $क ख = न$

(५६) क ख का यदि $क^2 + ख^2 = ८$ और $क + ख = ४$

(५७) क ख का यदि $क^2 + ख^2 = १५$ और $क + ख = ५$

(५८) $क^2 + \frac{१}{क^2}$ का यदि $क + \frac{१}{क} = ४$

क्रिया : $क + \frac{१}{क} = ४$

$\therefore \left(क + \frac{१}{क}\right)^2 = १६$

या $क^2 + २ \times क \times \frac{१}{क} + \frac{१}{क^2} = १६$

या $क^2 + २ + \frac{१}{क^2} = १६$

या $क^2 + \frac{१}{क^2} = १६ - २ = १४$

(५९) $क^2 + \frac{१}{क^2}$ का यदि $क + \frac{१}{क} = ५$

(६०) $क^2+\frac{१}{क^2}$ का यदि $क+\frac{१}{क}=९$

(६१) $क^2+\frac{१}{क^2}$ का यदि $क+\frac{१}{क}=१०$

(६२) $३क^2+४क+\frac{४}{क}+३क^2$ का यदि $क+\frac{१}{क}=११$

(६३) $४क^2+\frac{९}{क^2}$ का यदि $२क+\frac{३}{क}=४$

(६४) $क^4+\frac{१}{क^4}$ का यदि $क+\frac{१}{क}=३$

(६५) $क^4+\frac{१}{क^4}$ का यदि $क+\frac{१}{क}=४$

(६६) $क^2+\frac{१}{क^2}$ का यदि $क+\frac{१}{क}=म$

(६७) $क^2+\frac{१}{क^2}$ का यदि $क+\frac{१}{क}=त$

(६८) $क^2+\frac{१}{क^2}$ का यदि $क+\frac{१}{क}=प$

निम्नलिखित में रिक्त स्थानों की पूर्ति करो कि वे पूर्ण वर्ग हो जायँ:—

(६९) $४क^2+४कख+(\quad)$ (७०) $क^2+६कख+(\quad)$

(७१) $१६क^2+८कख+(\quad)$ (७२) $क^2+(\quad)+२५ख^2$

(७३) $२५क^2+(\quad)+३६ख^2$ (७४) $२६क^2+(\quad)+४९ख^2$

निम्नलिखित में कौन-सी संख्या जोड़ी जाय कि वे पूर्ण वर्ग हो जायँ:—

(७५) $१६क^2+२५ख^2$

क्रिया : हम जानते हैं कि $(क+ख)^2=क^2+२कख+ख^2$

अर्थात् ो राशियों के योग का वर्ग उन राशियों के वर्ग एवं उनके गुणनफल के योग के बराबर होता है ।

दिये हुए व्यंजक में $१६क^2=(४क)^2$

और $२५ख^2=(५ख)^2$

इसलिये इसमें दोनों राशियों के अर्थात् ४क और ५ख गुणनफल के दून की कमी है

अर्थात् २×४क×५ख की कमी है

या ४०क ख की कमी है।

अतः दिये हुए व्यंजक को पूण वर्ग बनाने के लिये इसमें ४०क ख जोड़ना चाहिये।

उत्तर : ४० क ख

(७६) २५ क^2+१६ (७७) १६ क^2+३६

(७८) १०० क^2+८१ ख^2 (७९) १४४ क^2+४९ ख^2

(८०) ६४ क^2+१६९ ख^2 (८१) २२५ क^2+२५६ ख^2

(८२) ९ क^2+१२ क ख

क्रिया : दिये हुए व्यंजक में पहला पद=९ क^2=(३ क)^2 पूर्ण वर्ग है,

और दूसरा पद=१२क ख यह पूर्ण वर्ग नहीं है;

इसलिये इसमें एक पूण वर्ग राशि की कमी है।

$$\text{यह अभीष्ट राशि} = \frac{\text{अपूर्ण वर्ग राशि का वर्ग}}{\text{दी हुई वर्ग राशि का चार गुना}}$$

$$= \frac{(१२ \text{ क ख})^2}{४ \times ९ \text{ क}^2} = \frac{१४४ \text{क}^2 \text{ख}^2}{३६ \text{क}^2} = ४ \text{ ख}^2$$

उत्तर : ४ ख^2

(८३) १६ क^2+२४ क ख (८४) ४९ क^2+८४ क ख

(८५) ८२ क^2+९० क ख (८६) १०० क^2+१४० क ख

(८७) २२५ क^2+१२० क ख (८८) १२१ क^2+१९८ क ख

गुर [२] (क–ख)^2 = क^2–२ क ख+ख^2

क्योंकि (क–ख)^2 = (क–ख)(क–ख)

= क^2–क ख–क ख+ख^2

= क^2–२क ख+ख^2

इस गुर के अनुसार दो राशियों के अन्तर का वर्ग, उन राशियों के वर्गों के योग तथा उनके गुणनफल के दूने के अन्तर के बराबर है।

प्रश्नावली ७

निम्नलिखित का वर्ग गुर की सहायता से ज्ञात करोः—

मौखिक

(१) क–१ (२) क–२ (३) ३–क
(४) ४–क (५) १–३ख (६) ३–२ख

लिखित

(७) ३क–२ख

क्रिया : मान लिया कि ३क=य और २ख=र

$$\therefore \quad (३क-२ख)^२=(य-र)^२=य^२-२य\,र+र^२$$
$$=(३क)^२-२(३क)\times(२ख)+(२\,ख)^२$$
$$=९क^२-१२क\,ख+४\,ख^२$$

(८) ३ क–४ ख (९) ४य–५र (१०) ५य–४र
(११) क य–ख र (१२) २क य–३ख र (१३) ३क य–४ख र
(१४) $क^२-ख^२$ (१५) $३क^२-४ख^२$ (१६) $४क^२-५ख^२$
(१७) क+ख–ग

क्रिया : $(क+ख-ग)^२=\{(क+ख)-ग\}^२$
$$=(क+ख)^२-२\,(क+ख)\,ग+ग^२$$
$$=क^२+२क\,ख+ख^२-२\,क\,ग-२\,ख\,ग+ग^२$$
$$=क^२+ख^२+ग^२+२क\,ख-२ख\,ग-२ग\,क$$

(१८) क+ख–२ग (१९) क–ख+ग (२०) क–ख–ग
(२१) २क+३ख–४ग (२२) २क–३ख+ग (२३) क–३ख–४ग
(२४) ९९

क्रिया : $९९^२=(१००-१)^२$
$$=१००^२-२\times१००\times१+१$$
$$=१०००-२००+१=८०१$$

उत्तर : ८०१

(२५) २९ (२६) १०९

(२७) ११९ (२८) १९९

(२९) $क - \frac{१}{क}$

क्रिया : $\left(क - \frac{१}{क}\right)^२ = क^२ - २क \times \frac{१}{क} + \left(\frac{१}{क}\right)$

$= क^२ - २ + \frac{१}{क^२}$

$= क^२ + \frac{१}{क^२} - २$

उत्तर : $क^२ + \frac{१}{क^२} - २$

(३०) $२क - \frac{२}{क}$ (३१) $\frac{क}{३} - \frac{३}{क}$

(३२) $\frac{क}{य} - \frac{य}{क}$ (३३) $\frac{क य}{ख र} - \frac{ख र}{क य}$

निम्नलिखित को संक्षेप में लिखो:—

(३४) $९क^२ - १२क ख + ४ख^२$

क्रिया : $९क^२ - १२क ख + ४ख^२ = (३ क)^२ - २(३क)(२ख) + (२ख)$

$= (३ क - २ ख)$

उत्तर : (३ क—२ ख)

(३५) $९ क^२ - ३० क ख + २५ ख^२$ (३६) $१६क^२ - ४०क ख + २५ ख^२$

(३७) $३६ क^२ - ८४ क ख + ४९ ख^२$ (३८) $४ क^२ - ३६क ख + ८१ ख^२$

(३९) $१००क^२ - १४०क ख + ४९ख^२$ (४०) $१४४क^२ - २६४कख + १२१ख^२$

निम्नलिखित को सरल करो:—

(४१) $(क + २ ख)^२ - २ (क + २ ख) (क - २ ख) + (क - २ ख)^२$

क्रिया : $(क + २ ख)^२ - २(क + २ ख)(क - २ ख) + (क - २ ख)^२$

$= \{(क + २ ख) - (क - २ ख)\}^२$

$= (४ ख)^२ = १६ ख^२$

उत्तर : $१६ ख^२$

(४२) $(२क+ख)^२-२(२क+ख)(२क-ख)+(२क-ख)^२$

(४३) $(२क+३ख)^२-२(२क+३ख)(२क-३ख)+(२क-३ख)^२$

(४४) $(३क-४ख)^२+२(३क-४ख)(३क+४ख)+(३क+४ख)^२$

(४५) $(क+ख-ग)^२+२(क+ख-ग)(क+ख+ग)+(क+ख+ग)^२$

निम्नलिखित का मान बताओ:—

(४६) $९क^२-१२कख+४ख^२$ का जब क=३ और ख=२

क्रिया : $९क^२-१२कख+४ख^२=(३क)^२-२(३क)(२ख)+(२ख)^२$

$$=(३क-२ख)^२=(३\times३-२\times२)^२$$

$$=(९-४)^२=५^२=२५$$

उत्तर : २५

(४७) $१६क^२-२४क-९$ का जब क=२

(४८) $२५क^२-३०कख+९ख^२$ का जब क=२ और ख=३

(४९) $१६क^२-४०कख+२५ख^२$ का जब क=५ और ख=४

(५०) $३६क^२-८४कख+४९ख^२$ का जब क=३ और ख=२

(५१) $४९क^२-७०कख+२५ख^२$ क जब क=२ और ख=३

(५२) $क^२+ख^२$ का जब क−ख=५, कख=६

क्रिया : $\because$ क−ख=५

$\therefore$ $(क-ख)=५^२$

या $क^२-२कख+ख^२=२५$

या $क^२-२\times६+ख^२=२५$

या $क^२-१२+ख^२=२५$

या $क^२+ख^२=२५+१२=३७$

उत्तर : ३७

(५३) $क^२+ख^२$ का जब क−ख=४ और कख=२१

(५४) $क^२+ख^२$ का जब क−ख=५ और कख=२४

(५५) $४क^२+९ख^२$ का जब २क−३ख=६ और कख=१२

(५६) $९क^२+१६ख^२$ का जब ३क−४ख=२ और कख=४

(५७) $क^२+ख^२$ का जब क−ख=म और कख=न

(५८) कख का जब $क^2+ख^2=२०$, $क-ख=४$

(५९) कख का जब $क^2+ख^2=४१$ और $क-ख=५$

(६०) $क^2+\frac{१}{क^2}$ का जब $क-\frac{१}{क}=२$

क्रिया : $\because क-\frac{१}{क}=२$

$$\therefore \left(क-\frac{१}{क}\right)^2=२^2$$

$$या\ क^2-२\times क\times\frac{१}{क}+\frac{१}{क^2}=४$$

$$या\ क^2-२+\frac{१}{क^2}=४$$

$$या\ क^2+\frac{१}{क^2}=४+२=६$$

उत्तर : ६

(६१) $क^2+\frac{१}{क^2}$ का जब $क-\frac{१}{क}=४$

(६२) $क^2+\frac{१}{क^2}$ का जब $क-\frac{१}{क}=७$

(६३) $४क^2+\frac{९}{क^2}$ का जब $२क-\frac{३}{क}=६$

(६४) $क^4+\frac{१}{क^4}$ का जब $क-\frac{१}{क}=२$

(६५) $क^4+\frac{१}{क^4}$ का जब $क-\frac{१}{क}=३$

(६६) $क^2+\frac{१}{क^2}$ का जब $क-\frac{१}{क}=म$

(६७) $क^2+\frac{१}{क^2}$ का तब $क-\frac{१}{क}=न$

(६८) $क^4+\frac{१}{क^4}$ का जब $क-\frac{१}{क}=न$

निम्नलिखित रिक्त स्थानों की पूर्ति करो:—

(६९) $क^2-(\quad)+९$ (७०) $४क^2-(\quad)+ख^2$

(७१) $९क^2-(\quad)+४ख^2$ (७२) $१६क^2-८कख+(\quad)$

(७३) $२५क^2-६०कख+(\quad)$ (७४) $(\quad)-८४कख+४९ख^2$

निम्नलिखित में कौन-सी संख्या घटाई जाय कि वे पूर्ण वर्ग हो जायँ:—

(७५) $४क^2+९ख^2$

क्रिया : हम जानते हैं कि $(क-ख)^2=क^2-२कख+ख^2$

अर्थात् दो राशियों के अन्तर का वर्ग उनके वर्गों के योग और उनके गुणनफल के दूने के अन्तर के बराबर होता है ।

अब दिये हुए व्यंजक में $४क^2=(२क)^2$

और $९ख^2=(३ख)^2$

$\therefore$ $४क^2+९ख^2$ को पूर्ण वर्ग बनाने के लिये इसमें से २ क और ३ख के गुणनफल का दूना घटाना चाहिये, अर्थात्—

$२\times२क\times३ख$ या १२ क ख घटाना चाहिये ।

उत्तर : १२क ख

(७६) $९क^2+२५$ (७७) $१६क^2+२५ख^2$

(७८) $३६क^2+४९ख^2$ (७९) $६४क^2+४९ख^2$

(८०) $८१क^2+१००ख^2$ (८१) $१४४क^2+८१ख^2$

निम्नलिखित में कौन-सी संख्या जोड़ी जाय कि वे पूर्ण वर्ग हो जायँ—

(८२) $९क^2+३०कख$

क्रिया : दिये हुए व्यंजक में पहला पद $=९क^2=(३क)^2$ यह पूर्ण वर्ग है

और दूसरा पद $=३०कख$ यह पूर्ण वर्ग नहीं है

इसलिये इसमें एक पूर्ण वर्ग संख्या की कमी है ।

$$\therefore \text{अभीष्ट संख्या}=\frac{\text{अपूर्ण वर्ग राशि का वर्ग}}{\text{दी हुई वर्ग राशि का चार गुना}}$$

$$=\frac{(३०कख)^2}{४\times९क^2}=\frac{९००क^2ख^2}{३६क^2}=२५ख^2$$

उत्तर : $२५ख^2$

(८३) $४क^२ - १२क ख$ (८४) $९क^२ - १२क ख$

(८५) $३६क^२ - ८४क ख$ (८६) $२५क^२ - ८८क ख$

(८७) $१४४क - २६४क ख$ (८८) $१६९क^२ - २३४क ख$

निम्नलिखित का मान बताम्रो:-

(८९) $क^२ + ख^२ + ग^२$ का जब $क + ख + ग = ३$ और $क ख + ख ग + ग क = ४$

(९०) $क^२ + ४ख^२ + ९ग^२$ का जब $क + २ख + ३ग = ११$ और $२क ख + ६ख ग + ३ग क = १३$

(९१) $क + ख + ग$ का जब $क^२ + ख^२ + ग^२ = ९१$ और $क ख + ख ग + ग घ = १५$

(९२) $क ख + ख ग + ग क$ का जब $क^२ + ख^२ + ग^२ = ६९$ और $क + ख + ग = ३$

(९३) $क + ख + ग$ का जब $क^२ + ख^२ + ग^२ = ५०$ और $क ख + ख ग + ग क = ८$

(९४) $क ख + ख ग + ग क$ का जब $क^२ + ख^२ + ग^२$ और $क + ख + ग = १३$

(९५) $क ख + ख ग + ग क$ का जब $क^२ + ख^२ + ग^२ = २००$ और $क + ख + ग = १६$

गुर [३]. $(क + ख)^२ = (क - ख)^२ + ४क ख$

उपपत्ति : $(क + ख)^२ = क^२ + २क ख + ख^२$

$= क^२ - २क ख + ख^२ + ४ क ख$

$= (क - ख)^२ + ४क ख$

शब्दों में,

दो राशियों के योगफल का वर्ग, उन राशियों के अन्तर के वर्ग एवं उनके गुणनफल के चार गुने के योगफल के बराबर होता है ।

गुर [४] $(क - ख)^२ = (क + ख)^२ - ४ क ख$

उपपत्ति : $(क - ख)^२ = क^२ - २क ख + ख$

$= क^२ + २क ख + ख^२ - ४क ख$

$= (क - ख)^२ - ४क ख$

शब्दों में—

दो राशियों के अन्तर का वर्ग, उनके योग के वर्ग एवं उनके गुणनफल के चार गुना के अन्तर के बराबर होता है।

गुर [५] $(क+ख)^2+(क-ख)^2=2(क^2+ख^2)$

उपपत्ति : $(क+ख)^2=क^2+2क\,ख+ख^2$

और $(क-ख)^2=क^2-2क\,ख+ख^2$

दोनों को जोड़ने से

$$(क+ख)^2+(क-ख)^2=2क^2+2ख^2$$
$$=2(क^2+ख^2)$$

शब्दों में—

दो राशियों के योग का वर्ग एवं उनके अन्तर के वर्ग का योगफल उनके वर्गों के योगफल के दूने के बराबर होता है।

गुर [६] $(क+ख)^2-(क-ख)^2=4क\,ख$

उपपत्ति : $(क+ख)^2=क^2+2क\,ख+ख^2$

और $(क-ख)^2=क^2-2क\,ख+ख^2$

पहले में से दूसरे को घटाने से

$$(क+ख)^2-(क-ख)^2=4क\,ख$$

शब्दों में—

दो राशियों के योग का वर्ग और उनके अन्तर के वर्ग का अन्तर उनके गुणनफल के चार गुने के बराबर होता है।

प्रश्नावली ८

मान निकालो:—

(१) $(क+ख)^2$ का जब $क-ख=5$ और $क\,ख=6$

क्रिया: $(क+ख)^2=(क-ख)^2+4क\,ख$

$$=5^2+4\times 6$$
$$=25+24=49$$

उत्तर : ४९

(२) $(क+ख)^२$ का जब क−ख=६ और कख=५

(३) $(क+ख)^२$ का जब क−ख=७ और कख=८

(४) $(क+ख)^२$ का जब क−ख=८ और कख=९

(५) $(क+ख)^२$ का जब क−ख=९ और कख=१०

(६) (क+ख) का जब क−ख=९ और कख=२२

क्रिया : $(क+ख)^२=(क-ख)^२+४कख$

$=९^२+४\times२२$

$=८१+८८$

$=१६९$

∴ क+ख=१३ [दोनों पक्षों का वर्गमूल लेने से]

उत्तर : १३

(७) क+ख का जब क−ख=५ और कख=६

(८) क+ख का जब क−ख=१० और कख=११

(९) क+ख का जब क−ख=१३ और कख=१४

(१०) क+ख का जब क−ख=१५ और कख=१६

(११) क+ख का जब क−ख=१२ और कख=२८

(१२) $(क-ख)^२$ का जब क+ख=८ और कख=१५

उपपत्ति : $(क-ख)^२=(क+ख)^२-४कख$

$=८^२-४\times१५$

$=६४-६०$

$=४$

उत्तर : ४

(१३) $(क-ख)^२$ का जब क+ख=११ और कख=२८

(१४) $(क-ख)^२$ का जब क+ख=१२ और कख=२७

(१५) $(क-ख)^२$ का जब क+ख=१३ और कख=४२

(१६) $(क-ख)^२$ का जब क+ख=१३ और कख=३६

(१७) $(क-ख)^२$ का जब क+ख=१२ और कख=११

क्रिया : $(क-ख)^२=(क+ख)^२-४कख$

$=१२^२-४\times११$

$=१४४-४४=१००$

∴ क−ख=१० [दोनों पक्षों का वर्गमूल लेने से]

उत्तर : १०

(१८) क–ख का जब क+ख=१४ और क ख=१३

(१९) क–ख का जब क+ख=१६ और क ख=१५

(२०) क–ख का जब क+ख=१९ और क ख=१८

(२१) क–ख का जब क+ख=२० और क ख=१९

(२२) क–ख का जब क+ख=२२ और क ख=२१

(२३) $क+\frac{१}{क}$ का जब $क-\frac{१}{क}=३$

क्रिया : $\because \left(क+\frac{१}{क}\right)^२=\left(क-\frac{१}{क}\right)^२+४क\times\frac{१}{क}$

$=३^२+४$

$=९+४=१३$

$\therefore\quad क+\frac{१}{क}=\sqrt{१३}$ [दोनों पक्षों का वर्गमूल लेने से]

उत्तर : $\sqrt{१३}$

(२४) $क+\frac{१}{क}$ का जब $क-\frac{१}{क}=६$

(२५) $क+\frac{१}{क}$ का जब $क-\frac{१}{क}=७$

(२६) $क+\frac{१}{क}$ का जब $क-\frac{१}{क}=९$

(२७) $क+\frac{१}{क}$ का जब $क-\frac{१}{क}=१०$

(२८) $क-\frac{१}{क}$ का जब $क+\frac{१}{क}=८$

क्रिया : $\left(क-\frac{१}{क}\right)^२=\left(क+\frac{१}{क}\right)^२-४क\times\frac{१}{क}$

$=८^२-४$

$=६४-४=६०$

$\therefore क-\frac{१}{क}=\sqrt{६०}$ [दोनों पक्षोंका वर्गमूल लेने से]

$=२\sqrt{१५}$

उत्तर : $२\sqrt{१५}$

(२९) $क - \frac{१}{क}$ का जब $क + \frac{१}{क} = ६$

(३०) $क - \frac{१}{क}$ का जब $क + \frac{१}{क} = ७$

(३१) $क - \frac{१}{क}$ का जब $क + \frac{१}{क} = ९$

(३२) $क - \frac{१}{क}$ का जब $क + \frac{१}{क} = १०$

(३३) $क^२ + ख^२$ का जब $क + ख = ११$ और $क - ख = ३$

क्रिया : $\because २(क^२ + ख^२) = (क+ख)^२ + (क-ख)^२$

$= ११^२ + ३^२$

$= १२१ + ९ = १३०$

$\therefore \quad क^२ + ख^२ = ६५$

उत्तर : ६५

(३४) $क^२ + ख^२$ का जब $क + ख = ९$ और $क - ख = ५$

(३५) $क^२ + ख^२$ का जब $क + ख = १२$ और $क - ख = २$

(३६) $क^२ + ख^२$ का जब $क + ख = \sqrt{५}$ और $क - ख = \sqrt{३}$

(३७) $क^२ + ख^२$ का जब $क + ख = \sqrt{१२}$ और $क - ख = \sqrt{६}$

(३८) $क ख$ का जब $क + ख = \sqrt{७}$ और $क - ख = \sqrt{५}$

क्रिया : $\because ४क ख = (क+ख)^२ - (क-ख)^२$

$= (\sqrt{७})^२ - (\sqrt{५})^२$

$= ७ - ५ = २$

$\therefore \quad क ख = \frac{१}{२}$

उत्तर : $\frac{१}{२}$

(३९) $क ख$ का जब $क + ख = \sqrt{११}$ और $क - ख = \sqrt{७}$

(४०) $क ख$ का जब $क + ख = १३$ और $क - ख = ३$

(४१) $क ख$ का जब $क + ख = १५$ और $क - ख = ४$

(४२) $क ख$ का जब $क + ख = \sqrt{१७}$ और $क - ख = \sqrt{१३}$

(४३) क ख $(क^2+ख^2)$ का जब $क+ख=\sqrt{७}$ और $क-ख=\sqrt{५}$

(३४) क ख $(क^2+ख^2)$ का जब $क+ख=\sqrt{१३}$ और $क-ख=\sqrt{७}$

गुर [७] $(क+ख)\ (क-ख)=क^2-ख^2$

उपपत्ति : $(क+ख)(क-ख)=क(क-ख)+ख(क-ख)$

$$=क^2-कख+कख-ख^2$$

$$=क^2-ख^2$$

शब्दों में

दो राशियों के योग और अन्तर का गुणनफल उनके वर्गों के अन्तर के बराबर होता है ।

प्रश्नावली ९

मौखिक

गुणा करोः–

(१) क+१ को क–१ से (२) क+२ के क–२ से

(३) क+३ को क–३ से (४) क–४ को क+४ से

लिखित

गुणा की क्रिया किये बिना निम्नलिखित का मान बताओः–

(५) (४क+३ख) (४क–३ख)

क्रिया : $(४क+३ख)\ (४क-३ख)=(४क)^2-(३ख)^2$

$$=१६क^2-९ख^2$$

उत्तर : $१६क^2-९ख^2$

(६) (५क+४ख) (५क–४ख)

(७) (कख+गघ) (कख–खघ)

(८) (कय+खर) (कय–खर)

(९) $(क^2+ख^2)\ (क^2-ख^2)$

(१०) $(क^2+कख+ख^2)\ (क^2-कख+ख^2)$

(११) $(क^2+२कख+४ख^2)\ (क^2-२कख+४ख^2)$

(१२) $(क-१)\ (क+१)\ (क^{२}+१)$

(१३) $(क-ख)\ (क+ख)\ (क^{२}+ख^{२})$

(१४) $(१+क+क^{२})\ (१-क+क^{२})\ (१-क^{२}+क^{४})$

सरल करो :—

(१५) $(क+ख-ग)^{२}-(क-ख+ग)^{२}$

क्रिया : $(क+ख-ग)^{२}-(क+ख+ग)^{२}=\{(क+ख-ग)+(क-ख+ग)\}\{(क+ख+ग)-(क-ख+ग)\}$

$=२क\ (२ख-२ग)$

$=४कख-४कग$

उत्तर : ४ कख – ४ कग

(१६) $(क+२ख-३ग)^{२}-(क-२ख+२ग)^{२}$

(१७) $(३क-४ख+५ग)^{२}-(३क+४ख-५ग)^{२}$

(१८) $(क^{२}+कख+ख^{२})^{२}-(क^{२}-कख+ख^{२})^{२}$

(१९) $(क+ख-ग+घ)^{२}-(क-ख+ग+घ)^{२}$

(२०) $३४५\times३४५-३४३\times३४३$

(२१) $१२३४\times१२३४-१२३२\times१२३२$

(२२) $३४५६^{२}-३४५४^{२}$

(२३) $७६५४^{२}-२३४६^{२}$

मान बताओ:–

(२४) $क^{२}-ख^{२}$ का जब $क+ख=७$ और $कख=६$

क्रिया : $(क-ख)^{२}=(क+ख)^{२}-४कख$

$=७^{२}-४\times६$

$=४९-२४=२५$

$\therefore\ क-ख=\sqrt{२५}=५$

अतः $क^{२}-ख^{२}=(क+ख)\ (क-ख)$

$=७\times५=३५$

उत्तर : ३५

(२५) $क^{२}-ख^{२}$ का जब $क+ख=११$ और $कख=१०$

(२६) $क^{२}-ख^{२}$ का जब $क+ख=१३$ और $कख=१२$

(२७) $९क^२ - ४ख^२$ का जब ३क+२ख=१७ और क ख=१२

(२८) $९क^२ - ख^२$ का जब ३क−ख=११ और क ख=२०

(२९) $क^२ - \frac{१}{क^२}$ का जब $क + \frac{१}{क} = ५$

(३०) $क^२ - \frac{१}{क^२}$ का जब $क + \frac{१}{क} = ७$

(३१) $क^२ - \frac{१}{क^२}$ का जब $क - \frac{१}{क} = ८$

(३२) $क^२ - \frac{१}{क^२}$ का जब $क - \frac{१}{क} = १०$

(३३) $क^२ - \frac{१}{क^२}$ का जब $क - \frac{१}{क} = २$

गुर [८] (क) $(य+क)(य+ख) = य^२ + (क+ख) य + क ख$

उपपत्ति : $(य+क)(य+ख) = य (य+ख) + क (य+ख)$

$= य^२ + य ख + क य + क ख$

$= य^२ + (क+ख) य + क ख$

(ख) $(य-क)(य+ख) = य^२ + (-क+ख) य - क ख$

(ग) $(य+क)(य-ख) = य^२ + (क-ख) य - क ख$

(घ) $(य-क)(य-ख) = य^२ - (क+ख) य + क ख$

शब्दों में:–

$(य+क)(य+ख) = य^२ +$ (क और ख का बीजगणितीय योग)य + (क और ख का गुणनफल)

प्रश्नावली १०

मौखिक

मान बताओ:–

(१) (क+१) (क+२) (२) (क+२) (क+३)

(३) (क−१) (क+२) (४) (क+२) (क+१)

(५) (क−१) (क−२) (६) (क−२) (क−३)

लिखित

(७) (क+१३) (क+७)

क्रिया : १३+७=२० और १३×७=९१

(क+१३) (क+७)=क^{२}+२०क+९१

उत्तर : क^{२}+२०क+९१

(८) (क+१५) (क+१२) (९) (क+१७) (क+९)
(१०) (य+२०) (य+३०) (११) (य+४५) (य+५४)
(१२) (य+५क) (य+७ख) (१३) (य+९क) (य+७ख)
(१४) (य−१४) (य+९)

क्रिया : ∵ १४+९= −५ और −१४×९= −१२६

∴ (य−१४) (य+९)=य^{२}−५य−१२६

उत्तर : य^{२}−५य−१२६

(१५) (य−१५) (य+११) (१६) (य−१७) (य+१०)
(१७) (य−८) (य+१२) (१८) (य−१०) (य+१६)
(१९) (य−क) (य+ख) (२०) (य−२क) (य+३ख)
(२१) (य+१३) (य−१०) (२२) (य+१४) (य−७)
(२३) (य+१७) (य−२०) (२४) (य+१४) (य−१८)
(२५) (य+३ क) (य−४ ख) (२६) (य+४ क) (य−५ख)
(२७) (य−७) (य−८)

क्रिया : ∵ (−७)+(−८)=−१५ और (−७) (−८)=५६

∴ (य−७) (य−८)=य^{२}−१५य+५६

उत्तर : य^{२}−१५य+५६

(२८) (य−९) (य−१०) (२९) (य−७) (य−११)
(३०) (य−१२) (य−१३) (३१) (य−क) (य−३क)
(३२) (य−३क) (य−ख) (३३) (य−४क) (य−५ख)
(३४) (२य+३र−७) (२य+३र+९)

क्रिया : मान लिया कि $२य+३र=ल$

$$\therefore (२य+३र-७)(२य+३र+९)=(ल-७)(ल+९)$$
$$=ल^{२}+(-७+९)ल-७\times९$$
$$=ल^{२}+२ल-६३$$
$$=(२य+३र)^{२}+२(२य+३र)-६३$$
$$=४य^{२}+१२६ यर+९र^{२}+४य+६र-६३$$

उत्तर : $४य^{२}+१२६ यर+९र^{२}+४य+६र-६३$

(३५) $(य+२र-८)(य+२र+९)$

(३६) $(२य-र+१०)(२य-र-११)$

(३७) $(२य+५र-१२)(२य+५र-१३)$

(३८) $(२य-३र+११)(२य-३र+१२)$

गुर [९] $(क+ख)^{३}=क^{३}+३क^{२}ख+३कख^{२}+ख^{३}$

अथवा $=क^{३}+ख^{३}+३कख(क+ख)$

उपपत्ति : $(क+ख)^{३}=(क+ख)(क+ख)^{२}$
$$=(क+ख)(क^{२}+२कख+ख^{२})$$
$$=क(क^{२}+२कख+ख^{२})+ख(क^{२}+२कख+ख^{२})$$
$$=क^{३}+२क^{२}ख+कख^{२}+खक^{२}+२कख^{२}+ख^{३}$$
$$=क^{३}+३क^{२}ख+३कख^{२}+ख^{३}$$

अथवा $=क^{३}+३कख(क+ख)+ख^{३}$
$$=क^{३}+ख^{३}+३कख(क+ख)$$

प्रश्नावली ११

निम्नलिखित का घन ज्ञात करो:—

(१) $क+२$ (२) $क+३$ (३) $क+४$

(४) $क+२ख$ (५) $२क+ख$ (६) $२क+३ख$

(७) $३क+४ख$ (८) $कय+खर$ (९) $२कय+३खर$

संक्षेप में लिखो:—

(१०) $(य+र)^{३}+(य-र)^{३}+६(य+र)(य+र)य$

क्रिया : मान लिया कि $य+र=क$ और $य-र=ख$

तो $(य+र)+(य-र)=क+ख$

या $\quad २य = क + ख$

$\therefore \; (य+र)^{३} + (य-र)^{३} + ६\,(य+र)\,(य-र)\,य$

$= क^{३} + ख^{३} + ३कख\,(क+ख)$

$= (क+ख)^{३}$

$= \{(य+र) + (य-र)\}$

$= (२य)^{३} = ८य^{३}$

उत्तर : $८य^{३}$

(११) $(२य+३र)^{३} + (२य-३र)^{३} + १२\,(२य+३र)\,(२य-३र)\,य$

(१२) $(३य+४)^{३} + (३य-४)^{३} + १८\,(३य+४)\,(३य-४)\,य$

(१३) $(४य+५र)^{३} + (४य-५र)^{३} + २४\,(४य+५र)\,(४य-५र)\,य$

(१४) $(३य-२र)^{३} + (३य+२र)^{३} + १८\,(३य-२र)\,(३य+२र)\,य$

मान बताओ:—

(१५) $य^{३} + १२य^{२} + ४८य + ६४$ का जब $य = -२$

क्रिया : $य^{३} + १२य^{२} + ४८य + ६४ = य^{३} + ३.य^{२}.४ + ३.य.४^{२} + ४^{३}$

$= (य+४)^{३}$

$= (-२+४)^{३}$

$= २^{३} = ८$

उत्तर : ८

(१६) $य^{३} + ९य^{२} + २७य + २७$ का जब $य = -३$

(१७) $य^{३} + १५य^{२} + ७५य + १२५$ का जब $य = -३$

(१८) $य^{३} + १८य^{२} + १०८य + २१६$ का जब $य = -५$

(१९) $(य+र)^{३} + ३\,(य+र)^{२}\,(य-२र) + ३\,(य+र)\,(य-२र)^{२} + (य-२र)^{३}$ का जब $य = २$ और $र = ३$

(२०) $(य+२र)^{३} + ३\,(य+२र)^{२}\,(य-र) + ३\,(य+२र)\,(य-र)^{२} + (य-र)^{३}$ का जब $य = २$ और $र = -३$

(२१) $य^{३} + र^{३}$ का जब $य + र = ३$ और $य\,र = २$

क्रिया : $\quad य + र = ३$

$\therefore \; (य+र)^{३} = ३^{३}$

या $\; य^{३} + र^{३} + ३य\,र\,(य+र) = २७$

या $य^३+र^३=२७+३यर(य+र)$

$=२७+३\times२\times३$

$=२७+१८=४५$

उत्तर : ४५

(२२) $य^३+र^३$ का जब $य+र=४$ और $य\,र=३$

(२३) $य^३+र^३$ का जब $य+र=५$ और $य\,र=६$

(२४) $य^३+य^३$ का जब $य+र=६$ और $य\,र=८$

(२५) $र\,य^२+र^३$ का जब $२य+र=७$ और $य\,र=३$

(२६) $य^३+२७र$ का जब $य+३र=११$ और $य\,र=६$

(२७) $य^३+र^३+१८य\,र$ का जब $य+र=६$

क्रिया : $य^३+र^३+१८य\,र$

$=य^३+र^३+३य\,र.६$

$=य^३+र^३+३य\,र(य+र)$ क्योंकि $य+र=६$

$=(य+र)^३$

$=६^३=२१६$

उत्तर : २१६

(२८) $य^३+र^३+२७य\,र$ का जब $य+र=९$

(२९) $८य^३+र^३+६य\,र$ का जब $२य+र=१$

(३०) $य^३+र^३+३०य\,र$ का जब $य+र=१०$

(३१) $य^३+र^३+३९य\,र$ का जब $य+र=१३$

(३२) $य^३+\frac{१}{य^३}$ का जब $य+\frac{१}{य}=४$

क्रिया : $\because\ य+\frac{१}{य}=४$

$\therefore\ \left(य+\frac{१}{य}\right)^३=४^३$

$य^३+\frac{१}{य^३}+३\times य\times\frac{१}{य}\left(य+\frac{१}{य}\right)=६४$

या $य^३+\frac{१}{य^३}+३\times४=६४$

$$\text{या } य^{३}+\frac{१}{य^{३}}=६४-१२=५२$$

उत्तर : ५२

(३३) $य^{३}+\frac{१}{य^{३}}$ का जब $य+\frac{१}{य}=२$

(३४) $य^{२}+\frac{१}{य^{३}}$ का जब $य+\frac{१}{य}=५$

(३५) $य^{३}+\frac{१}{य^{३}}$ का जब $य+\frac{१}{य}=६$

(३६) $य^{६}+\frac{१}{य^{६}}$ का जब $य+\frac{१}{य}=२$

(३७) $य^{६}+\frac{१}{य^{६}}$ का जब $य+\frac{१}{य}=३$

(३८) $य^{३}+\frac{१}{य^{३}}$ का जब $य+\frac{१}{य}=म$

(३९) $य^{३}+\frac{१}{य^{३}}$ का जब $य+\frac{१}{य}=न$

(४०) $२य^{३}-३य+\frac{२}{य^{३}}-\frac{३}{य}$ का जब $य+\frac{१}{य}=४$

गुर [१०] $(क-ख)^{३}=क^{३}-३क^{२}ख+३कख^{२}-ख^{३}$

$$\text{अथवा }=क^{३}-ख^{३}-३कख(क-ख)$$

उपपत्ति : $(क-ख)^{३}=(क-ख)(क-ख)^{२}$

$$=(क-ख)(क^{२}-२कख+ख^{२})$$

$$=क(क^{२}-२कख+ख^{२})-ख(क^{२}-२कख+ख^{२})$$

$$=क^{३}-२क^{२}ख+कख^{२}-खक^{२}+२कख^{२}-ख^{३}$$

$$=क^{३}-३क^{२}ख+३कख^{२}-ख^{३}$$

$$\text{अथवा } क^{३}-ख^{३}-३कख(क-ख)$$

प्रश्नावली १२

निम्नलिखित का घन निकालो :—

(१) (क−१) (२) क−२ (३) ३−ख

(४) क−२ ख (५) ३क−ख (६) २क−३ ख

(७) ३क−४ख (८) कय−र (९) कय−खर

(१०) क+ख−ग (११) क−ख+ग

संक्षेप में लिखो :—

(१२) (क+ख)^{३}−३(क+ख)^{२}(क−ख)+३(क+ख)(क ख)^{२}−(क−ख)^{३}

क्रिया : मान लिया कि क+ख=य और क−ख=र

तो (क+ख)^{३}−३ (क+ख)^{३} (क−ख)+३ (क−ख)^{२}−(क−ख)^{३}

=य^{३}−३य^{२}र+३यर^{२}−र^{३}

=(य−र)^{३}

={(क+ख)−(क−ख)}^{३}

=(२ख)^{३}

=८ख^{३}

उत्तर : ८ख^{३}

(१३) (२क−ख)^{३}−३ (२क−ख)^{२} (क−२ख)+ ३ (२क−ख) (क−२ख)^{२}−(क−२ख)^{३}

(१४) (२क+ख)^{२}−३ (२क+ख)^{२} (क+२ख)+ ३ (२क+ख) (क+२ख)^{२}−(क+२ख)^{२}

(१५) (३क+४ख)^{३}−(३क+४ख)^{३}− २४ (३क+४ख) (३क−४ख) ख

(१६) (५क−२ख)^{२}−(५क+२ख)^{३}+ १२ (५क−२ख) (५क+२ख) ख

(१७) (क−ख+ग)^{३}−३(क−ख+ग)^{२}(क+ख+ग)+ ३(क−ख+ग)(क+ख+ग)^{२}+(क+ख+ग)^{३}

मान बताओ :—

(१८) क^{३}−६क^{२}+१२क−८ का जब क=३

क्रिया : क^{३}−६क^{२}+१२क−८=क^{३}−३.क^{२}.२+३क.(२)^{२}−(२)^{३}
=(क−२)^{३}
=(३−२)^{३} क्योंकि क=३
=(१)^{३}=१

उत्तर : १

(१९) क^{३}−१२ क^{२}+४८क−६४ का जब क=३

(२०) ८क^{३}−३६क^{२}+५४क−२७ का जब क=२

(२१) क^{३}−१५ क^{२}+७५क−१२५ का जब क=५

(२२) (क+२ख)^{३}−३(क+२ख)^{२}(२क−ख)+३(क+२ख)
(२क−ख) (२क−ख) का जब क=२ और ख=१

(२३) (२क−३ख)^{३}−३ (क−३ ख)^{२} (क−२ख)+३(२क−३ख)
(क−२ ख)+(क−२ ख)^{३} का जब क=४ और ख=२

(२४) य^{३}−र^{३} का जब य−र=३ और य र=२

क्रिया : (य−र) = ३
∴ (य−र)^{३} = ३^{३}
या य^{३}−र^{३}−३ य र (य−र)=२७
या य^{३}−र^{३} =२७+३ य र (य−र)
=२७+३×२×३
=४५

उत्तर : ४५

(२५) य^{३}−र^{३} का जब य−र=३ और य र=४

(२६) य^{३}−र^{३} का जब य−र=२ और य र=१५

(२७) य^{३}−र^{३} का जब य−र=१ और य र=२०

(२८) ८ य^{३}−र^{३} का जब २ य−र=२ और य र=१२

(२९) य^{३}−२७ र^{३} का जब य−३ र=१ और य र=२

(३०) य^{३}−र^{३}−३ यर का जब य−र=१

क्रिया : य^{३}−र^{३}−३य र=य^{३}−र^{३}−३य र×१
=य^{३}−र^{३}−३य र(य−र) क्योंकि य−र=१
=(य−र)^{३}=१^{३}=१

उत्तर=१

(३१) $य^३ - र^३ - ६ यर$ का जब $य - र = २$

(३२) $य^३ - र^३ - १५ यर$ का जब $य - र = ५$

(३३) $८य^३ - र^३ - १८ यर$ का जब $२य - र = ३$

(३४) $य^३ - २७र^३ - १८ यर$ का जब $य - ३र = २$

(३५) $क^३ - \frac{१}{क^३}$ का जब $क - \frac{१}{क} = २$

क्रिया : $\because \quad क - \frac{१}{क} = २$

$$\therefore \left(क - \frac{१}{क}\right)^३ = २^३$$

$$या \quad क^३ - \frac{१}{क^३} - ३.क.\frac{१}{क}\left(क - \frac{१}{क}\right) = ८$$

$$या \quad क^३ - \frac{१}{क^३} - ३ \times २ = ८$$

$$या \quad क^३ - \frac{१}{क^३} = ८ + ६ = १४$$

उत्तर : १४

(३६) $क^३ - \frac{१}{क^३}$ का जब $क - \frac{१}{क} = ३$

(३७) $क^३ - \frac{१}{क^३}$ का जब $क - \frac{१}{क} = ५$

(३८) $क^३ - \frac{१}{क^३}$ का जब $क - \frac{१}{क} = ४$

(३९) $क^६ - \frac{१}{क^६}$ का जब $क - \frac{१}{क} = २$

(४०) $क^३ - \frac{१}{क^३}$ का जब $क - \frac{१}{क} = म$

गुर [११] $(क+ख+ग)(क^{२}+ख^{२}+ग^{२}-कख-खग-गक)=$
$क^{३}+ख^{३}+ग^{३}-३कखग$

उपपत्ति : यथार्थ गुणा करने से

$$क^{२}+ख^{२}+ग^{२}-कख-खग-गक$$
$$क+ख+ग$$

$$
\begin{array}{l}
क^{३}+कख^{२}+कग^{२}-क^{२}ख-कखग-गक^{२} \\
\quad -कख^{२} \qquad +क^{२}ख-कखग \qquad +ख^{३}+खग^{२}-ख^{२}ग \\
\qquad -कग^{२} \qquad -कखग+गक^{२} \qquad -खग^{२}-ख^{२}ग+ग^{३} \\
\hline
क^{३} \qquad -३कखग \qquad +ख^{३} \qquad +ग^{३}
\end{array}
$$

$\therefore$ अभीष्ट गुणनफल $=क^{३}+ख^{३}+ग^{३}-३कखग$

गुर [१२] यदि $क+ख+ग=०$, तो $क^{३}+ख^{३}+ग^{३}=३कखग$

उपपत्ति : $\because क+ख+ग=०$

$\therefore \quad क+ख=-ग$

या $\quad (क+ख)^{३}=(-ग)^{३}$

या $क^{३}+ख^{३}+३कख\,(क+ख)=-ग^{३}$

या $क^{३}+ख^{३}-३कखग=-ग^{३}$ क्योंकि $क+ख=-ग$

अतः $क^{३}+ख^{३}+ग^{३}=३कखग$

प्रश्नावली १३

गुणा की क्रिया किये बिना निम्नलिखित का मान बताओ:—

(१) $(क+ख+२ग)(क^{२}+ख^{२}+४ग^{२}-कख-२खग-२गक)$

(२) $(क+२ख+ग)(क^{२}+४ख^{२}+ग^{२}-२कख-२खग-गक)$

(३) $(क+२ख+३ग)(क^{२}+४ख^{२}+९ग^{२}-२कख-६खग-३गक)$

मान बताओ:—

(४) $क^{३}+ख^{३}+ग^{३}-३कखग$ का जब $क=२$, $ख=३$ और $ग=-५$

(५) $क^{३}+ख^{३}+ग^{३}-३कखग$ का जब $क=-२$, $ख=-३$ और $ग=५$

(६) $क^{३}+ख^{३}+ग^{३}-३कखग$ का जब $क=३$, $ख=४$ और $ग=-७$

सिद्ध करो कि:—

(७) $(य-र)^३+(र-ल)^३+(ल-य)^३=३(य-र)(र-ल)(ल-य)$

(८) $(२य-३र)^३+(३र-४ल)^३+(४ल-२य)^३=$
$३(२य-३र)(३र-४ल)(४ल-२य)$

(९) $(२य+३र)^३+(३र-२य)^३+(६र)^३=$
$१८र(२य+३र)(३र-२य)$

विविध प्रश्नावली १

(१) यदि क=७ और ख=५, तो ७५ और क ख में क्या अन्तर है ?

(२) यदि क=५, ख=६ और ग=७, तो $५\frac{६}{७}$ और $क\frac{ख}{ग}$ में अन्तर बताओ।

(३) यदि क=३, ख=४ और ग=५, तो निम्नलिखित को बीजगणितीय व्यंजक के रूप में प्रकट करो :—

(क) ३४ (ख) ३४५ (ग) ५३४

(४) (क) $३य^२$ (ख) $क ख य^२$ (ग) $२य^२र$ में $य^२$ के गुणक बताओ।

निम्नलिखित का संख्यात्मक मान (Numerical Value) ज्ञात करो:—

(५) $\{क-(ख-ग)\}^२+\{ख-(ग-क)^२+\{ग-(क-ख)\}^२$

जब क=१, ख=३ और ग=५ [मद्रास १८५८]

(६) $\frac{क^२-ख^२+ग^२}{क+ख+ग}-\frac{क^२-ख^२-ग^२}{क-ख-ग}$ यदि क=३, ख=−२ और ग=१

[बम्बई १८६७]

(७) $\frac{क-ख+ग}{क+ख-ग}+\frac{ख-ग+क}{ख+ग-क}+\frac{ग-क+ख}{ग+क-ख}$

जब क=२, ख=३ और ग=४ [बम्बई १८५९]

(८) $\frac{क ख}{ख ग}-\frac{ख ग}{ग घ}+\frac{क ग}{ग घ}-\frac{ग घ}{घ क}+\frac{क घ}{क ख}+\frac{घ क}{ख क}$

जब क=१, ख=२, ग=३ और घ=४ [बम्बई १८६४]

(९) $ग^४-(ख-य)ग^३+(ख-य)य^३ग-य^४$

जब ख=−ग=$\frac{१}{२}$ और य=१ [हा० स्कू० स्का० १९१९]

निम्नलिखित को सरल करोः—

(१०) (ग–क–ख)–{(ख+ग–क)–(क – ख – ग)–(ग+क – ख)}

[मद्रास १८७५]

(११) क – [५ख – {क – (३ग – ३ख) + २ग – (क – २ख – ग)}]

[बम्बई १८६१]

(१२) क – [२ख + {३ग – ३क – (क + ख)} + २क – (ख – ३ग)]

[बम्बई १८६५]

(१३) यदि य = ३क – ४ख + ५ग, र = – ३क + ४ख + ५ग और ल = ३क + ४ख – ५ग तो य + र – ल का मान बताओ ।

(१४) २क + $\frac{१}{३}$ ख – $\frac{१}{४}$ ग में से ३क – $\frac{२}{३}$ ख + $\frac{३}{४}$ ग घटाओ ।

[कलकत्ता १८७५]

(१५) (क+ख) य+ (क+ग) र में से (क–ख) य–(ख–ग) र घटाओ।

[बम्बई १८६४]

(१६) किसी वाटिका में ३ क+५ ख—७ ग कटहल के पेड़, ३क—५ख+७ ग जामुन के पेड़ और ३ क + ख + ग आम के पेड़ हैं। उस वाटिका में कुल कितने पेड़ हैं ?

(१७) किसी जुनियर हाईस्कूल में कक्षा ६,७ और ८ में क्रमशः य—२र+३ ल, ३ य+४ र—५ ल और ५ य + ६ र + ७ ल विद्यार्थी ह। बताओ उस स्कूल में कुल कितने विद्यार्थी हैं ?

(१८) एक रेलगाड़ी में य + र + ल यात्री थे। इतने में से किसी स्टेशन पर २ य— ३ र + ल यात्री उतर गये और ४ य + २ र + ३ ल नये यात्री चढ़ गये। बताओ उस गाड़ी में कुल कितने यात्री हो गये ?

(१९) य^{२}–३य + ९ को य^{२} + ३य+ ९ से गुणा करो । [मद्रास १८६३]

(२०) क×० का मान बताओ और क^{४}+क^{३} ख + क^{२}ख^{२}+कख^{३}+ख को क–ख से गुणा करो।

[बम्बई १८६४]

(२१) क^{२}+४ख^{२}+९ग^{२}—२कख—६खग—३गक को क+२ख+३ग से गुणा करो ।

(२२) क^{४}—क^{३}ख+क^{२}ख^{२}—कख^{३}+ख^{४} को क+ख से गुणा करो।

(२३) क^{२}+२५ख^{२}+ ४ ग^{२} + ५ कख – २ कग + १० खग को क–५ख+२ग से गुणा करो ।

(२४) $क^3+२७ ख^3$ को $क+३ ख$ से भाग दो।

(२५) $८ क^3+२७ ख^3+ग^3-१८ क ख ग$ को $२ क+३ ख+ग$ से भाग दो।

(२६) $(क+ख)^3-३ (क+ख)^2 ग+३ (क+ख) ग^2-ग^3$ को $(क+ख)^2-२ (क+ख) ग+ग^2$ से भाग दो।

(२७) $य^6+\frac{प^6}{२७}$ को $य^2+प य+\frac{प^2}{३}$ से भाग दो [मद्रास १९०८]

(२८) $\frac{क^3}{ख^3}-\frac{ख^3}{क^3}$ को $\frac{क}{ख}-\frac{ख}{क}$ से भाग दो।

(२९) $(-क)^3\times(-क)^2\div क^5$ को सरल करो।

(३०) ग का मान बताओ जब $य^4+५ य^3+७ य^2+ग य-२ ग$, $य^2+३य+२$ से विभाजित हो जाता है। [दिल्ली १९२८]

(३१) प के किस मानके लिये $य^5-प य+३$, $य-३$ से विभाजित हो जायेगा? [पंजाब १९०२]

(३२) $य^3-७य+४$ को $य+३$ से भाग देने पर शेष ज्ञात करो।

(३३) $य^4+य^3-१३ य^2+१७ य+३३+क$, $य^2-३य+२$ से विभाजित हो जाता है, तो क का मान बताओ।

(३४) यदि $य=१०$, तो $३ य^5+५ य^4+५ य^3+७ य^2+७ य+९$ का मान बताओ। [पंजाब १९०६]

(३५) $(क+ख+ग)^2-२ (ख+ग) (क+ख+ग)+(ख+ग)^2$ का मान बताओ [इलाहाबाद १९०८]

(३६) $य^2+र^2$ का मान बताओ यदि $य-र=क$ और $य र=ख$

(३७) $य^4+\frac{१}{य^4}$ का मान बताओ जब $य+\frac{१}{य}=३$

(३८) $य^3+\frac{१}{य^3}$ का मान बताओ जब $य+\frac{१}{य}=म$

(३९) $य^3-\frac{१}{य^3}$ का मान बताओ जब $य-\frac{१}{य}=न$

(४०) $य^6+\frac{१}{य^6}$ का मान बताओ जब $य+\frac{१}{य}=२$

—:०:—

अध्याय ४

गुणन-खण्ड

उन दो या दो से अधिक पदों को जिनका गुणन-फल किसी व्यंजक के बराबर होता है, उस व्यंजक का गुणनखण्ड या अपवर्तक कहते हैं, जैसे:–

(क) २ क ख ग = २ × क × ख × ग, इसलिये २ क ख ग के २, क, ख और ग गुणनखण्ड हैं।

(ख) कख + कग = क (ख + ग), इसलिये क ख + क ग के क और ख + ग गुणनखण्ड हैं।

उन दो या दो से अधिक पदों को ज्ञात करने को, जिनका गुणनफल किसी दिये हुए व्यंजक के बराबर होता है, उस व्यंजक का गुणनखण्ड करना कहते हैं।

जैसे : १२क + १६ख का गुणनखण्ड करने से उन पदों को ज्ञात करना समझा जाता है, जिनका गुणनफल १२क + १६ख के बराबर हो। चूंकि ४ और ३क + ४ख का गुणनफल १२क + १६ख के बराबर है, इसलिये

१२ क + १६ ख = ४ (३ क + ४ ख)

अब कहा जाता है कि १२ क + १६ ख के गुणनखण्ड हो गये, और इसके गुणनखण्ड ४ एवं ३ क + ४ ख हैं।

पहले प्रकार का गुणनखण्ड

समापवर्तक (Common Factor) निकाल कर गुणनखण्ड ज्ञात करना:—

उदाहरण : ३ क ख + ६ क ग का गुणनखण्ड करो:–

हम देखते हैं कि इस व्यंजक में दो पद हैं :— (१) ३ क ख और (२) ६ क ग; इन दोनों पदों का समापवर्तक ३ क है।

∴ ३ क ख + ६ क ग = ३ क (ख + २ ग)

उत्तर : ३ क (ख + २ ग)

प्रश्नावली १४

मौखिक

(१) २ क+४ ख (२) ३ क+६ख (३) २क+४ ख+६ग

(४) क ख+क ग (५) क ख—ख ग (६) क ख+क ग—क घ

(७) ६ क+९ ख (८) १२ क+२० ख (९) २४क—३२ख+४०ग

लिखित

(१०) ८ क ख—१२ क ग

क्रिया : ८ क ख—१२ क ग=४ क (२ ख—३ ग)

उत्तर : ४ क(२ ख—३ ग)

(११) १० कख—१५ क ग (१२) १२ कख—१६ क ग+२०क घ

(१३) १६ क^{२}ख+२० क^{३} ग (१४) १८ क^{२} ख ग—२७ क ख ग^{२}

(१५) ७ क^{२}+१४ क ख (१६) २१ क^{२} ख^{२} ग—७ क ख

(१७) (क+ख)^{२}+७ (क+ख)

क्रिया : (क+ख)^{२}+७ (क+ख)=(क+ख) {(क+ख)+७}

=(क+ख) (क+ख+७)

उत्तर: (क+ख) (क+ख+७)

(१८) (क+ख)^{२}+८ (क+ख)

(१९) (क—ख)^{२}+(क—ख)

(२०) (क—ख)^{२}—७ (क—ख)

(२१) २ (क—ख)^{२}+६ (क—ख)

(२२) क (य+र)^{३}+ख (य+र)^{२}+(य+र)

(२३) क^{२}(य+र)^{३}—३क (य+र)^{२}+क (य+र)

(२४) ३ (य^{२}+र^{२})^{३}—क (य^{२}+र^{२})^{२}+६ (य^{२}+र^{२})

(२५) ४क(य^{२}+र^{२})^{२}—८ख (य^{२}+र^{२})+१० (य^{२}+र^{२})

(२६) (२क+३ख)^{२}+(३क—२ख)^{२}

(२७) (क य+ख र)^{२}+(ख य—क र)^{२}

निम्नलिखित का मान बताओः—

(२८) १८×११+१८×९ (२९) १६×१७+१६×१३

(३०) १७×१३−१७×११ (३१) २१×१६−१५×२१

(३२) १४×११−१४×९+१४×३

पदों के उपयुक्त विन्यास (Suitable Arrangement) द्वाराः—

कभी-कभी दिये हुए व्यंजक के प्रत्येक पद का कोई समापवर्तक नहीं होता, जैसे : **क य+ख र+क र+ख य** में चार पद हैं। इनमें से किसी पद का कोई ऐसा गुणनखण्ड नहीं है जो दूसरे पदों का भी गुणनखण्ड हो। परन्तु यदि सावधानी से देखा जाय तो ज्ञात होगा कि पहले और चौथे पदका उभयनिष्ठ गुणनखण्ड **य** है और दूसरे एवं तीसरे पद का उभयनिष्ठ गुणनखण्ड **र** है। इसलिये पहले और चौथे पद को एक कोष्ठक में रखकर एक नया पद और दूसरे तथा तीसरे पद को दूसरे कोष्ठक में रखकर दूसरा नया पद बनाने के पश्चात् एक उभयनिष्ठ गुणनखंड निकल आयेगा, अतः

क य+ख र+क र+ख य=(क य+ख य)+(क र+ख र)

=य(क+ख)+र(क+ख)

=(क+ख) (य+र)

प्रश्नावली १५

निम्नलिखित का गुणनखण्ड ज्ञात करोः—

(१) **क य−ख य+क र−ख र**

क्रिया : **क य−ख य+क र−ख र=(क य−ख य)+(क र−ख र)**

=य)क−ख)+र (क−ख)

=(क−ख) (य+र)

उत्तर : **(क−ख) (य+र)**

(२) **३य+क य+३र+क र**

(३) **२क य+३ख य+२ क र+३ ख र**

(४) **क य−य+क−१**

(५) **य^{३}+य^{२}+य+१**

(६) **क^{३}−क^{२}+क−१**

(७) क^{४} + क^{३} + क^{२} + क

(८) ५य^{३} − ५य^{२} + य − १

(९) क य^{२} + ख य^{२} + क र^{२} + ख र^{२}

(१०) ३क^{२}य^{३} − ३क^{२} यर^{२} − ख य^{२} + ख र^{२}

(११) क य − ख र + ग य − क र + ख य − ग र

(१२) ३कय + गर − २खय + ३कर + गय − २खर

(१३) कय + खर − गल + कर − खल + गय − कल + खय + गर

(१४) ३२(य + र)^{२} − २य − २र [उ० प्र० १९२५]

क्रिया : ३२ (य + र)^{२} − २य − २र = ३२ (य + र)^{२} − २(य + र)

= २(य + र) {१६(य + र) − १}

उत्तर : २(य + र) {१६(य + र) − १}

(१५) ८(य + र)^{२} + ४य + ४र

(१६) १२(य + र)^{२} − ३य − ३र

(१७) १६(य − र)^{२} + ८य − ८र

(१८) २४(य − र)^{२} − ६य + ६र

(१९) क^{२}(य + र)^{२} − कय − कर

(२०) क^{२}(य − र)^{२} − कय + कर

(२१) कख (य^{२} + र^{२}) + यर (क^{२} + ख^{२}) [उ० प्र० १९२४]

क्रिया : कख (य^{२} + र^{२}) + यर (क^{२} + ख^{२})

= कखय^{२} + कखर^{२} + यरक^{२} + यरख^{२}

= (कखय^{२} + क^{२}यर) + (ख^{२}यर + कखर^{२})

= कय(खय + कर) + खर (खय + कर)

= (खय + कर) (कय + खर)

उत्तर : (खय + कर) (कय + खर)

(२२) यल (र^{२} + १) + र (य^{२} + ल^{२})

(२३) रल(य^{२} + १) + य (र^{२} + ल^{२})

(२४) यर (ल^{२} + १) − ल (य^{२} + र^{२})

(२५) य^{२} + (क + ख + ग) य + खग + गक

(२६) य^{२} + र^{२} + कय − कर − २यर

(२७) य (य^{२} + र^{२}) + र (य^{२} + र^{२}) + ल (य + र)

दूसरा प्रकार

$य^{२}+२य\,र+र^{२}$ की भाँति के व्यंजकों का गुणनखण्ड :—

$$य^{२}+२य\,र+र^{२}=य^{२}+य\,र+य\,र+र^{२}$$
$$=य\,(य+र)+र\,(य+र)$$
$$=(य+र)\,(य+र)$$

और $$य^{२}-२य\,र+र^{२}=य^{२}-य\,र-य\,र+र^{२}$$
$$=य\,(य-र)-र\,(य-र)$$
$$=(य-र)\,(य-र)$$

प्रश्नावली १६

गुणनखण्ड करो:—

(१) $य^{२}+६य+९$

क्रिया : $$य^{२}+६य+९=य^{२}+३य+३य+९$$
$$=य\,(य+३)+३\,(य+३)$$
$$=(य+३)\,(य+३)$$

उत्तर : $(य+३)(य+३)$

(२) $य^{२}+८य+१६$ (३) $य^{२}+१०य+२५$

(४) $य^{२}+१८य+८१$ (५) $य^{२}-२०य+१००$

(६) $य^{२}-२२य+१२१$ (७) $य^{२}-३२य+२५६$

(८) $९य+२४य\,र+१६र^{२}$

क्रिया : $$९य^{२}+२४य\,र+१६र^{२}=९य^{२}+१२य\,र+१२य\,र+१६र^{२}$$
$$=३य\,(३य+४र)+४र\,(३य+४र)$$
$$=(३य+४र)(३य+४र)$$

उत्तर : $(३य+४र)(३य+४र)$

(९) $४य^{२}+१२य+९$ (१०) $९य^{२}-३०य+२५$

(११) $१६य^{२}+४०य\,र+२५र^{२}$ (१२) $२५य^{२}-६०य\,र+३६र^{२}$

(१३) $४९य^{२}-११२य\,र+६४र^{२}$ (१४) $८१य^{२}+१४४य\,र+६४र^{२}$

(१५) $२२५य^{२}-९०य\,र+९र^{२}$ (१६) $१९६य^{२}-१४०य\,र+२५र^{२}$

(१७) $\frac{य^{२}}{र^{२}}+\frac{र^{२}}{य^{२}}+२$ (१८) $\frac{४य^{२}}{र^{२}}+\frac{र^{२}}{य^{२}}-४$

(१९) $\frac{२५य^२}{र^२}+\frac{य^२}{१६र^२}+२\frac{१}{२}$ (२०) $\frac{४९य^२}{र^२}+\frac{र^२}{३६य^२}-२\frac{१}{३}$

(२१) $क^२य^२+१०कखयर+२५ख^२र^२$

(२२) $९क^२य^२-४२कखयर+४९ख^२र^२$

निम्नलिखित का मान बताओ:—

(२३) $१६य^२-२४यर+९र^२$ जब $य=३$ और $र=२$

क्रिया : $१६य^२-२४यर+९र^२=१६य^२-१२यर+१२यर+९र^२$

$$=४य(४य-३र)-३र(४य-३र)$$
$$=(४य-३र)(४य-३र)$$
$$=(४\times३-३\times२)(४\times३-३\times२)$$
$$=३६$$

उत्तर : ३६

(२४) $२५य^२-४०यर+१६र^२$ जब $य=४$ और $र=३$

(२५) $३६य^२+६०यर+२५र^२$ जब $य=५$ और $र=-५$

(२६) $४९य^२-२८यर+४र^२$ जब $य=२$ और $र=७$

(२७) $१२१य^२+१५४यर+४९र^२$ जब $य=७$ और $र=-११$

(२८) $(य+र)^२+२(य+र)(य-र)+(य-र)^२$ जब $य=३$ और $र=२$

(२९) $(३य+२र)^२+२(३य+२र)(२य-३र)+(२य-३र)^२$ जब $य=३$ और $र=१$

(३०) $(४य-३र)^२-२(४य-३र)(३य+४र)+(३य+४र)^२$ जब $य=४$ और $र=-३$

तीसरा प्रकार

दो वर्गों के अन्तर का गुणनखण्ड:—

हम जानते हैं कि $(क+ख)(क-ख)=क^२-ख^२$

अथवा $(क^२-ख^२)=(क+ख)(क-ख)$

अर्थात् दो राशियों के वर्गों के अन्तर के दो गुणनखण्ड होते हैं, एक उनके राशियों के जोड़ और दूसरा उनके अन्तर के बराबर होता है, जैसे:—

मान लो कि $४य^२ - ९र^२$ का गुणनखण्ड करना है, तब—

$४य^२ = (२य)^२$ और $९र^२ = (३र)^२$

अर्थात् २य का वर्ग $४य^२$ है और ३र का वर्ग $९र^२$ है।

इसलिये $४य^२ - ९र^२ = (२य + ३र)(२य - ३र)$

दूसरी रीति : $४य^२ - ९र^२ = ४य^२ + ६यर - ६यर - ९र^२$

$= २य(२य + ३र) - ३र(२य + ३र)$

$= (२य + ३र)(२य - ३र)$

प्रश्नावली १७

मौखिक

(१) $क^२ - १$ (२) $क^२ - ९$ (३) $क^२ - १६$

(४) $४ - य^२$ (५) $२५ - य^२$ (६) $३६ - य^२$

लिखित

(७) $९य^२ - २५र^२$

क्रिया : $९य^२ - २५र^२ = (३य)^२ - (५र)^२$

$= (३य + ५र)(३य - ५र)$

उत्तर : $(३य + ५र)(३य - ५र)$

(८) $१६य^२ - २५र^२$ (९) $२५य^२ - ३६र^२$

(१०) $४९य^२ - ६४र^२$ (११) $८१य^२ - १२१र^२$

(१२) $१६९य^२ - १००र^२$ (१३) $२२५य^२ - २५६र^२$

(१४) $(य + र)^२ - ल^२$ (१५) $य^२ - ९(य + र)^२$

(१६) $२५य^२ - १६(य - र)^२$ (१७) $८१(य + र)^२ - ६४ल^२$

(१८) $१२१(य + र)^२ - १००(य - र)^२$

(१९) $१४४(य + र)^२ - १६९(य - र)^२$

(२०) $(य + र + ल)^२ - (य - र + ल)^२$

(२१) $९(य + र)^२ - (२य - ५र)^२$

(२२) $(२य + ३र + ४ल)^२ - (य + २र + ३ल)^२$

(२३) $य^४ - र^४$ (२४) $८१य^४ - र^४$

(२५) $१६य^४ - ६२५र^४$ (२६) $२५य^४ - ४९र^४$

(२७) $य^८ - र^८$

क्रिया: $य^८ - र^८ = (य^४)^२ - (र^४)^२$

$= (य^४ + र^४)\ (य^४ - र^४)$

$= (य^४ + र^४)\ (य^२ + र^२)\ (य^२ - र^२)$

$= (य^४ + र^४)(य^२ + र^२)(य + र)(य - र)$

उत्तर : $(य - र)\ (य + र)\ (य^२ + र^२)\ (य^४ + र^४)$

(२८) $य^८ - २५६र^८$ (२९) $य^८ - ६५६१र^८$

(३०) $(य + र)^८ - ल^८$ (३१) $(क + ख)^८ - (ग + घ)^८$

(३२) $य^८ - ८१र^८$

मान बताओ:—

(३३) $य^२ - र^२$ का जब $य = ६२३४$ और $र = ३७६६$

(३४) $य^२ - र^२$ का जब $य = ७४५६$ और $र = २५४४$

(३५) $य^२ - र^२$ का जब $य = \cdot ९८७$ और $र = \cdot ०१३$

सरल करो:—

(३६) $७८९^२ - २११^२$

(३७) $\cdot ६७८^२ - \cdot ३२२^२$

(३८) $\dfrac{\frac{१३}{२३} \times \frac{१३}{२३} - \frac{१०}{२३} \times \frac{१०}{२३}}{७\frac{२}{३}}$

(३९) $\dfrac{\cdot ६४२ \times \cdot ६४२ - \cdot ३५८ \times \cdot ३५८}{\cdot २८४}$

(४०) $\dfrac{६\cdot ३४५ \times ६\cdot ३४५ - ३\cdot ६५५ \times ३\cdot ६५५}{६\cdot ३४५ - ३\cdot ६५५}$

चौथा प्रकार

दिये हुए व्यंजक को $क^२ - ख^२$ के रूप में बदलकर:—

कभी-कभी गुणनखण्ड करने के लिये दिया हुआ व्यंजक प्रतीत होता है कि वह दो वर्गों का अन्तर नहीं है; परन्तु उसमें थोड़ा-सा हेर-फेर करने से वह दो पूर्ण वर्गों के अन्तर के रूप में प्रकट किया जा सकता है। साधारणत: किसी व्यंजक को दो वर्गों के अन्तर में बदलने के लिये दो विधियाँ हैं:—

(१) **उपयुक्त विन्यास** और (२) **पूर्ण वर्ग बनाकर,** जैसे:—

(१) $य^४-५य^२र^२+४र^४$ देखने में दो वर्गों का अन्तर नहीं प्रतीत होता है

परन्तु $य^४-५य^२र^२+४र^४=य^४-४य^२र^२+४र^४-य^२र^२$

$$=(य^२-२र^२)^२-(य र)^२$$

इसी प्रकार

(२) $य^४+४र^४=य^४+४र^४+४य^२र^२-४य^२र^२$

$$=(य^२+र^२)^२-(२य र)^२$$

किसी व्यंजक को पूर्ण वर्ग बनाने के लिये निम्नलिखित बातें ध्यान में सर्वदा रखना चाहिये—

(१) $क^२\pm२ कख+ख^२$ पूर्ण वर्ग है

(२) $क^२\pm२कख$ अथवा $क^२+ख^२$ पूर्ण वर्ग नहीं है

(३) यदि $क^२+ख^२$ दिया हो; अथवा दो ऐसे पद दिये हों, जिनमें से प्रत्येक पूर्ण वर्ग हो, तो इस दिये हुए व्यंजक में दोनों राशियों के वर्गमूल के गुणनफल का दूना अर्थात् **२ क ख** जोड़ने से पूर्ण वर्ग बन जाता है ।

(४) यदि $क^२-२क ख$ दिया हो; अथवा दो ऐसे पद दिये हों, जिनमेंसे एक पूर्ण वर्ग हो और दूसरा पूर्ण वर्ग न हो, तो उस राशि के वर्ग में जो पूर्ण वर्ग नहीं है, दिये हुए पूर्ण वर्ग के चार गुने से भाग देने से जो भजनफल प्राप्त होता है, वही जोड़ने से

अर्थात् $\dfrac{(\pm२क ख)^२}{४क^२}$ या $ख^२$ के जोड़ने से, दिया हुआ व्यंजक पूर्ण वर्ग हो जाता है ।

प्रश्नावली १८

गुणनखण्ड करो:—

(१) $३य^२-१२र^२$

क्रिया: $३य^२-१२र^२=२\ (य^२-४र^२)$

$$=३\ \{य^२-(२र)^२\}$$

$$=३\ (य+२र)(य-२र)$$

उत्तर : $३(य+२र)(य-२र)$

(२) $२य^२ - १८र^२$ (३) $५य^२ - २०र^२$

(४) $५य^२ - ४५र^२$ (५) $६य^२ - १५०र^२$

(६) $१२य^२ - ७५र^२$ (७) $१७५य^२ - ४४८र^२$

(८) $२य^२ - \frac{र^२}{८}$

क्रिया : $२य^२ - \frac{र^२}{८} = २\left[य^२ - \frac{र^२}{१६}\right]$

$= २\left\{य^२ - \left(\frac{र}{४}\right)^२\right\}$

$= २\left[य + \frac{र}{४}\right]\left[य - \frac{र}{४}\right]$

उत्तर : $२\left(य + \frac{र}{४}\right)\left(य - \frac{र}{४}\right)$

(९) $२८य^२ - \frac{र^२}{७}$ (१०) $७५य^२ - \frac{र^२}{१२}$

(११) $\frac{य^२}{८} - ३२र^२$ (१२) $\frac{य^२}{५०} - \frac{र^२}{३२}$

(१३) $य^२ - ४ + २यर + र^२$

क्रिया : $य^२ - ४ + २ यर + र^२ = य^२ + २ यर + र^२ - ४$

$= (य + र)^२ - (२)^२$

$= (य + र + २)\ (य + र - २)$

उत्तर : $(य + र + २)\ (य + र - २)$

(१४) $य^२ - ल^२ + २ यर + र^२$ (१५) $य^२ - र^२ + २रल - ल^२$

(१६) $य^२ - ६यर - १६ + ९र^२$ (१७) $ल^२ - य^२ - र^२ - २यर$

(१८) $य^४ - ३य^२र^२ + र^४$ (१९) $य^४ - ७य^२र^२ + ९र^४$

(२०) $क^२ + ख^२ - २कख - ग^२ - घ^२ - २गघ$

(२१) $(य^२ + २यर) - (ल^२ - २लर)$

(२२) $(य^२ - र^२)(क^२ - ख^२) + ४खरयक$ [उ० प्र० १९१७]

(२३) $य^२ + ३य - र^२ - ३र$ [उ० प्र० १९३३]

(२४) $(क + २ख)क^३ - (ख - २क)ख^३$ [उ० प्र० १९३२]

(२५) $य^२ र^२ + १ - य^२ - र^२$ [उ० प्र० १६२६]

पूर्ण वर्ग बनाकर

(२६) $४ य^४ + र^४$

क्रिया : $४ य^४ + र^४ = (२य^२) + (र^२)^२ + २ \times २य^२ \times र^२ - २ \times २य^२ \times र^२$

$= (२ य^२)^२ + ४ य^२ र^२ + (र^२)^२ - ४ य^२ र^२$

$= (२ य^२ + र^२)^२ - (२ य र)^२$

$= (२ य^२ + र^२ + २ य र) (२ य^२ + र^२ - २ य र)$

$= (२ य^२ + २ यर + र^२) (२ य^२ - २ यर + र^२)$

उत्तर : $(२ य^२ + २ यर + र^२) (२ य^२ - २ यर + र^२)$

(२७) $य^४ + ६४$ (२८) $य^४ + \frac{१}{४}$ (२९) $४ य^४ + ८१ र^४$

(३०) $६४ य^४ + ६२५ र^४$ (३१) $य^४ + य^२ + १$ (३२) $य^४ + य^२ र^२ + र^४$

(३३) $य^४ + य^२ र^२ + ४ र^२$ (३४) $य^४ - ७ य^२ र^२ + र^४$

[उ० प्र० १६२६]

(३५) $४ य^२ - ४ य र - ८ र^२ + ३० र ल - २५ ल^२$

(३६) $३ य^२ - र^२ - ल^२ - २य र - २ र ल - २ य ल$

(३७) $१२ य^२ - र^२ - ६ ल^२ - ४ य र - ६ र ल - १२ ल य$

पांचवां प्रकार

$य^२ + प य + फ$ के रूप के त्रिपदकों (Trinomials) के गुणनखण्ड:–

पिछले अध्याय में हमलोगों ने देखा है कि

(१) $(य + ४) (य + ३) = य^२ + ७ य + १२$

या $(य + क) (य + ख) = य^२ + (क + ख) य + क ख$

(२) $(य - ४) (य - ३) = य^२ - ७ य + १२$

या $(य - क) (य - ख) = य^२ - (क + ख) य + क ख$

(३) $(य + ४) (य - ३) = य^२ + य - १२$

या $(य + क) (य - ख) = य^२ + (क - ख) य - क ख$

(४) $(य - ४) (य + ३) = य^२ - य - १२$

या $(य - क) (य + ख) = य^२ - (क - ख) य - क ख$

इनको ध्यानपूर्वक देखने से ज्ञात होता है कि:–

(१) त्रिपद का अन्तिम पद अर्थात् 'फ' उन दो संख्याओं के गुणनफल के बराबर है जिनका बीजगणितीय योगफल 'य' के गुणक अर्थात् 'प' के बराबर है।

(२) यदि त्रिपद का अन्तिम पद अर्थात् 'फ' धनात्मक होता है, तो इसके उन दोनों गुणनखण्डों के दैशिक चिह्न (directional signs), जिनका जोड़ 'प' के बराबर होता है, एक ही प्रकार के होते हैं; अर्थात दोनों '+' होते हैं जब त्रिपद का मध्य पद धनात्मक होता है, और दोनों '–' होते हैं जब त्रिपद का मध्यपद ऋणात्मक होता है।

(३) जब त्रिपद का अन्तिम पद अर्थात् 'फ' ऋणात्मक होता है, तब इसके दोनों गुणनखण्डों के दैशिक चिह्न जिनका अन्तर 'प' के बराबर होता है, भिन्न-भिन्न होते हैं। इन गुणनखण्डों में से बड़े गुणनखण्ड का चिह्न वही होता है जो मध्य पद का होता है। अर्थात् जब मध्यपद धनात्मक होता है, तब बड़े गुणनखण्ड का चिह्न '+' एवं छोटे गुणनखण्ड का चिह्न '–' होता है और जब मध्यपद ऋणात्मक होता है, तब बड़े गुणनखण्ड का चिह्न '–' एवं छोटे गुणनखण्ड का चिह्न '+' होता है।

प्रश्नावली १९

गुणनखण्ड करो:–

(१) $य^2 + १० य + २४$

मौखिक क्रिया : चूँकि त्रिपद का तीसरा पद अर्थात् २४ धनात्मक है इसलिये २४ के दो ऐसे गुणनखण्ड ज्ञात करने हैं जिनका जोड़ १० के बराबर है।

वे दो संख्याये जिनका गुणनफल २४ है, क्रमशः १,२४; २, १२; ३, ८ और ४,६ हैं। इनमें से ४ और ६ का योगफल १० है। अतः अभीष्ट संख्यायें ४ और ६ हैं। चूँकि मध्य पद धनात्मक है, इसलिये दोनों गुणनखण्डों के दैशिक चिन्ह '+' होंगे। अब लिखित क्रिया निम्न प्रकार से होगी—

$$य^2 + १०य + २४ = य^2 + ४य + ६य + २४$$
$$= य(य+४) + ६(य+४)$$
$$= (य+४)(य+६)$$

उत्तर : $(य+४)(य+६)$

(२) $य^2+५य+६$ (३) $य^2+७य+१२$

(४) $य^2+९य+१८$ (५) $य^2+१५य+५६$

(६) $य^2+१७य+७२$ (७) $य^2+२१य+९०$

(८) $य^2+११य\,र+२४र^2$ (९) $य^2+२३य\,र+११२र^2$

(१०) $य^2-१४य+४०$

मौखिक क्रिया : चूँकि इस त्रिपद का तीसरा पद धनात्मक है। इसलिये ४० के दो से गुणनखण्ड ज्ञात करने हैं, जिनका जोड़ १४ के बराबर हो।

वे दो संख्यायें जिनका गुणनफल ४० है, क्रमशः १,४०, २,२०; ४,१० और ५,८ हैं। इनमें से ४ और १० का जोड़ १४ के बराबर है, अतः अभीष्ट संख्यायें ४ और १० हैं।

चूँकि मध्य पद ऋणात्मक है, इसलिये ४० के दोनों अभीष्ट गुणन खण्डों के दैशिक चिह्न ऋण होंगे। इसकी लिखित क्रिया निम्न प्रकार से होगी—

$$य^2-१४य+४०=य^2-४य-१०य+४०$$
$$=य(य-४)-१०(य-४)$$
$$=(य-४)(य-१०)$$

उत्तर : $(य-४)\ (य-१०)$

(११) $य^2-१७य+७०$ (१२) $य^2-१९य+९०$

(१३) $य^2-२४य+१२८$ (१४) $य^2-२२य+९६$

(१५) $य^2-२६य\,र+१६०र^2$ (१६) $य^2-२७य\,र+१२६र^2$

(१७) $य^2-३०य\,र+२००र^2$ (१८) $य^2-३३य\,र+२००र^2$

(१९) $म^2-३३म\,न+२००न^2$ (२०) $म^2-४४म\,न+४२०न^2$

(२१) $य^2+५य-२४$

मौखिक क्रिया : चूँकि इस त्रिपद का तीसरा पद अर्थात् २४ ऋणात्मक है, इसलिये २४ के दो ऐसे गुणनखण्ड ज्ञात करने हैं, जिनका अन्तर ५ के बराबर हो। वे दो संख्यायें जिनका गुणनफल २४ है, क्रमशः १, २४; २, १२; ३, ८ और ४, ६ हैं, इन में से ३ और ८ का अन्तर ५ के बराबर है।

इसलिये अभीष्ट संख्यायें ८ और ४ हैं।

चूंकि मध्यपद धनात्मक ह, इसलिये २४ के बड़े गुणनखण्ड अर्थात् ८ का दैशिक चिन्ह '+' और छोटे गुणनखण्ड का दशिक चिन्ह '−' होगा। अतः इसकी लिखित क्रिया निम्न प्रकार से होगी—

$$य^२+५य-२४= य^२+८य-३य-२४$$
$$= य(य+८)-३(य+८)$$
$$= (य+८)(य-३)$$

उत्तर : (य+८)(य−३)

(२२) $य^२+७य-४४$ (२३) $य^२+६य-७२$

(२४) $य^२+४य-११७$ (२५) $य^२+२य-४८$

(२६) $य^२+७य-८$ (२७) $य^२+य-७२$

(२८) $य^२+६य र-७र^२$ (२९) $य^२+य र-१३२र^२$

(३०) $य^२+७य र-१९८र^२$ (३१) $य^२र^२+९य र-११२$

(३२) $य^२-७य-६०$

मौखिक क्रिया : इस त्रिपद का तीसरा पद अर्थात् ६० ऋणात्मक है, इसलिये ६० के दो ऐसे गुणनखण्ड ज्ञात करने हैं, जिनका अन्तर ७ हो।

वे दो संख्यायें जिनका गुणनफल ६० है, क्रमशः १,६०; २,३०; ३,२०; ४, १५; ५,१२ और ६,१० हैं। इनमें से १२ और ५ का अन्तर ७ है, सलिये अभीष्ट संख्यायें १२ और ५ हैं।

चूंकि मध्यपद ऋणात्मक है, इसलिये ६० के बड़े गुणनखण्ड अर्थात् १२ का दैशिक चिन्ह '−' और छोटे गुणनखण्ड अर्थात् ५ का दैशिक चिन्ह '+' होगा। अतः लिखित क्रिया निम्न प्रकार से होगी—

$$य^२-७य-६०=य^२-१२ य+५ य-६०$$
$$=य (य-१२)+५(य-१२)$$
$$=(य-१२) (य-५)$$

उत्तर : (य−१२) (य+५)

(३३) $य^२-य-६$ (३४) $य^२-य-३०$

(३५) $य^२-३य-२८$ (३६) $य^२-५य-६$

(३७) $य^2 - ११य - ८०$ (३८) $य^2 - १३यर - ९०$

(३९) $य^2र^2 - ९यरल - २५२ल^2$ (४०) $य^2र^2 - ११यरल - १८०ल^2$

(४१) $य^2 + २३य + ११२$ (४२) $य^2र^2 - ७य^2र^2ल^2 + ८ल^2$

(४३) $म^2 - ११मन - ६०न^2$ (४४) $म^3न^3 + १२म^2न^2 - १०८मन$

(४५) $म^2 - १६मक - १९२क^2$ (४६) $य^2 - (क + ख)य + कख$

(४७) $य^2 - (क - ख)य - कख$

छठवाँ प्रकार

$कय^2 + खय + ग$ के रूप के व्यंजकों का गुणनखण्ड :—

हम जानते हैं कि

(१) $(३य + २)(४य + ५) = १२य^2 + २३य + १०$

$(मय + प)(नय + फ) = मनय^2 + (मफ + नप)य + पफ$

(२) $(३य - २)(४य - ५) = १२य^2 - २३य + १०$

$(मय - प)(नय - फ) = मनय^2 - (मफ + नप)य + पफ$

(३) $(३य - २)(४य + ५) = १२य^2 + ७य - १०$

$(मय - प)(नय + फ) = मनय^2 + (मफ - नप)य - पफ$

(४) $(३य + २)(४य - ५) = १२य^2 - ७य - १०$

$(मय + प)(नय - फ) = मनय^2 - (मफ - नप)य - पफ$

इनको ध्यानपूर्वक देखने से ज्ञात होता है कि—

य का गुणक उन दो संख्याओं के बीजगणितीय जोड़ के बराबर है, जिनका गुणनफल $य^2$ के गुणक और य से स्वतंत्र अचल राशि के गुणनफल के बराबर है।

अतः $कय^2 + खय + ग$ के रूप के व्यंजकों का गुणनखण्ड करने के लिये—

(१) $य^2$ के गुणक अर्थात् क को य से स्वतंत्र अचल राशि अर्थात् ग से गुणा करो।

(२) इस गुणनफल कग के दो ऐसे गुणनखण्ड ज्ञात करो, जिनका बीजगणितीय जोड़ य के गुणक ख के बराबर हो।

साथ ही स्मरण रहे कि—

(क) यदि कग धनात्मक है, तब कग के दोनों गुणनखण्डों के दैशिक चिह्न जिनका जोड़ ख के बराबर होता है, एक ही प्रकार के होते हैं। अर्थात् दोनों '+' होते हैं जब ख धनात्मक है और दोनों '−' हैं जब ख ऋणात्मक है।

(ख) यदि क ग ऋणात्मक है, तब इसके दोनों गुणनखण्डों के दैशिक चिह्न जिनका अन्तर ख के बराबर होता है, भिन्न-भिन्न होते हैं। इन गुणनखडों में से बड़े गुणनखण्ड का वही चिह्न होता है जो ख का होता है। अर्थात् जब ख धनात्मक है, तब बड़े गुणनखण्ड का चिन्ह '+' और छोटे गुणनखण्ड का चिन्ह '—' होता है; और जब ख ऋणात्मक है, तब बड़े गुणनखण्ड का चिह्न '—' और छोटे गुणनखण्ड का चिह्न '+' होता है।

प्रश्नावली २०

गुणनखण्ड करो :—

(१) $३य^२ + १०य + ८$

मौखिक क्रिया : $३ \times ८ = २४$। अब २४ के दो ऐसे गुणनखण्ड ज्ञात करने हैं, जिनका योग फल १० के बराबर हो।

वे दो संख्यायें जिनका गुणनखण्ड २४ के बराबर है, क्रमशः १, २४; २, १२; ३, ८ और ४, ६ हैं।

चूंकि ४ और ६ का योग फल १० के बराबर है, इसलिये अभीष्ट संख्यायें ४ और ६ हैं।

चूंकि २४ और य का गुणक ६ धनात्मक है, इसलिये दोनों गुणनखण्डों का दैशिक चिन्ह '+' होगा, अतः लिखित क्रिया निम्न प्रकार से होगी :—

$$\begin{aligned} ३य^२ + १०य + ८ &= ३य^२ + ४य + ६य + ८ \\ &= य(३य+४) + २(३य+४) \\ &= (३य+४)\ (य+२) \end{aligned}$$

उत्तर : $(३य+४)\ (य+२)$

(२) $३य^२ + ५य + २$ (३) $४य^२ + ५य + १$

(४) $५य^२ + १२य + ४$ (५) $३य^२ + ८य + ४$

(६) $६य^२ + १७य + ७$ (७) $७य^२ + ३०य + ८$

(८) $८य^२ + १६यर + ६र^२$ (९) $६य^२ + २३यर + १०र^२$

(१०) $१२य^२ + ३७यर + १२र^२$ (११) $३य^२ + ३३यर + १४र^२$

(१२) $६य^२ - १६यर + ८$

मौखिक क्रिया : ६ × ८ = ४८। अब ४८ के दो गुणनखण्ड जिनका जोड़ १९ हो, १६ और ३ है। दो गुणनखण्डों के चिह्न '−' होगा, क्योंकि १९ ऋणात्मक है।

लिखित क्रिया : ६य^{२} − १९य + ८ = ६य^{२} − १६य − ३य + ८
= २य(३य − ८) − १(३य − ८)
= (३य − ८)(२य − १)

उत्तर : (३य − ८)(२य − १)

(१३) ४य^{२} − ११य + ६ (१४) ५य^{२} − ६य + १
(१५) १०य^{२} − १७य + ३ (१६) ९य^{२} − ३९य + १२
(१७) ९य^{२} ४०य + १६ (१८) १२य^{२} − १६य + ५
(१९) ८य^{२}र^{२} − २७य र + ९ (२०) क य^{२} − (क + ख)य + ख
(२१) १२य^{२} − ३४य र + १४र^{२} (२२) १५य^{२} − २२य र + ८र^{२}
(२३) १०य^{२} + ११य − ६

मौखिक क्रिया : १० × (−६) = −६०। चूंकि यह गुणनफल ऋणात्मक है, इसलिये ६० के दो ऐसे गणनखण्ड ज्ञात करने हैं, जिनका अन्तर ११ हो। स्पष्टतः ऐसे गुणनखण्ड १५ और ४ हैं। चूँकि य का गुणक धनात्मक है, इसलिये १५ का चिह्न '+' और ४ का चिह्न '−' होगा।

लिखित क्रिया : १०य^{२} + ११य − ६ = १०य^{२} + १५य − ४य − ६
= ५य(२य + ३) − २(२य + ३)
= (२य + ३)(५य − २)

उत्तर : (२य + ३)(५य − २)

(२४) २य^{२} + य − ३ (२५) २य^{२} + य − १५
(२६) ४य^{२} + य − १४ (२७) १२य^{२} + २५य − ७
(२८) १३य^{२} + २३य − ६ (२९) ५य^{२} + २८य − १२
(३०) ३०य^{२} + यर − २०र^{२} (३१) कय^{२} + (क − ख)य − ख
(३२) २४य^{२}र^{२} + २३यर − १२र^{२} (३३) २०य^{२} + यर − १२र^{२}
(३४) ९य^{२} − ६य −

मौखिक क्रिया : $९ \times (-८) = -७२$, चूंकि यह गुणनफल ऋणात्मक है, इसलिये ७२ के दो ऐसे गुणनखण्ड ज्ञात करो जिनका अन्तर ६ हो। स्पष्टतः ऐसे गुणनखण्ड १२ और ६ हैं। चूंकि य का गुणक ऋणात्मक है, इसलिये १२ का चिह्न '−' और ६ का चिह्न '+' होगा।

लिखित क्रिया :

$$९य^२ - ६य - ८ = ९य^२ - १२य + ६य - ८$$
$$= ३य(३य - ४) + २(३य - ४)$$
$$= (३य - ४)(३य + २)$$

उत्तर : $(३य - ४)(३य + २)$

(३५) $४य^२ - ५य - ६$ (३६) $१२य^२ - २५य - ७$

(३७) $५य^२ - २३य - १०$ (३८) $६य^२ - २८य - १०$

(३९) $१४य^२ - य - ४$ (४०) $१२य^२ - य - २०$

(४१) $क य^२ - (क - ख)य - ख$ (४२) $७य^२ - ५य र - १८र^२$

(४३) $४य^२ - ५य र - २६र^२$ (४४) $३ - ३७य - २६य^२$

(४५) $य^२ - (क + \frac{१}{क}) + १$

त्रिपद व्यंजक को दो वर्गों के अन्तर में बदलकर गुणनखण्ड निकालना

प्रश्नावली २१

गुणनखण्ड ज्ञात करो--

(१) $य^२ + ११य + २४$

क्रिया :

$$य^२ + ११य + २४ = य^२ + २.\frac{११}{२}.य + २४$$
$$= य^२ + २.\frac{११}{२}.य + (\frac{११}{२})^२ + २४ - (\frac{११}{२})^२$$
$$= (य + \frac{११}{२})^२ + २४ - \frac{१२१}{४}$$
$$= (य + \frac{११}{२})^२ - \frac{२५}{४}$$
$$= (य + \frac{११}{२})^२ - (\frac{५}{२})^२$$
$$= (य + \frac{११}{२} + \frac{५}{२})(य + \frac{११}{२} - \frac{५}{२})$$
$$= (य + ८)(य + ३)$$

उत्तर : $(य + ८)(य + ३)$

(२) $य^२ + १५य + ५६$ (३) $य^२ + १३य + ४२$

(४) $य^२ + १४य + ४८$ (५) $य^२ + १५य^२ + ५४$

(६) $य^२ + २१य + ८०$ (७) $य^२ + २१य र + ९८र^२$

(८) $य^२ + (क + ख)य + क ख$ (९) $य^२ - १३य + ३०$

(१०) $य^2 - २२य + ४०$ (११) $य^2 - (क + ख) + क ख$

(१२) $य^2 + ५य - ६६$ (१३) $य^2 - य - ३$

(१४) $य^2 - ३य - ७०$ (१५) $य^2 - ७य र - १४४र^2$

(१६) $य^2 - १२य र - १६०र^2$ (१७) $५य^2 + १९य + १२$

क्रिया :
$$५य^2 + १९य + १२ = ५\{य^2 + \frac{१९}{५}य + \frac{१२}{५}\}$$
$$= ५\{य^2 + २ \times \frac{१९}{१०}य + \frac{१२}{५}\}$$
$$= ५\{य^2 + २ \times \frac{१९}{१०}य + (\frac{१९}{१०})^2 - (\frac{१९}{१०})^2 + \frac{१२}{५}\}$$
$$= ५\{(य + \frac{१९}{१०})^2 - (\frac{३६१}{१००} - \frac{१२}{५})\}$$
$$= ५\{(य + \frac{१९}{१०})^2 - (\frac{१२१}{१००})\}$$
$$= ५\{(य + \frac{१९}{१०})^2 - (\frac{११}{१०})^2\}$$
$$= ५(य + \frac{१९}{१०} + \frac{११}{१०})(य + \frac{१९}{१०} - \frac{११}{१०})$$
$$= ५(य + ३)(य + \frac{४}{५})$$
$$= ५(य + ३)(\frac{५य + ४}{५})$$
$$= (य + ३)(५य + ४)$$

उत्तर : $(य + ३)(५य + ४)$

(१८) $३य^2 + ८य + ४$ (१९) $८य^2 - १०य + ३$

(२०) $८य^2 + २२य + १४$ (२१) $५य^2 - ११य - १२$

(२२) $६य^2 - २३य + १५$ (२३) $६य^2 - १३य + १५$

(२४) $७य^2 - १८य - ९$ (२५) $य^2 + २क य + ख$

उन व्यंजकोंका गुणनखण्ड जो त्रिपद व्यंजकके रूपमें बदले जा सकते हैं

प्रश्नावली २२

(१) $(य - र)^2 - ५य + ५र + ४$

क्रिया : मान लिया कि $य - र = क$

तब
$$(य - र)^2 - ५य + ५र + ४ = (य - र)^2 - ५(य - र) + ४$$
$$= क^2 - ५क + ४$$
$$= क^2 - ४क - क + ४$$
$$= क(क - ४) - १(क - ४)$$
$$= (क - ४)(क - १)$$
$$= (य - र - ४)(य - र - १)$$

उत्तर : $(य - र - ४)(य - र - १)$

(२) $(य+र)^२-७य-७र+१२$

(३) $(य+र)^२-९य-९र+२०$

(४) $य^२+र^२-२य र-११य+११र-६०$

(५) $य^२+र^२+२य र-१९य-१९र+४८$

(६) $५(य+र)^२+२७(य+र)-१८$

(७) $२(य+र)^२-३(य+र)ल-६५ल^२$

(८) $७(२य-३र)^२-८य ल-१२र ल-३६ल^२$

(९) $५(३य+२र)^२-८(३य+२र)(य-३र)-४(य-३र)^२$

(१०) $(क^२+क)^२+५(क^२+क)-२४$

(११) $(य^२-३य)^२-३(य^२-३य)-४$

(१२) $य^४-९य^२+२०$

क्रिया : मान लिया कि $य^२=क$

तब $$\begin{aligned} य^४-९य^२+२० &= क^२-९क+२० \\ &= क^२-५क-४क+२० \\ &= क(क-५)-४(क-५) \\ &= (क-५)(य-४) \\ &= (य^२-५)(य^२-४) \\ &= (य^२-५)\{य^२-(२)^२\} \\ &= (य^२-५)(य-२)(य+२) \end{aligned}$$

उत्तर : $(य^२-५)(य-२)(य+२)$

(१३) $य^४+१४य^२-७२$

(१४) $य^४+२य^२-९९$

(१५) $य^४-१५य^२-२५०$

(१६) $४य^४-१३य^२र^२-१२र^४$

(१७) $य^४-२५य^२+१४४$

(१८) $२य^४-२९य^२-४८$

(१९) $२७य^४+६य^२र^२-८र^४$

(२०) $५य^६+८य^३-४$

(२१) $६य^४-२५य^२र^२+४र^४$

(२२) $३(य+र)^४-१६(य+र)^२ल^२+१६ल^४$

(२३) $य^२+\frac{१}{य^२}+५\left(य-\frac{१}{य}\right)+४$

क्रिया : $य^२+\frac{१}{य^२}+५\left(य-\frac{१}{य}\right)+४=\left(य^२+\frac{१}{य^२}-२\right)+५\left(य-\frac{१}{य}\right)+६$

$$=\left(य-\frac{१}{य}\right)^२+५\left(य-\frac{१}{य}\right)+६$$

$$=क^२+५क+६ \quad \left[यदि\ क=य-\frac{१}{य}\right]$$

$$=(क+२)(क+३)$$

$$=\left(य-\frac{१}{य}+२\right)\left(य-\frac{१}{य}+३\right)$$

उत्तर : $\left(य-\frac{१}{य}+२\right)\left(य-\frac{१}{य}+३\right)$

(२४) $य^२+\frac{१}{य^२}-७\left(य-\frac{१}{य}\right)+१०$

(२५) $य^२+\frac{१}{य^२}+६य-\frac{६}{य}+६$

(२६) $य^२+\frac{१}{य^२}-११य-\frac{११}{य}+३०$

(२७) $३\left(य^२+\frac{१}{य^२}\right)-५\left(य+\frac{१}{य}\right)-२२$

(२८) $य^२-\left(क+\frac{१}{क}\right)य-२\left(क+\frac{१}{क}\right)^२$

सातवाँ प्रकार

$य^{३} \pm र^{३}$ के रूप के व्यंजकों का गुणनखण्ड:-

प्रश्नावली २३

गुणनखण्ड करो:—

(१) $य^{३}+र^{३}$

क्रिया : हम जानते हैं कि

$$(य+र)^{३}=य^{३}+३य^{२}र+३यर^{२}+र^{३}$$
$$=य^{३}+र^{३}+३यर(य+र)$$

अथवा $य^{३}+र^{३}+३यर(य+र)=(य+र)^{३}$

या $य^{३}+र^{३}$ $=(य+र)^{३}-३यर(य+र)$

$$=(य+र)\{(य+र)^{२}-३यर\}$$
$$=(य+र)\{य^{२}+२यर+र^{२}-३यर\}$$
$$=(य+र)(य^{२}-यर+र^{२})$$

उत्तर : $(य+र)\ (य^{२}-यर+र^{२})$

(२) $८य^{३}+१$ (३) $य^{३}+२७$

(४) $८य^{३}+२७र^{३}$ (५) $य^{३}+६४$

(६) $१२५य^{३}+८र^{३}$ (७) $(य+र)^{३}+२७ल^{३}$

(८) $(य+र)^{३}+(य-र)^{३}$ (९) $(२य+३र)^{३}+(३य-२र)^{३}$

(१०) $(य^{२}+३य)^{३}+८$ (११) $य^{६}+र^{६}$

(१२) $(य^{२}+४यर)^{३}+२७र^{६}$ (१३) $य^{९}+र^{९}$

(१४) $क^{३}+\frac{१}{क^{३}}$ (१५) $कय^{४}+८यक^{४}$

(१६) $य^{३}-र^{३}$

क्रिया : $(य-र)^{३}=य^{३}-३य^{३}र+३यर^{२}-र^{३}$

$$=य^{३}-र^{३}-३यर(य-र)$$

अथवा $य^{३}-र^{३}-३यर(य-र=(य-र)^{३}$

या $य^{३}-र^{३}=(य-र)^{३}+३यर(य-र)$

$$=(य-र)\{(य-र)^{२}+३यर\}$$
$$=(य-र)\{य^{२}-२यर+र^{२}+३यर\}$$
$$=(य-र)(य^{२}+यर+र^{२})$$

उत्तर : $(य-र)(य^{२}+यर+र^{२})$

(१७) $य^3 - ८$ (१८) $य^3 - २७$

(१९) $य^3 - २७ र^3$ (२०) $२७य^3 - ८र^3$

(२१) $१२५य^3 - २१६र^3$ (२२) $२१९७य^3 - ५१२र^3$

(२३) $(य + र)^3 - ल^3$ (२४) $य^3 - (२र + ल)^3$

(२५) $य^6 - र^6$

क्रिया : $य^6 - र^6 = (य^2)^3 - (र^2)^3$

$= (य^2 - र^2)(य^4 + य^2 र^2 + र^4)$

$= (य - र)(य + र)\{(य^2 + र^2)^2 - (य र)^2\}$

$= (य - र)(य + र)(य^2 + र^2 - य र)(य^2 + र^2 + य र)$

$= (य - र)(य + र)(य^2 - य र + र^2)(य^2 + य र + र^2)$

उत्तर : $(य - र)(य + र)(य^2 - य र + र^2)(य^2 + य र + र^2)$

(२६) $य^6 - ६४$ (२७) $६४य^6 - ७२९र^6$

(२८) $य^{12} - र^{12}$ (२९) $६४य^{12} - र^6$

(३०) $य^7 र - य र^7$ (३१) $(य^2 - य र)^3 - ८र^6$

(३२) $(य^2 + २र^2)^3 - य^6$ (३३) $(२य^2 + र^2)^3 - २७र^6$

(३४) $(२य + ३र)^3 - (२य - ३र)^3$

(३५) $(२य + ३र)^3 - (३य - २र)^3$

(३६) $य^3 - \frac{१}{य^3}$ (३७) $य^3 - \frac{८}{य^3}$ (३८) $य^6 - \frac{१}{य^6}$

आठवाँ प्रकार

$य^3 + र^3 + ल^3 - ३य र ल$ के रूप के व्यंजकों का गुणनखंड:—

प्रश्नावली २४

गणनखण्ड करो:—

(१) $य^3 + र^3 + ल^3 - ३य र ल$

क्रिया : हम जानते हैं कि

$(य + र)^3 = य^3 + र^3 + ३य र (य + र)$

अथवा $य^3 + र^3 = (य + र)^3 - ३य र (य + र)$

या $य^3 + र^3 + ल^3 - ३य र ल = (य + र)^3 + ल^3 - ३य र ल -$
$३य र (य + र)$

अब मान लो कि $य+र=क$

तो $य^{३}+र^{३}+ल^{३}-३यरल=$

$$क^{३}+ल^{३}-३यरल-३यरक$$
$$=(क+ल)(क^{२}-कल+ल^{२})-३यर(क+ल)$$
$$=(क+ल)(क^{२}-कल+ल^{२}-३यर)$$
$$=(य+र+ल)\{(य+र)^{२}+ल^{२}-(य+र)ल-३यर\}$$
$$=(य+र+ल)(य^{२}+र^{२}+२यर+ल^{२}-यल-रल-३यर)$$
$$=(य+र+ल)(य^{२}+र^{२}+ल^{२}-यर-रल-लय)$$

(२) $य^{३}+र^{३}-३यर+१$ (३) $य^{३}+र^{३}-६यर+८$

(४) $य^{३}+र^{३}-ल^{३}+३यरल$ (५) $य^{३}-र^{३}-ल^{३}-३यरल$

(६) $य^{३}-र^{३}+ल^{३}+३यरल$ (७) $८य^{३}+र^{३}+ल^{३}-६यरल$

(८) $८य^{३}+र^{३}+२७ल^{३}-१८यरल$

(९) $य^{६}-५य^{३}+८$

क्रिया : $य^{६}-५य^{३}+८=य^{६}+य^{३}+८-६य^{३}$
$$=(य^{२}+य)^{३}-३य^{२}.य(य^{२}+य)+८-६य^{३}$$
$$=(य^{२}+य)^{३}+८-३य^{३}(य^{२}+य^{२})-६य^{३}$$
$$=(य^{२}+य+२)\{(य^{२}+य)^{२}-२(य^{२}+य)+४\}-३य^{३}(य^{२}+य+२)$$
$$=(य^{२}+य+२)\{(य^{२}+य)^{२}-२(य^{२}+य)+४-३य^{३}\}$$
$$=(य^{२}+य+२)(य^{४}-य^{३}-य^{२}-२य+४)$$

(१०) $य^{६}+७य^{३}-८$ (११) $य^{६}+८य^{३}+२७$

(१२) $य^{६}+१४य^{३}+१२५$ (१३) $य^{६}-१७य^{३}+२१६$

(१४) $(य-र)^{३}+(र-ल)^{३}+(ल-य)^{३}$

(१५) $(य-र)^{३}+(र-२)^{३}+(२-य)^{३}$

(१६) $(य-२र)^{३}+(२र-३ल)^{३}+(३ल-य)^{३}$

सिद्ध करो कि—

(१७) $य^{३}+र^{३}+ल^{३}-३यरल=$
$$\frac{१}{२}(य+र+ल)\{(य-र)^{२}+(र-ल)^{२}+(ल-य)^{२}\}$$

(१८) $य^{३}+र^{३}+ल^{३}=३यरल$ यदि $य+र+ल=०$

(१९) $य+र+ल=०$ अथवा $य=र=ल$
यदि $य^3+र^3+ल^3-3यरल=०$

(२०) $य^2+र^2+ल^2=यर+रल+लय$
यदि $य^3+र^3+ल^3-3यरल=०$

नवाँ प्रकार

$(य+क)(य+ख)(य+ग)(य+घ)\pm प$ के रूप के व्यंजकों का गुणनखण्ड :—

इस प्रकार के व्यंजक दो पदों के योगफल अथवा अन्तर के बराबर होते हैं। न दो पदों में से एक पद चार राशियों का गुणनफल है। इन चार राशियों में से यदि किन्हीं दो राशियों के गुणनफल में तीन पद होंगे। अतः इस प्रकार के व्यंजक का गुणनखण्ड करने के लिये गुणनफल प्रकट करनेवाले पद में से दो-दो ऐसी राशियों को लेकर आपस में गुणा करते हैं कि नये गुणनफलों के दो पद समान हों। नीचे के उदाहरण से यह क्रिया स्पष्ट हो जायेगी।

उदाहरण : $(य+१)(य+२)(य+३)(य+४)-८$

क्रिया :
$$(य+१)(य+२)(य+३)(य+४)-८$$
$$=\{(य+१)(य+४)\}\{(य+२)(य+३)\}-८$$
$$=(य^2+५य+४)(य^2+५य+६)-८$$
$$=(र+४)(र+६)-८ \quad [जब\ य^2+५य=र]$$
$$=र^2+१०र+२४-८$$
$$=र^2+१०र+१६$$
$$=र^2+८र+२र+१६$$
$$=र(र+८)+२(र+८)$$
$$=(र+८)(र+२)$$
$$=(य^2+५य+८)(य^2+५य+२) : उत्तर$$

प्रश्नावली २५

गुणनखण्ड करो:—

(१) (य + २) (य + ३) (य + ४) (य + ५) — ३०

(२) (य + ३) (य + ४) (य + ६) (य + ७) + २

(३) (य + १) (य + ३) (य + ५) (य + ७) + १५

(४) (य + २) (य + ४) (य + ६) (य + ८) + १५

(५) (य — १) (य — २) (य — ३) (य — ४) — ३

(६) (य — १) (य — २) (य + ३) (य + ४) + ४

(७) (य — २) (य — ४) (य + ५) (य + ७) + १७

(८) (य + १) (य + २) (य — ३) (य — ४) — ५०

(९) (य + १) (य + ३) (य — ५) (य — ७) — १३२

(१०) य (य + २) (य — ३) (य — ५) + २४

(११) य (य + १) (य + २) (य + ३) — ३

(१२) (य — १) (य — २) (य + ३) (य + ६) + ३ य^{२}

(१३) (य + १) (य + २(य + ४) (य + ८) — २१ य^{२}

(१४) (य — ३) (य — ४) (य + ६) (य + ८) + २ य^{२}

(१५) (२ य — १) (२ य — ३) (२ य — ५) (२ य — ७) + १२

(१६) (२ य + ३) (२ य + ५) (२ य — ७) (२ य — ९) — १८०

(१७) सिद्ध करो कि यदि लगातार किन्हीं चार संख्याओं के गुणनफल में एक जोड़ दिया जाय तो योगफल पूर्ण वर्ग हो जायेगा।

(१८) सिद्ध करो कि यदि उन लगातार चार संख्याओं के गुणनफल में जिनका समान्तर २ है, १६ जोड़ दिया जाय तो योगफल पूर्ण वर्ग होगा।

(१९) सिद्ध करो कि यदि उन लगातार चाव संख्याओं के गुणनफल में जिनका समानान्तर ३ है, ८१ जोड़ने से योगफल पूर्णवर्ग हो जायगा।

———:०:———

दसवाँ प्रकार

अवशेष सिद्धान्त (Remainder Theorem) **की सहायता से गुणनखण्ड करना:—**

तुम पढ़ चुके हो कि यदि **य** के फलक में **य — क** से भाग दिया जाय तो शेष **क** का फलक प्राप्त होगा, जैसे : $य^3 + ४य^2 + ६य + ३$ में **य — क** का भाग देने पर शेष $क^3 + ४क^2 + ६क + ३$ बचेगा।

यदि यह शेषफल शून्य के बराबर हो जाय, तो $य^3 + ४य^2 + ६य + ३$ को **य — क** पूरा-पूरा विभाजित कर देगा, अर्थात् $य^3 + ४य^2 + ६य + ३$ का **य — क** एक गुणनखण्ड होगा।

यदि **य** के फलक में **य + क** से भाग दिया जाय तो शेषफल (**— क**) का फलक अर्थात् एक ऐसा व्यंजक आयेगा जो दिये हुये व्यंजक में **य** के स्थान पर **— क** लिख देने से प्राप्त होता है, जैसे : $य^3 + ४य^2 + ६य + ३$ में **य + क** का भाग देने से शेषफल $(-क)^3 + ४(-क)^2 + ६(-क) + ३$ अर्थात् $-क^3 + ४क^2 - ६क + ३$ प्राप्त होगा। यदि यह शेषफल शून्य के बराबर हो जाय, तो $य^3 + ४य^2 + ६य + ३$ का **य + क** एक गुणनखण्ड होगा।

इससे यह स्पष्ट है कि यदि यह देखना हो कि किसी दिये हुये व्यंजक का गुणनखण्ड **य $\pm$ क** है या नहीं तो अवशेष सिद्धान्त की सहायता से देखो कि दिये हुये व्यंजक में **य $\pm$ क** से भाग देने पर शेष शून्य बचता है कि नहीं। यदि शेषफल शून्य है तो भाज्य का भाजक अवश्य ही एक गुणनखण्ड है और यदि शेषफल शून्य नहीं है तो भाज्य का भाजक गुणनखण्ड कदापि नहीं हो सकता।

उदाहरण : अवशेष सिद्धान्त की सहायता से बताओ कि **य — १**, **य — २** और **य — ३**, $य^3 - ९य^2 + २६य - २४$ के गुणनखण्ड हैं या नहीं।

क्रिया : **य** के स्थान पर १ प्रतिस्थापित करने से

$१ - ९ + २६ - २४ = ६$,

$\therefore$ दिये हुये व्यंजक का गुणनखण्ड **य — १** नहीं है।

य के स्थान पर २ प्रति स्थापित करने से

$८ - ३६ + ५२ - २४ = ०$,

$\therefore$ दिये हुये व्यंजक का गुणनखण्ड **य — २** है।

य के स्थान पर ३ प्रति स्थापित करने से

$२७ - ८१ + ७८ - २४ = ०$,

$\therefore$ दिये हुये व्यंजक का गुणनखण्ड **य — ३** है।

प्रश्नावली २६

गुणनखण्ड करो :—

(१) $य^३+१४य^२+५६य+७०$

क्रिया : अन्तिम पद $७० = १ \times २ \times ५ \times ७$

∴ इस व्यंजक के गुणनखण्ड $य \pm १$, $य \pm २$, $य \pm ५$ या $य \pm ७$ हो सकते हैं।

परन्तु इस व्यंजक के सभी पद धनात्मक हैं।

∴ इसके गुणनखण्ड $य-१$, $य-२$, $य-५$ या $य-७$ नहीं हो सकते।

अतः अब पहले देखना है कि $य+१$ और $य+२$ में से उसका गुणनखण्ड कौन-सा है।

दिये हुये व्यंजक में य के स्थान पर -१ प्रतिस्थापित करने से

$$(-१)^३+१४(-१)^२+५६(-१)+७०$$

$$=-१+१४-५६+७०=२४$$

∴ दिये हुये व्यंजक का गुणनखण्ड $य+१$ नहीं है।

अब दिये हुये व्यंजक में य के स्थान पर -२ प्रति स्थापित करने से

$$(-२)^३+१४(-२)^२+५६(-२)+७०$$

$$=-८+५६-११८+७०=०$$

∴ दिये हुये व्यंजक का गुणनखण्ड $य+२$ है।

अब दिया हुआ व्यंजक $=य^२(य+२)+१२य(य+२)+३५(य+२)$

$$=(य+२)(य^२+१२य+३५)$$

$$=(य+२)(य+५)(य+७)$$

उत्तर : $(य+२)$ $(य+५)$ $(य+७)$

(२) $य^३+६य^२+११य+६$ (३) $य^३+७य^२+१४य+८$

(४) $य^३-६य^२+११य-६$ (५) $य^३-११य^२+३८य-४०$

(६) $य^३-१२य^२+४७य-६०$ (७) $य^३-६य^२-य+१०५$

(८) $य^४+४य^३-८य^२-२२य+२४$

(९) $य^४-१४य^३+७१य^२-१५४य+१२०$

(१०) $य^३+४य^२र+यर^२-६र^३$

(११) $य^३ - ३य^२र - १०यर^२ + ४०र^३$

(१२) $य^४ + १०य^३र + ३५य^२र^२ + ५०यर^३ + २४र^४$

(१३) $य^३ - १९य + ३०$ (१४) $य^३ - ३७य + ८४$

(१५) $य^३ - २८य - ४८$ (१६) $य^३ + ३७य + ३८$

(१७) $य^३ + १९य + ४६$ (१८) $य^३ - ७यर^२ + ६र^३$

(१९) $य^३ - १२यर^२ + १६र^३$ (२०) $य^४ - १५य^२ - १०य + २४$

(२१) $य^३ - २७य^२ - १४य + १२०$ (२२) $य^४ + ९य^२ - १०$

(२३) $४य^३ + २४य^२ + १७य - १५$

(२४) $४य^३ + २०य^२ - ५३य + २१$

(२५) $६य^३ - ५३य^२ + ८०य - २१$

ग्यारहवाँ प्रकार

चक्रीय क्रम (Cyclic order) **के व्यंजकों का गुणनखण्ड :—**

निम्नलिखित पदों को ध्यानपूर्वक देखो :

(१) $कख + खग + गक$

(२) $क(ख+ग) + ख(ग+क) + ग(क+ख)$

(३) $क^२(ख-ग) + ख^२(ग-क) + ग^२(क-ख)$

(क) प्रत्येक व्यंजक में तीन पद हैं

(ख) इन व्यंजकों में यदि हम क के स्थान पर ख, ख के स्थान पर ग और ग के स्थान पर क लिखें, तो हमको क्रमश: निम्नलिखित प्रकार के व्यंजक मिलेंगे ।

(४) $खग + गक + कख$

(५) $ख(ग+क) + ग(क+ख) + क(ख+ग)$

(६) $ख^२(ग-क) + ग(क-ख) + क^२(ख-ग)$

अर्थात् क के स्थान पर ख, ख के स्थान पर ग और ग के स्थान पर क लिखने से प्रत्येक व्यंजक का पहला पद दूसरा, दूसरा पद तीसरा और तीसरा पद पहला हो जाता है । यह केवल किसी वृत्त को परिधि पर स्थित भिन्न-भिन्न स्थान से चलना प्रारम्भ करके एक गोलाई में चक्कर लगाने के समान है, जैसे—

मान लिया कि **क ख ग** एक वृत्त है। यदि **क** से चलना प्रारम्भ करके यदि कोई परिधि के चारों ओर उस दिशा में चले जिसको तीर द्वारा प्रकट किया गया है, तो वह क्रम से **ख** और **ग** से होता हुआ **क** पर पहुंचेगा। इसी प्रकार वह **ख** से चलना प्रारम्भ करके **ग** और **क** से होता हुआ **ख** पर पहुँचेगा और **ग** से चलना प्रारम्भ करके **क** और **ख** से होता हुआ **ग** पर पहुँचेगा।

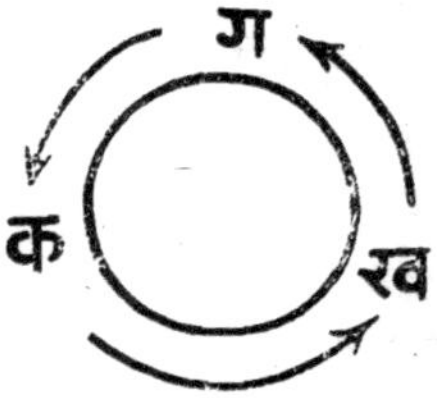

अतः इस प्रकार के व्यंजक को **चक्रीय क्रम के व्यंजक** (Expressions of Cyclic Order) कहते हैं।

प्रश्नावली २७

मौखिक

निम्नलिखित में से कौन-सा व्यंजक चक्रीय क्रम का है—

(१) $क(ख^{२}-ग^{२})+ख(ग^{२}-क^{२})+ग(क^{२}-ख^{२})$

(२) $क^{२}(ख+ग)+ख^{२}(ग+क)+ग^{२}(क^{२}+ख^{२})$

(३) $क(ख+ग)^{२}+ख(ग+क)^{२}+ग(क+ख)^{२}$

(४) $क(ख-ग)^{२}+ख(ग-क)^{२}+ग(क-ख)^{२}$

(५) $क^{२}+ख^{३}+ग^{४}-३क\,ख\,ग$

(६) $क^{३}(ख+ग)+ख^{३}(ग+क)+ग^{३}(क+ख)$

किसी चक्रीय क्रम के व्यंजक का गुणनखण्ड करने के लिये सर्वप्रथम इसको एक अक्षर, मान लो **क**, के अवरोह घात के अनुसार लिखते हैं। फिर उस खण्ड को जो प्रत्येक पद में सम (Common) हो, पृथक कर लेते हैं। एक खण्ड को पृथक करने के पश्चात् दूसरे खण्ड को फिर किसी दूसरे अक्षर, मान लो **ख**, के अवरोह घात के अनुसार लिखकर उस खण्ड को जो प्रत्येक पद में सम हो, पृथक करते हैं। इसके पश्चात् आवश्यकता पड़ने पर तीसरे खण्ड को फिर तीसरे अक्षर, मान लो **ग** के अवरोह घात के अनुसार लिखकर इसका गुणनखण्ड करते हैं।

आवश्यकतानुसार यही क्रिया उस समय तक की जाती है, जब तक दिये हुये व्यंजक के पूरी तरह से गुणनखण्ड न हो जायँ।

प्रश्नावली २८

निम्नलिखित गुणखण्ड करो:—

(१) $क(ग^2-ख^2)+ख(क^2-ग^2)+ग(ख-क^2)$

क्रिया :

क के अवरोहघात के अनुसार लिखने पर दिया हुआ व्यंजक

$$=क^2(ख-ग)-क(ख^2-ग^2)+ख^2ग-खग^2$$
$$=क^2(ख-ग)-क(ख-ग)(ख+ग)+खग(ख-ग)$$
$$=(ख-ग)\{क^2-क(ख+ग)+खग\}$$
$$=(ख-ग)\{ख(ग-क)-कग+क^2\}$$
$$=(ख-ग)\{ख(ग-क)-क(ग-क)\}$$
$$=(ख-ग)(ग-क)(ख-क)$$
$$=-(क-ख)(ख-ग)(ग-क)$$

उत्तर : $-(क-ख)(ख-ग)(ग-क)$ ।

(२) $क(ख+ग)^2+ख(ग+क)^2+ग(क+ख)^2-४कखग$

(३) $क(ख-ग)^2+ख(ग-क)^2+ग(क-ख)^2+८कखग$

(४) $कख(क+ख)+खग(ख+ग)+गक(ग+क)+३कखग$

(५) $क(ख^2+ग^2)+ख(ग^2+क^2)+ग(क^2+ख^2)+२कखग$

(६) $क(ग^3-ख^3)+ख(क^3-ग^3)+ग(ख^3-क^3)$

(७) $क^2(ख+ग)+ख^2(ग+क)+ग^2(क+ख)+२कखग$

[उ० प्र० १९३४]

(८) $क^3(ख-ग)+ख^3(ग-क)+ग^3(क-ख)$

(९) $(क+ख+ग)(खग+गक+कख)-कखग$ [पंजाब १९१७]

(१०) $(क+ख)(ख+ग)(ग+क)+कखग$

(११) $क^3(ख^2-ग^2)+ख^3(ग^2-क^2)+ग^3(क^2-ख^2)$

(१२) $क(ग^4-ख^4)+ख(क^4-ग^4)+ग(ख^4-क^4)$

(१३) $क^2(ग^4-ख^4)+ख^2(क^4-ग^4)+ग^2(ख^4-क^4)$

(१४) $(क+ख-ग)(क-ख+ग)(ग-क+ख)+८कखग$

बारहवाँ प्रकार

व्युत्क्रम व्यंजकों (Reciprocal Expressions) **का गुणनखण्ड करना :—**

उन व्यंजकों को जिनमें प्रथम तथा अन्तिम पद से समदूरस्थ (equidistant) दो पदों के गुणक समान हों, **व्युत्क्रम व्यंजक** (Reciprocal Expressions) कहते हैं, जैसे—

$$य^४ + ५य^३ + य^२ + ५य + १$$

प्रश्नावली २९

निम्नलिखित का गुणनखण्ड करो:—

(१) $य^४ + ५य^३ + ६य^२ + ५य + १$

क्रिया : दिया हुआ व्यंजक $= (य^४ + १) + ५य(य^२ + १) + ६य^२$

[समान गुणक वाले दो पदों को एक साथ रखने से]

$= \{(य^२ + १)^२ - २य^२\} + ५य(य^२ + १) + ६य^२$

$= (य^२ + १)^२ + ५य(य^२ + १) + ४य^२$

$= र^२ + ५य र + ४य^२$

[$य^२ + १$ के स्थान पर र लिखने से]

$= (र + य)(र + ४य)$

$= (य^२ + य + १)(य^२ + ४य + १)$

[र के स्थान पर $य^२ + १$ लिखने से]

उत्तर : $(य^२ + य + १)(य^२ + ४य + १)$

(२) $य^४ + ६य^३ + ७य^२ + ६य + १$

(३) $य^४ + ४य^३ + ५य^२ + ४य + १$

(४) $य^४ - ३य^३ - २६य^२ - ३य + १$

(५) $य^४ - ७य + १४य^२ - ७य + १$

(६) $२य^४ + ५य^३ - ३य^२ + ५य + २$

(७) $३य^४ + ७य^३ + १०य^२ + ७य + ३$

(८) $४य^४ - १०य^३ + १५य^२ - ११य + ४$

(९) $५य^४ - ११य^३ - २य^२ - ११य + ५$

तेरहवाँ प्रकार

कुछ ऐसे बड़े-बड़े व्यंजक जिसका गुणनखण्ड समूह बनाकर होता है और जिनपर शेषफल प्रमेय लागू नहीं होता।

जैसे : $क^४ + ८क^३ + ११क^२ - २०क$

$क^४ + ८क^३ + ११क^२ - २०क + ६$

$= क^४ + ८क^३ + १६क^२ - ५क^२ - २०क + ६$

$= (क^२ + ४क)^२ - ५(क^२ + ४क) + ६$

$= र^२ - ५र + ६$

[$क^२ + ४क$ के स्थानपर र लिखने से]

$= (र - २)(र - ३)$

$= (क^२ + ४क - २)(क^२ + ४क - ३)$: उत्तर

प्रश्नावली ३०

निम्नलिखित का गुणनखण्ड करो:—

(१) $य^४ - ६य^३ + ३य^२ + १८य + ५$

(२) $य^४ + ८य^३ + १०य^२ - २४य - ७$

(३) $य^४ - ८य^३ + १३य^२ + १२य + २$

(४) $य^४ + १०य^३ + २६य^२ + २०य + ३$

(५) $य^४ + १२य^३ + २८य^२ - ४८य + १५$

(६) $य^४ - १४य^२ + ४०य^२ + ६३य - २२$

(७) $४य^४ - १२य^३ - ३य^२ + १८य - ६१$

(८) $४य^४ + २०य^३ + १५य^२ - २५य - ३६$

(९) $६य^४ + १२य^३ - २य^२ - ४य - ८$

(१०) $६य^४ - ३०य^३ + १६य^२ + १०य - १५$

—::०::—

विविध प्रश्नावली २

निम्नलिखित का गुणन खण्ड करो :—

(१) $(क^२ + ख^२)ग + (क + ख)(कख + ग^२) + ३कखग$

[इलाहाबाद १९१४]

(२)	$क^2+२क\,ख-२क\,ग-३ख^2+२ख\,ग$	[,, १९१५]
(३)	$(य^2-र^2)\,(क^2-ख^2)=४क\,ख\,य\,र$	[,, १९१७]
(४)	$य^2+३र^2-१-४य\,र+२र$	[,, १९१९]
(५)	$य^3+८र^3+१-६य\,र$	[,, १९२०]
(६)	$क^{12}-ख^{12}$	[,, १९२१]
(७)	$क(ख-ग)^2+ख(ग-क)^2+ग(क-ख)^2+९क\,ख\,ग$	[इलाहाबाद १९२२]
(८)	$क^3-ख^3-ग^3-३क\,ख\,ग$	[,, १९२३]
(९)	$य^{12}-७य^6-८$	[,, १९२४]
(१०)	$य^2र^2+१-य^2-र^2$	[,, १९२६]
(११)	$(क+ख)^2-५क-५ख+६$	[,, ,,]
(१२)	$४य^2-७य-३$	[,, ,,]
(१३)	$क^4+४ख^4$	[,, १९२७]
(१४)	$८क^4+२क^2-४५$	[,, ,,]
(१५)	$य^2र^2-६य\,र\,ल-७२ल^2$	[,, १९२८]
(१६)	$१-२य+२य^3-य^4$	[,, ,,]
(१७)	$६य^2-२३य\,र+२०र^2$	[,, १९२९]
(१८)	$य^4-७य^2र^2+र^4$	[,, ,,]
(१९)	$य^4+११य^2-१८०$	[,, १९३०]
(२०)	$य^4+य^2र^2+र^4$	[,, ,,]
(२१)	$३य(६क^2-४ख)^2-६क\,ख(९य^2-१)$	[बनारस १९२९]
(२२)	$(क+ख)^3+(ख+ग)^3-(क+२ख+ग)^3$	[,, ,,]
(२३)	ग के किस मान के लिये $३य^3-५य^2+७य+ग$ और $२य^3-७य^2+२२य+ग$ का एक उभयनिष्ठ गुणन-खण्ड होगा?	[उ०प्र० १९३०]
(२४)	$य^6-२८य^3+२७$	[,, १९३७]
(२५)	$ख^2ग^2(ख-ग)+ग^2क^2(ग-क)+क^2ख^2(क-ख)$	[उ० प्र० १९३७]
(२६)	$य^5+य^4+य^3+य^2$	[,, ,,]
(२७)	$क^3-ख^3+२७ग^3+१८क\,ख\,ग$	[,, १९३८]

(२८) $य^{३}+४य^{२}-११य-३०$ [उ०प्र० १९३९]

(२९) $(क^{२}+ख^{२})^{२}-(क^{२}-ख^{२})^{२}-(क^{२}+ख^{२}-ग^{२})^{२}$ [उ०प्र० १९४०]

(३०) $(य+१)(य+३)(य+५)(य+७)+१५$ [,, १९४१]

(३१) $(य^{२}-३य)^{२}-३८(य^{२}-३य)-८०$ [बम्बई १९१४]

(३२) $य^{४}-८य^{३}+१५य^{२}+८य-१६$ [मद्रास १९१५]

(३३) $क(ख^{३}-ग^{३})+ख(ग^{३}-क^{३})+ग(क^{३}-ख^{३})$ [मद्रास १९२७]

(३४) $(क^{२}-ख^{२})(ख^{३}-ग^{३})+(ग^{२}-ख^{२})(क^{३}-ख^{३})$ [मद्रास १९२८]

(३५) $क(ख-ग)^{३}+ख(ग-क)^{३}+ग(क-ख)^{३}$ [पटना १९२३]

(३६) $(क^{२}-ख^{२})(य^{२}-र^{२})+४कखयर$ [,, १९२५]

(३७) $(य^{२}+३य-६)(य^{२}-३य-२)-३२$ [,, १९३०]

(३८) $(य^{२}-र^{२})^{३}+(र^{२}-ल^{२})^{३}+(ल^{२}-य^{२})^{३}$ [,, ,,]

(३९) $(य-२)(य-४)(य-५)(य-७)-१६$ [अलीगढ़ १९३९]

(४०) $(य+१)(य+३)(य-४)(य-६)+१३$ [राजपूताना १९३७]

(४१) $(क^{२}-१)य^{२}+(२कख-२)य+ख^{२}-१$ [,, १९४१]

(४२) $य^{३}-३य^{२}+४$ [,, १९३८]

(४३) $य^{४}-य^{३}-८य^{२}+य+१$ [,, १९३७]

(४४) $(य-२)(य+३)(य-४)(य+५)-१५$ [,, १९४०]

(४५) $य^{४}+य^{२}+१$

(४६) $य^{४}+२य^{३}+६य^{२}+५य+६$

(४७) $२क^{२}ख^{२}+२ख^{२}ग^{२}+२ग^{२}क^{२}-क^{४}-ख^{४}-ग^{४}$

(४८) $य^{३}-१२यर^{२}+१६र^{३}$

(४९) $य^{४}+१०य^{३}+२२य^{२}-१५य-४०$

(५०) $य^{४}+य^{३}+य^{२}+२$

(५१) यदि $क+ख+ग=८$ और $कख+खग+गक=७$, तो $क^{३}+ख^{३}+ग^{३}-३कखग$ का मान बताओ।

———:०:———

अध्याय ५

महत्तम समापवर्तक और लघुतम समापवर्त्य

महत्तम समापवर्तक (Highest Common Factor)

हम जानते हैं कि अंकगणित में—

(क) उस संख्या को जो किसी दूसरी दी हुई संख्या को विभाजित करती है, दी हुई संख्या का **अपवर्तक** (Factor) कहते हैं, जैसे : १२ के २, ३, ४, ६ और १२ अपवर्तक हैं।

(ख) उस संख्या को जो दो या दो से अधिक दी हुई संख्याओं में से प्रत्येक को विभाजित करती है, दी हुई संख्याओं का **समापवर्तक** (Common Factor) कहते हैं, जैसे : १२, १८ और २४ के समापवर्तक २, ३ और ६ हैं।

(ग) बड़ी से बड़ी उस संख्या को जो दो या दो से अधिक दी हुई संख्याओं में से प्रत्येक को विभाजित करती है, **महत्तम समापवर्तक** (Highest Common Factor) कहते हैं, जैसे : १२, १८ और २४ का महत्तम समापवर्तक ६ है।

ठीक इसी प्रकार बीजगणित में भी—

(च) उस बीजीय व्यंजक को जो किसी दूसरे दिये हुये बीजीय व्यंजक को विभाजित करता है, दिये हुये व्यंजक का **अपवर्तक** कहते हैं, जैसे : $२य^३$ के अपवर्तक २, य, $य^२$, $य^३$, २य, $२य^२$ और $२य^३$ हैं तथा $य^२-९$ के अपवर्तक $य-३$ और $य+३$ हैं।

(छ) उस बीजीय व्यंजक को जो दो या दो से अधिक दिये हुये बीजीय व्यंजकों में से प्रत्येक व्यंजक को विभाजित करता है, दिये हुये व्यंजकों का **समापवर्तक** कहते हैं, जैसे : $२य^३$, $४य^२$ के समापवर्तक २, २य और $२य^२$ हैं तथा $(य-१)(य-२)(य-३)$ और $(य-१)(य-२)(य-५)$ के समापवर्तक $य-१$, $य-२$ और $(य-१)(य-२)$ हैं।

(ज) उस बड़े से बड़े बीजीय व्यंजक को जो दो या दो से अधिक दिये हुये बीजीय व्यंजकों में से प्रत्येक को विभाजित करता है, दिये हुये व्यंजकों

का **महत्तम समापवर्तक** कहते हैं, जैसे : $२य^३$ और $४कय^२$ का महत्तम समापवर्तक $२य^२$ है और (य−१) (य−२) (य−३) और (य−१) (य−२) (य−५) का महत्तम समापवर्तक (य−१) (य−२) है।

एक पदी व्यंजकों का महत्तम समापवर्तक निकालना

(१) $य^३$, $२य^४$ और $कय^५$ का महत्तम समापवर्तक निकालो।

क्रिया : $य^३ = य \times य \times य$

$२य^४ = २ \times य \times य \times य \times य$

$कय^५ = क \times य \times य \times य \times य \times य$

∴ अभीष्ट महत्तम समापवर्तक $= य \times य \times य = य^३$

उत्तर : $य^३$

(२) $१०य^४$, $१५य^६$ और $२०य^७$ का महत्तम समापवर्तक निकालो।

क्रिया : $१०य^४ = २ \times ५ \times य \times य \times य \times य$

$१५य^६ = ३ \times ५ \times य \times य \times य \times य \times य \times य$

और $२०य^७ = २ \times २ \times ५ \times य \times य \times य \times य \times य \times य \times य$

∴ अभीष्ट महत्तम समापवर्तक $= ५ \times य \times य \times य \times य = ५य^४$

उत्तर : $५य^४$

ऊपर लिखित उदाहरणों से स्पष्ट है कि

(१) दो या दो से अधिक बीजीय पदों का महत्तम समापवर्तक दिये हुये पदों में सार्वनिष्ठ (Common to all) गुणनखण्डों के गुणनफल के बराबर है।

(२) महत्तम समापवर्तक का संख्यात्मक गुणक दिये हुये पदों के संख्यात्मक गुणकों का महत्तम समापवर्तक है।

(३) महत्तम समापवर्तक में प्रत्येक अक्षर का घातांक वही है, जो दिये हुये पदों में उस अक्षर का घातांक छोटे से छोटा है।

प्रश्नावली ३१

निम्नलिखित का महत्तम समापवर्तक निकालो:—

(१) $य^२, य^५$ (२) $य^३, य^४, य^६$

(३) $३य^४, ६य^७$ (४) $४य^४, ६य^६, २य^८$

(५) $५य^३ र^५, १०य^४ र^२$ (६) $४क^२ य^५, १४क^३ य^२$

(७) $६य^{४}र^{७}$, $८य^{३}र^{३}$, $१०य^{५}र^{८}$

(८) $७य^{४}र^{४}$, $१४य^{६}र^{२}$, $२१र^{३}य^{३}$

(९) $१५क^{२}य^{४}र^{३}$, $२०क^{३}य^{२}र^{४}$, $२५क^{४}य^{३}र^{२}$

(१०) $२२क^{७}य^{५}र^{३}$, $३३क^{५}य^{३}र^{७}$, $४४क^{३}य^{७}र^{५}$

(११) $१६क^{३}ख^{२}य^{४}$, $२४कख^{३}य^{२}र$, $३२क^{२}ख^{५}य^{३}र^{२}$

(११) $२०क^{४}ख^{३}य^{५}$, $३०क^{३}ख^{५}य^{६}$, $४०क^{६}ख^{४}य^{३}$

व्यंजकों का महत्तम समापवर्तक

प्रश्नावली ३२

निम्नलिखित व्यंजकों का महत्तम समापवर्तक गुणनखण्ड द्वारा निकालो:—

(१) $य^{२}-४$ और $य^{२}-५य+६$

क्रिया : $य^{२}-४=(य-२)(य+२)$

और $य^{२}-५य+६=(य-२)(य-३)$

∴ अभीष्ट महत्तम समापवर्तक $(य-२)$ है।

उत्तर : $य-२$

(२) $य^{२}-९$, $य^{२}-५य+६$ (३) $य^{२}र-यर^{२}$, $य^{२}-र^{२}$

(४) $य^{३}-यर^{२}$, $य^{४}+३य^{३}र+२य^{२}र^{२}$

(५) $य^{२}+५यर+६र^{२}$, $य^{२}+७यर+१०र^{२}$

(६) $य^{४}र+यर^{४}$, $य^{४}+य^{२}र^{२}+र^{४}$

(७) $य^{२}-३यर-४र^{२}$, $य^{२}-१६र^{२}$

(८) $य^{२}-६यर+८र^{२}$, $य^{३}-८र^{३}$

(९) $य^{४}-२७यर^{३}$, $य^{६}+९य^{४}र^{२}+८१र^{४}य^{२}$

(१०) $२य^{२}+५यर+३र^{२}$, $य^{२}+२य-३$

(११) $३य^{२}+७यर+४र^{२}$, $३य^{२}-५यर-२र^{२}$

(१२) $य^{२}-८य+१५$, $(य+२)(य+३)-३०$

(१३) $२य^{२}+७य+५$, $(य+१)(य+२)-१२$

(१४) $२य^{२}+३य+१$, $य^{३}+१$, $य^{२}-४य-५$

(१५) $य^{२}-९$, $य^{२}-य-१२$, $य^{२}-४य-२१$

(१६) $य^{३}+८र^{३}$, $य^{४}+४य^{२}र^{२}+१६र^{४}$, $य^{३}-य^{२}र+२यर^{२}+४र^{३}$

(१७) $य^{२}+य-१२,\ य^{३}-१३य+१२,\ य^{३}-य^{२}-१४य+२४$

(१८) $(य+३)(य+४)-२,\ य^{३}+८य^{२}+११य+१०,$
$य^{३}+४य^{२}-११य-३०$

(१९) $(य+१)(य+२)(य+३)(य+४),\ य^{४}-१७य^{२}+१६,$
$य^{३}+२य^{२}-११य-१२$

(२०) $य^{४}-१६र^{४},\ य^{३}+य^{२}र-१०यर^{२}+४र^{३},$
$य^{३}-२य^{२}र+यर(२+र)$

(२१) $८(य^{६}-र^{६}),\ १२(य^{४}+य^{२}र^{२}+र^{४}),$
$२०(य^{३}-२य^{२}र+२यर^{२}-र^{३}$

भाग देकर महत्तम समापवर्तक निकालना

इस रीति से महत्तम समापवर्तक निकालने के पहले निम्नलिखित अच्छी प्रकार से समझ लेना चाहिये—

यदि क और ख दो ऐसे बीजीय व्यंजक हैं, जिनका महत्तम समापवर्तक म है, तो

(१) क, ख और ख$\pm$क का भी महत्तम समापवर्तक म है।

मान लिया कि क$=$मय और ख$=$रम

जहाँ य और र का कोई उभयनिष्ट गुणनखण्ड नहीं है

तब $ख \pm क = रम - मय = म(र \pm य)$

$क = मय$

और $ख = मर$

$\therefore$ क, ख और ख$\pm$क का महत्तम समापवर्तक म है

(२) क और श का भी महत्तम समापवर्तक म है, जहाँ क से ख में भाग देने पर श शेषफल है।

मान लिया कि क$=$मय और ख$=$रम

जहाँ य और र का कोई उभयनिष्ट गुणनखण्ड नहीं है

$\because$ ख $=$कल$+$श

$\therefore$ रम $=$यमल$+$श

या रम$-$यमल $=$श

या श $=$म(र$-$यल)

इससे स्पष्ट है कि **श** का अपवर्तक **म** है। चूँकि **क** और **ख** दोनों अलग-**श** से बड़े हैं तथा **क** और **ख** का महत्तम समापवर्तक **म** है; इसलिये **क**, **ख** और **श** का भी महत्तम समापवर्तक **म** है।

(३) **क** और **ख ग** का, जहाँ **क** और **ग** का कोई उभयनिष्ट अपवर्तक नहीं है, भी महत्तम समापवर्तक **म** है।

मान लिया कि **क=म य** और **ख=र म**, जहाँ **य** और **र** का कोई उभयनिष्ट अपवर्तक नहीं है।

∴ **ख ग=र म ग**

अतः **क** और **ख ग** का महत्तम समापवर्तक **म** है।

(४) **क** और $\frac{\text{ख}}{\text{ग}}$ का भी महत्तम समापवर्तक **य** है, यदि **ख** को **ग** पूरा-पूरा विभाजित करता है।

मान लिया कि **क=म य** और **ख=र म**, जहाँ **य** और **र** का कोई उभयनिष्ट गुणनखण्ड नहीं है।

∵ **ख** को **ग** विभाजित करता है

∴ **ख=र म=ग ल म**

अर्थात् $\frac{\text{ख}}{\text{ग}}=\frac{\text{ग ल म}}{\text{ग}}=\text{ल म}$

∴ **क** और $\frac{\text{ख}}{\text{ग}}$ का महत्तम समापवर्तक **म** है।

अतः उपर्युक्त बातों के आधार पर भाग द्वारा महत्तम समापवर्तक निकालने के लिये कहा जा सकता है कि—

(१) दिये हुए व्यंजकों को किसी एक अक्षर के अवरोह घातांकों के अनुसार लिखो।

(२) बड़े घातांकवाले व्यंजक को छोटे घातांकवाले व्यंजक से भाग दो।

(३) इस भाग की क्रिया से प्राप्त शेषफल से पूर्व भाजक में भाग दो।

(४) इस क्रिया को उस समय तक करो जब तक शेषफल शून्य न हो जाय।

(५) अन्तिम भाजक ही अभीष्ट महत्तम समापवर्तक होता है।

(६) यदि सम्भव हो तो भाग की क्रिया करने के पहले दिये हुये व्यंजकों में से सार्वनिष्ठ गुणनखण्ड निकाल लो। ऐसी दशा में अभीष्ट महत्तम समापवर्तक

सार्वनिष्ठ गणनखण्ड और भाग की क्रिया द्वारा प्राप्त महत्तम समापवर्तक का गुणनफल होता है।

(७) यदि किसी शेषफल के सभी पदों में कोई सार्वनिष्ट गुणनखण्ड हो, तो उसको निकाल दो।

(८) आवश्यकतानुसार भिन्नात्मक गुणक से बचने के लिये बड़े घातांक वाले व्यंजक को किसी संख्या से गुणा कर लो, जैसे : यदि $३य^{३}+४य^{२}+६य+४$ में $२य^{२}+३य+१$ का भाग देना हो तो पहले $३य^{३}+४य^{२}+५य+४$ को २ से गुणा कर लो।

प्रश्नावली ३३

निम्नलिखित का महत्तम समापवर्तक ज्ञात करो—

(१) $य^{३}-६य^{२}+११य-६$ और $य^{२}-७य+६$

क्रिया :

$य+३$	$य^{३}-७य+६$	$य^{३}-६य^{२}+१०य-६$	१
	$य^{३}-३य^{२}+२य$	$य^{३}\quad -७य+६$	
	$३य^{२}-९य+६$	$-६)\ -६य^{२}+१८य-१२$	
	$३य^{२}-९य+६$	$य^{२}-३य+२$	

अभीष्ट महत्तम समापवर्तक $=य^{२}-३य+२$

उत्तर : $य^{२}-३य+२$

(२) $य^{३}+६य^{२}+११य+६$ और $य^{३}-७य-६$

(३) $य^{३}-३य+२$ और $य^{३}+३य^{२}-६य-८$

(४) $य^{३}+य^{२}-४य-४$ और $य^{३}+५य^{२}+८य+४$

(५) $य^{४}+३य^{३}-३य^{२}-७य+६$ और $य^{३}+६य^{२}+११य+६$

(६) $य^{३}+२य^{२}-२३य-६०$ और $य^{३}-३७य-८४$

(७) $२य^{४}+३य^{३}-२४य^{२}-१३य+१२$ और $३य^{३}+४य^{२}-३५य-१२$

क्रिया :

३	$३य^३ + ४य^२ - ३५य - १२$	$\frac{२य^४}{३} + ३य^३ - २४य^२ - १३य + १२$	
	$३य^३ - ६य^२ - ४५य + १०८$		
	$१०)\ १०य^२ + १०य - १२०$	$६य^४ + ९य^३ - ७२य^२ - ३९य + ३६$	$२य$
	$य^२ + य - १२$	$६य^४ + ८य^३ - ७०य^२ - २४य$	
		$य^३ - २य^२ - १५य + ३६$	$य - ३$
		$य^३ + य^२ - १२य$	
		$-३य^२ - ३य + ३६$	
		$-३य^२ - ३य + १२$	

∴ अभीष्ट महत्तम समापवर्तक $य^२ + य - १२$ है

उत्तर : $य^२ + य - १२$

(८) $२य^३ + य^२ - २५य + १२$ और $३य^३ + ४य२ - ३५य - १२$

(९) $४य^३ - ७य^२ + ७य - ३$ और $३य^३ - ७य^२ + ७य - ४$

(१०) $३य^४ + ८य^३ + १०य^२ + ७य + २$ और $२य^४ + ३य^३ - २य - ३$

(११) $६य^३ + ७य^२ + ५य + २$ और $२य^३ - ९य^२ - ४य - ५$

(१२) $८य^४ + ३य + १०$ और $१०य^४ + ३य^३ + ८$ [कलकत्ता १९११]

(१३) $२य^३ + य^२ - ५य - ३$ और $८य^३ + ६य^२ - २१य - १८$ [कलकत्ता १९१३]

(१४) $३य^३ + १०य^२ + ७य - २$ और $३य^३ + १३य^२ + १७ + ६$

[पंजाब १९१६]

(१५) $२य^५ - ११य^२ - ९$ और $४य^५ + ११य^४ + ८१$ [„ १९२३]

(१६) $१२य^४ + ५४य^३ + ६य^२ - ७२य$ और $४य^६ + ३०य^५ + ८०य^४ + ९०य^३ + ३६य^२$

क्रिया : दिया हुआ पहला व्यंजक $= ६य\,(२य^३ + ९य^३ + य - १२)$

और दिया हुआ दूसरा व्यंजक $= २य^२\,(२य^४ + १५य^३ + ४०य^२ + ४५य + १८)$

$६य$ और $२य^२$ का महत्तम समापवर्तक $२य$ है

यदि $२य^३ + ९य^३ + य - १२$ और $२य^४ + १५य^३ + ४०य^२ + ४५य + १८$ का महत्तम समापवर्तक अ है, तो दिये हुये व्यंजकों का महत्तम समापवर्तक २अ य होगा ।

अब $२य^३ + ९य^३ + य - १२$ और $२य^४ + १५य^३ + ४०य^२ + ४५य + १८$ का महत्तम समापवर्तक निकालना है ।

य	२य^{३} + ९य^{२} + य − १२	२य^{४} + १५य^{३} + ४०य^{२} + ४५य + १८	य + ३
	२य^{३} + ९य^{२} + ९य	२य^{४} + ९य^{३} + य^{२} − १२य	
	−४) −८य − १२	६य^{३} + ३९य^{२} + ५७य + १८	
	२य + ३	६य^{३} + २७य^{२} + ३य − ३६	
		६) १२य^{२} + ५४य + ५४	
		२य^{२} + ९य + ९	य + ३
		२य^{२} + ३य	
		६य + ९	
		६य + १	

अत: अ = २य + ३

और २य अ = ४य^{२} + ६य

अभीष्ट महत्तम समापवर्तक ४य^{२} + ६य है ।

(१७) ८य^{५} + ४य^{४} + २८य^{३} + २०य^{२} + ४८य और १२य^{५} + ४२य^{४} + ६०य^{३} + ४८य^{२}

(१८) १२य^{४} + ९६य^{३} + २१६य^{२} + १४२य + २७ और १८य^{४} + १६२य^{३} + ४१४य^{२} + २३४य + ३६

(१९) ३६य^{४} − ९०य^{२} + ३७८य + २७० और ३०य^{५} − ५०य^{४} + २९०य^{२} − १५०य

(२०) ३६य^{५} + २३४य^{४} + ३२४य^{३} + १४य^{२} + १८य और २४य^{६} + १३६य^{५} + १४४य^{४} + २१६य^{३} + ४०य^{२}

(२१) ८य^{६} − १६य^{४}र^{२} + ५६य^{३}र^{३} − ४८य^{२}र^{४} + ४८य र^{५} और १२य^{५} + ४८य^{४}र − २४ य^{३}र^{२} − ४८य^{२}र^{३} + ९६य र^{४}

(२२) ४य^{३} + १०य^{२} − ६य और ६य^{४} + ९य^{३} − ९६य^{२} + ४५य

(२३) य^{३} − ६य^{२} + ११य − ६, य^{३} − ३य^{२} − ४य + १२, य^{३} − २य^{२} − ९य + १८

संकेत—पहले दो व्यंजकों का महत्तम समापवर्तक निकालो । फिर तीसरे व्यंजक और पहले दोनों व्यंजकों के महत्तम समापवर्तक का महत्तम समापवर्तक निकालो । यही अभीष्ट महत्तम समापवर्तक होगा ।

(२४) य^{२} − ७य + ६, य^{३} + य^{२} − १०य + ८, २य^{३} − ५य^{२} + य + २

(२५) २य^{३} + ५य^{२} − य + ६, य^{३} − २य^{२} − ९य + १८, य^{२} − ७य + ६

लघुत्तम समापवर्त्य

हम जानते हैं कि अंकगणित में

(क) उस संख्या को जो किसी दूसरी दी हुई संख्या से विभाजित होती है, दूसरी संख्या का **अपवर्त्य** (Multiple) कहते हैं, जैसे : ६ का अपवर्त्य ६, १२ और १८ आदि हैं; क्योंकि ६, १२ अथवा १८, ६ से विभाजित होते हैं।

(ख) उस संख्या को जो दो या दो से अधिक दी हुई संख्याओं में से प्रत्येक से विभाजित होती हैं, दी हुई संख्याओं का **समापवर्त्य** (Common Multiple) कहते हैं, जैसे : ४, ६ और ८ से २४, ४८, ७२, ९६ आदि विभाजित होते हैं, इसलिये ४, ६ और ८ के समापवर्त्य २४, ४८, ७२ और ९६ हैं।

(ग) छोटी से छोटी उस संख्या को जो दो या दो से अधिक दी हुयी संख्याओं में से प्रत्येक से विभाजित होती है, दी हुई संख्याओं का **लघुतम समापवर्त्य** (Lowest Common Multiple) कहते हैं, जैसे : ४, ६ और ८ से विभाजित होनेवाली संख्याओं में से सबसे छोटी संख्या २४ है, इसलिये ४, ६ और ८ का लघुतम समापवर्त्य २४ है।

ठीक इसी प्रकार बीजगणित में भी **छोटे से छोटे उस व्यंजक को जो दो या दो से अधिक दिये हुये व्यंजकों में स प्रत्येक से विभाजित हो जाता है, दिये हुये व्यंजकों का लघुतम समापवर्त्य कहते हैं।**

प्रश्नावली ३४

निम्नलिखित का लघुतम समापवर्त्य निकालो:—

(१) $क^{२}य^{५}$, $क^{३}य^{४}$

क्रिया : $क^{२}य^{५} = क \times क \times य \times य \times य \times य \times य$

$क^{३}य^{४} = क \times क \times क \times य \times य \times य \times य$

$\therefore$ अभीष्ट लघुतम समापवर्त्य $= क \times क \times क \times य \times य \times य \times य \times य$

$= क^{३}य^{५}$

उत्तर : $क^{३}य^{५}$

(२) $क^{३}य^{२}$, $क^{२}य^{४}$

(३) $क^{२}ख^{२}$, $कख^{३}$

(४) $क^{२}य^{३}$, $क^{४}य^{२}$

(५) $क^{२}ख^{३}य^{४}$, $क^{३}ख^{४}य^{२}$, $क^{४}ख^{२}य^{३}$

(६) $क^{४}ख^{३}य^{५}$, $क^{५}ख^{४}य^{३}$, $क^{३}ख^{४}य^{५}$

(७) $क^{६}ख^{४}य^{२}$, $क^{२}ख^{६}य^{४}$, $क^{३}य^{५}ख^{२}$

(८) $४क^{३}य^{४}$, $६क^{४}य^{३}$, $१०क^{२}य^{३}$

क्रिया : $४क^{३}य^{४} = २ \times २ \times क \times क \times क \times य \times य \times य \times य$

$६क^{४}य^{३} = २ \times ३क \times क \times क \times क \times य \times य \times य$

और $१०क^{२}य^{३} = २ \times ५क \times य \times य \times य$

$\therefore$ अभीष्ट लघुतम समापवर्त्य

$= २ \times २ \times ३ \times ५ \times क \times क \times क \times क \times य \times य \times य \times य$

$= ६०य^{४}य^{४}$

उत्तर : $६०क^{४}य^{४}$

(९) $३क^{२}य^{३}$, $६क^{३}य^{२}$, $८कय^{४}$

(१०) $४क^{३}ख^{२}ग^{२}$, $६क^{२}ख^{५}ग^{२}$, $८क^{५}ख^{३}ग^{४}$

(११) $८क^{२}ख^{४}ग^{६}$, $१२क^{४}ख^{६}ग^{२}$, $१६क^{६}ख^{२}ग^{६}$

(१२) $१०कख^{३}ग^{५}$, $१५क^{३}ख^{५}ग$, $२०क^{५}खग^{३}$, $२५क^{३}खग^{५}$

(१३) $य^{२} - ३य + २$, $य^{२} - ४$, $य^{२} + य - २$

क्रिया : $य^{२} - ३य + २ = (य - १)(य - २)$

$य^{२} - ४ = (य - २)(य + २)$

$य^{२} + य - २ = (य + २)(य - १)$

$\therefore$ अभीष्ट लघुत्तम समापवर्त्य $= (य - १)(य - २)(य + २)$

उत्तर : $(य - १)(य - २)(य + २)$

(१४) $य^{२} - य - १२$, $य^{२} + ४य + ३$, $य^{२} - ३य - ४$

(१५) $य^{२} - ५य + ६$, $य^{३} - ६य^{२} + ८य$, $-य^{२} - ७य + १२$

(१६) $२य^{२} + ७य + ५$, $३य^{२} + ५य + २$, $६य^{२} + १९य + १०$

(१७) $य^{३} - र^{३}$, $य^{४} + य^{२}र^{२} + र^{४}$, $य^{३} + र^{३}$

(१८) $य^{२} - ४र^{२}$, $य^{४} + ४य^{२}र^{२} + १६र^{४}$, $य^{३} - ८र^{३}$

(१९) $८य^{२} - १४य + ३$, $६य^{२} - १७य + १२$, $१२य^{२} - १९य + ४$

(२०) $य^{३} - ७य + ६$, $य^{३} + य^{२} - १०य + ८$, $य^{३} + ६य^{२} + ५य - १२$

(२१) $८य^{३} - ४य^{२} - ३४य - १५$, $८य^{३} - ३६य^{२} - २य + १०५$,

$८य^{३} - ४४य + ४६य + ३५$

(२२) $य^६ - ६४$, $य^४ + ४य^२ + १६$, $य^३ + ३य^२ - ४य - १२$

(२३) $(य - १)(य - २)(य - ३)(य - ४) - ८$,

$य^३ - ४य^२ - ३य + ८$ और $य^३ - ३य^२ - ८य + ४$

(२४) $य^३ - ६य^२ + ११य - ६$, $य^३ - ४य^२ + य + ६$, $य^३ - ७य - ६$,

$य^३ + ६य^२ + ११य + ६$

(२५) $४(य^२ + ७य + १२)$, $६(य^२ - य - १२)$, $८(य^२ + य - १२)$

(२६) $६(य^२ - ४य + ४)$; $८(य^२ + य - ६)$, $२य^४ - १६य$

(२७) $१२(२य^२ + ७य + ३)$, $१६(३य^२ + ११य + ६)$, $(६य^२ + ७य + २)$

(२८) $९य^४ - २८य^२र^२ + ३र^४$, $२७य^४ - १२य^२र^२ + र^४$,

$२७य^४ + ६य^२र^२ - र^४$

महत्तम समापवर्तक की सहायता से लघुतम समापवर्त्य ज्ञात करना

दो राशियों अथवा व्यंजकों का गुणनफल उनके महत्तम समापवर्तक तथा लघुतम समापवर्त्य के गुणनफल के बराबर होता है।

मान लिया कि दो व्यंजक **य** और **र** हैं, जिनके महत्तम समापवर्तक और लघुतम समापवर्त्य क्रमशः **म** और **ल** हैं।

फिर मान लो कि **य** और **र** को **म** से अलग-अलग भाग देने से क्रमशः **क** और **ख** लब्धि प्राप्त होते हैं, तो

$$य = क\ म \text{ और } र = ख\ म$$

यहाँ **क** और **ख** का कोई उभयनिष्ट गुणनखण्ड नहीं हैं, क्योंकि **य** और **र** का महत्तम समापवर्तक **म** है।

∴ य और र का लघुतम समापवर्त्य

$$ल = क\ ख\ म$$

$$\text{अर्थात् } य\ र = क\ म \times ख\ म = क\ ख\ म^२$$

$$= क\ ख\ म \times म$$

$$= ल\ म$$

यही सिद्ध करना था।

इस नियम से यह स्पष्ट है कि यदि उन दो व्यंजकों का लघुतम समापवर्त्य निकालने के लिये, जिनके गुणनखण्ड सरलतापूर्वक न हो सके—

पहले उनका महत्तम समापवर्तक निकालो, फिर उनके गुणनफल में महत्तम समापवर्तक से भाग दो। इस प्रकार से प्राप्त लब्धि अभीष्ट लघुतम समापवर्त्य होगा।

प्रश्नावली ३५

निम्नलिखित का लघुतम समापवर्त्य बताओ :—

(१) $२य^३ - ७य^२ + ७य - १२$ और $६य^३ + य^२ + १०य + ८$

क्रिया:

$य - ३$	$२य^३ - ७य^२ + ७य - १२$	$६य^३ + य^२ + १०य + ८$	३
	$२य^२ - य^२ + ४य$	$६य^३ - २१य^२ + २१य - ३६$	
	$-६य^२ + ३य - १२$	११) $२२य^२ - ११य + ४४$	
	$-६य^२ + ३य - १२$	$२य^२ - य + ४$	

दिय हुये व्यंजकों का महत्तम समापवर्तक $२य^२ - य + ४$ है

∴ अभीष्ट लघुतम समापवर्त्य

$$= \frac{(२य^३ - ७य^२ + ७य - १२)\ (६य^३ + य^२ + १०य + ८)}{२य^२ - य + ४}$$

$$= \frac{(य - ३)\ (२य^२ - य + ४)\ (६य^३ + य^२ + १०य + ८)}{२य^२ - य + ४}$$

$$= ६य^४ - १७य^३ + ७य^२ - २२य - २४$$

उत्तर : $६य^४ - १७य^३ + ७य^२ - २२य - २४$

(२) $२य^३ + ९य^२ + य - ३$ और $३य^३ + १९य^२ + १७य + ३$

(३) $३य^३ - ५य^२ - २७य - २०$ और $२य^३ - ३य^२ - १९य - १५$

(४) $य^३ - ६य^२ + ७य - १०$ और $२य^३ - ५य^२ + ७य - ६$

(५) $य^३ - २य^२ - २य - ३$ और $४य^३ + य^२ + य - ३$

(६) $२४य^४ - २य^३ - ६०य^२ - ३२य$ और

$१८य^४ - ६य^३ - ३९य^२ - १८य$ [उ० प्र० १९२९]

(७) $४य^३ + १९य^२ - ३य - ४५$ और

$१०य^३ + ६३य^२ + ११९य + ६०$ [उ० प्र० १९३१]

(८) दो व्यंजकों का महत्तम समापवर्तक य^२ + य + २ है और उनका लघुत्तम समापवर्त्य २य^४ − ३य^३ + य^२ − ८य + ४। यदि उनमें से एक व्यंजक य^३ − य^२ − ४ है, तो दूसरा व्यंजक बताओ।

क्रिया :

चूंकि दो व्यंजकों का गुणनफल उनके महत्तम समापवर्तक और लघुत्तम समापवर्त्य के गुणनफल के बराबर होता है,

$$\therefore \text{ अभीष्ट व्यंजक} = \frac{(\text{य}^२ + \text{य} + २)(२\text{य}^४ - ३\text{य}^३ + \text{य}^२ - ८\text{य} + ४)}{\text{य}^३ - \text{य}^२ - ४}$$

$$= \frac{(\text{य}^२ + \text{य} + २)(२\text{य} - १)(\text{य}^२ + \text{य} + २)(\text{य} - २)}{(\text{य} - २)(\text{य}^२ + \text{य} + २)}$$

$$= (२\text{य} - १)(\text{य}^२ + \text{य} + २) = २\text{य}^३ + \text{य}^२ + ३\text{य} - २$$

उत्तर : २य^३ + य^२ + ३य − २

(९) दो व्यंजकों का महतम समापवर्तक और लघुतम समापवर्त्य क्रमशः य^२ − ३य + २ और य^४ − ३य^३ − ७य^२ + २७य − १८ है। यदि उनमें से एक व्यंजक य^३ − ६य^२ + ११य − ६ है, तो दूसरा व्यंजक बताओ।

(१०) दो व्यंजकों का महत्तम समापवर्तक और लघतम समापवर्त्य क्रमशः य^२ − ६य + ५ और य^४ − १६य^३ + ८६य − १७६य + १०५ है। यदि उसमें से एक व्यंजक य^३ − ९य^२ + २३य − १५ है, तो दूसरा व्यंजक बताओ।

(११) यदि कय^२ − खय − ३ और य^२ − कय − ३ख का महत्तम समापवर्त्य य − ३ है, तो क और ख का मान बताओ।

क्रिया :

∵ य − ३ द्वारा कय^२ − खय − ३ और य^२ − कय − ३ख विभाजित होते हैं,

∴ शेषफल निर्मेय (Remainder Theorem) द्वारा

९क − ३ख − ३ = ० और ९ + ३क − ३ख = ०

अर्थात् ३क − ख = १ (१)

और क − ख = − ३ (२)

(१) में से (२) को घटाने से

२क = ४

या क = २

क का मान (२) में तिस्थापन करने से

२ − ख = ३

या ख = ५

उत्तर : क = २ और ख = ५।

(१२) यदि $य^{२} - खय + ग$ और $खय^{२} - २गय + ४$ का महत्तम समापवर्तक $य - २$ है, तो ख और ग का मान बताओ।

(१३) यदि $कय^{२} + खय + ग$ और $खय^{२} + कय + ग$ का महत्तम समापवर्तक $य + २$ है, तो सिद्ध करो कि $क = ख$ या $क + ख + ग = ०$ ।

(१४) य और र दो व्यंजक हैं, जिनके महत्तम समापवर्तक और लघुतम समापवर्त्य क्रमशः म और ल हैं। यदि $य + र = म + ल$, तो सिद्ध करो कि

(क) $य^{२} + र^{२} = म^{२} + ल^{२}$ और (ख) $क^{३} + र^{३} = म^{३} + ल^{३}$ ।

(१५) य और र दो व्यंजक है, जिनका महत्तम समापवर्तक म है, तो सिद्ध करो कि $य + र$ और $य - र$ का भी महत्तम समापवर्तक म है।

विविध प्रश्नावली ३

(१) $य^{३} + य^{२} - २$ और $य^{३} + २य^{२} - ३$ का महत्तम समापवर्तक बताओ। [कलकत्ता १९२७]

(२) $य^{३} + य^{२} + य + १$ और $य^{३} + ३य^{२} + ३य + १$ का महत्तम समापवर्तक बताओ। [कलकत्ता १९२८]

(३) $३य^{२} - १३य + १२$ और $य^{२} + २२य - १५$ का महत्तम समापवर्तक बताओ। [कलकत्ता १९२८]

(४) $य^{२} - ३य + २$, $य^{२} - ४य + २$ और $य^{२} - ५य + ६$ का लघुतम समापवर्तक निकालो। [कलकत्ता १९२९]

(५) $य^{२} - (क - ख)य - कख$ और $य^{२} - (क + ख)य + कख$ का लघुतम समापवर्त्य निकालो। [कलकत्ता १९१८]

(६) $क^{२} - ख^{२}$, $क^{३} - ख^{३}$ और $क^{४} - ख^{४}$ का लघुतम समापवर्त्य निकालो।
[कलकत्ता १९४५]

(७) $य^{३} - ३य + २$, $२य^{३} + ४य^{२} + ६य - १२$ का महत्तम समापवर्तक निकालो। [दिल्ली १९३२]

(८) $३य^{३} + ७य^{२} + ७य + ४$ और $य^{४} + य^{३} + ४य^{२} + ३य + ३$ का महत्तम समापवर्तक निकालो। [दिल्ली १९३५]

(९) $२य^{४} - ५य^{३} + ११य^{२} + ७य$ और $८य^{५} - २२य^{४} + ५०य^{३} + १४य^{२}$ का महत्तम समापवर्नक निकालो। [दिल्ली १९३२]

(१०) $क^{२} - ख^{२}$, $क^{३} - ख^{३}$, $क^{३} - क^{२}ख - कख^{२} + ख^{३}$ का लघुतम समानवर्त्य निकालो। [दिल्ली १९२७]

(११) $क^{४} - ६क^{३}ख + १३क^{२}ख^{२} - १२कख^{३} + ४ख^{४}$ और $क^{४} + २क^{३}ख - ३क^{२}ख^{२} - ४कख^{३} + ४ख^{४}$ का लघुतम समापवर्त्य निकालो।
[दिल्ली १९३२]

(१२) $६य^{२} - १३य क + ६क^{२}$, $६य^{२} + ११य क - १०क^{२}$, $६य^{२} + २य क - ४क^{२}$ और $२य^{२} + ७य क + ५क^{२}$ का लघुतम समापवर्त्य निकालो। [दिल्ली १९३०]

(१३) $य^{३} + २य^{२} - य - २$ और $य^{३} + य^{२} - ४य - ४$ का महत्तम समापवर्तक और लघुतम समापवर्त्य निकालो। [बम्बई १९२३]

(१४) $य^{३} - ४य^{२} + ५य - २$, $य^{३} - ३य - २$ और $य^{३} - ७य + ६$ का महत्तम समापवर्तक और लघुतम समापवर्त्य निकालो। [बम्बई १९२४]

(१५) दो व्यंजकों का महत्तम समापवर्तक $५य^{२} + ६य + १$ है और उनका लघुतम समापवर्त्य $५य^{५} - ९य^{४} - १७य^{३} + ७य^{२} + १२य + २$ है। यदि एक व्यंजक $(५य + १)(य^{२} - १)$ है, तो दूसरा व्यंजक बताओ।

(१६) दो व्यंजको का लघुतम समापवर्त्य और महत्तम समापवर्त्य क्रमशः $य^{३} - १०य^{२} + ११य + ७०$ और $य - ७$ हैं। उनमें से एक व्यंजक $य^{२} - ५य - १४$ है। दूसरे का ज्ञात करो [बम्बई १९२६]

(१७) $य^{३} - ७य + ६$ और $य^{४} - ५य^{२} + ४$ के उभयनिष्ट गुणनखण्ड ज्ञात करो [बम्बई १९१९]

(१८) दो वर्ग व्यंजकों (Quadratic Expressions) का महत्तम समापवर्तक $५य - ४$ है और उनका लघुतम समापवर्त्य $(१५य^{२} - ३२य + १६)(२य - ५)$ है। उन व्यंजकों को ज्ञात करो। [बम्बई १९२८]

(१९) दो वर्ग व्यंजको का महत्तम समापवर्तक $य - १$ है और उनका लघुतम समापवर्त्य $य^{३} - ७य + ६$ है। उन व्यंजकों को ज्ञात करो। [ढाका १९२७]

(२०) यदि दो व्यंजकों अ और ब के महत्तम समापवर्तक और लघुतम समापवर्त्य क्रमशः म और ल है, तो सिद्ध करो कि $म \times ल = अ \times ब$।
[ढाका १९२७]

——:०:——

अध्याय ६

सरल समीकरण

निम्नलिखित को ध्यानपूर्वक देखो:—

(क) $४^२+३^२=५^२$

(ख) $य \quad =३$

(ग) $२य \quad =८$

(घ) $\frac{य}{३} \quad =२$

(ङ) $२य+५=य+८$

(च) $य+र \quad =५$ और $२य+३र=१३$

(छ) $(य+१)(य-१)=य^२-१$

हम देखते हैं कि यहाँ पर प्रत्येक दशा में दो राशियों अथवा व्यंजकों का समत्व '=' (बराबर है) के चिह्न द्वारा प्रकट किया गया है।

जब दो व्यंजकों के मान आपस में बराबर होते हैं और उनका समत्व '=' के चिह्न द्वारा प्रकट किया जाता है, तब एक **बीजगणितीय समानता** (Algebraical Equality) बन जाती है। उपरोक्त (ख), (ग), (घ), (ङ) (च) और (छ) बीजगणितीय समानता हैं; परन्तु (क) केवल **समानता** है। समानता अथवा बीजगणितीय समानता में '=' के दोनों ओर की लिखित राशियों को **पक्ष** कहते हैं।

दाहिनी ओर की राशि अथवा व्यंजक को **दायाँ पक्ष** और बाईं ओर की राशि या व्यंजक को **बायाँ पक्ष** कहते हैं।

समानता (ख) में यदि **य** का मान ३ हो, तो दोनों पक्ष आपस में बराबर होंगे; परन्तु यदि **य** का मान ३ के अतिरिक्त कुछ दूसरा हो, तो दोनों पक्ष आपस में कदापि बराबर न होंगे, जैसे: यदि **य** का मान २ मान लिया जाये, तो बायाँ पक्ष २ के बराबर होगा जो दायें पक्ष से सर्वथा कम है।

समानता (ग) में यदि **य** का मान ४ हो, तो इसके दोनों पक्ष आपस में बराबर होंगे; परन्तु यदि **य** का मान ४ के अतिरिक्त कोई दूसरी संख्या ली जाय, तो दोनों पक्षों के मान आपस में बराबर न होंगे, जैसे : यदि **य** का मान ३ लिया जाय तो बायें पक्ष का मान २ × ३ अथवा ६ होगा, जो सवर्था ८ से भिन्न है ।

समानता (घ) के दोनों पक्षों के मान आपस में उसी समय बराबर होंगे जब **य** का मान ६ लिया जाये । यदि **य** का मान ६ के अतिरिक्त कोई दूसरी संख्या ली जायेगी तो इसके दोनों पक्षों का मान आपस में कदापि बराबर न होगा, जैसे : यदि **य** का मान ४ मान लिया जाये तो बाएँ पक्ष का मान $\frac{४}{३}$ होगा जो सर्वथा २ से भिन्न है ।

इसी प्रकार समानता (ङ) के दोनों पक्षों के मान उसी दशा में आपस में बराबर होंगे, जब **य** का मान ३ हो और (च) के दोनों पक्षों का मान उसी समय बराबर होगा जब **य** और **र** के मान क्रमशः २ और ३ हों ।

ऐसी बीजगणितीय समानता को जिनके दायें और बायें दोनों पक्षों के मानों का समत्व केवल एक या एक से अधिक अक्षरों के किसी विशेष मान अथवा मानों पर निर्भर करता है, कल्पित समीकरण (Conditioned Equation) **या** केवल समीकरण (Equation) **कहते हैं** ।

समीकरण में एक या एक से अधिक अक्षरों का मान ज्ञात नहीं रहता । अज्ञात राशियों को **य**, र, ल आदि अक्षरों द्वारा प्रकट किया जाता है । समीकरण को हल करने पर अज्ञात अक्षर का मान ज्ञात होता है ।

अज्ञात राशि या अक्षर के उस मान को जो समीकरण को हल करने के पश्चात् प्राप्त होता है, **समीकरण का मूल** (Root of the Equation) कहते हैं, जैसे : (ख), (ग) और (घ) के मूल क्रमशः ३, ४ और ६ हैं ।

समीकरण कई प्रकार के होते हैं । उस समीकरण को जिसमें अज्ञात अक्षर या अक्षरों का घातांक सरल करने के पश्चात् केवल एक ही हो **सरल समीकरण** कहते हैं ।

अब बीजगणितीय समानता (छ) को देखो।

इसमें यदि य का मान २ लिया जाय, तो

बायें पक्ष का मान $=(२+१)(२-१)=३\times १=३$

और दायें पक्ष का मान $=२^२-१=४-१=३$

∴ दोनों पक्षों के मान आपस में बराबर हैं।

यदि $य=३$, तो

बायें पक्ष का मान $=(३+१)(३-१)=४\times २=८$

और दा॑ पक्ष का मान $=३^२-१=९-१=८$

∴ ोनों पक्षों के मान आपस में बराबर हैं।

इसी प्रकार हम सिद्ध कर सकते है कि (छ) के दोनों पक्षों के मान आपस में बराबर होंगे, चाहे य का मान कोई भी संख्या क्यों न हो

एसी बीजगणितीय समानता को जिसके दोनों पक्षों के मान अज्ञात अक्षर अथवा अक्षरों के किसी भी मात के लिये आपस में बराबर होते हैं, एकात्म (Identitiy) कहते हैं।

इसी प्रकार $(य+र)^२=य^२+२य\,र+र^२$

$(य-र)^२=य^२-२य\,र+र^२$

और $य^२-र^२=(य+र)(य-र)$

एकात्म (Idertitiy) हैं; क्योंकि इनमें आये हुए अक्षरों का कुछ भी मूल्य मान लेने से, इनमें से प्रत्येक के दोनों पक्षों के मान आपस में समान ही रहते हैं।

प्रश्नावली ३६

मौखिक

बताओ कि निम्नलिखित समानता है या एकात्म है या समीकरण है:—

(१) $५\times १५=७५$

(२) $(य+२)^२=य^२+४य+४$

(३) $(य+३)(य+४)=य^२+७य+१२$

(४) $य^३+र^३=(य+र)(य^२-य\,र+र^२)$

(५) $५^२+१२^२=१३^२$ (६) $\frac{३य+५}{२}=१३$

(७) $य^२ - र^२ = (य + र)(य + र)$

(८) $२^२ + ३^२ + ७^२ = १^२ + ५^२ + ६^२$

(९) $य^३ - २७ = (य - ३)(य^२ + ३य + ९)$

(१०) $\frac{य + ३}{३} = \frac{य - १}{४}$

(११) $२५^२ -- २०^२ = (२५ + २०)(२५ - २०)$

(१२) $य^२ - १६^२ = (य + १६)(य - १६)$

(१३) $(य + ४)(य + ५) = (य + २)(य + ३)$

(१४) $\frac{२य - १}{३} = ५$

(१५) $य^३ + र^३ + ल^३ - ३य र ल = (य + र + ल)(य^२ + र^२ + ल^२ - य र - र ल - ल य)$

समीकरण को हल करने के लिये निम्नलिखित को समझकर याद रखो:—

(क) समान राशियों में समान राशि जोड़ने से योगफल भी समान होते हैं ।

(ख) समान राशियों में से समान राशि घटाने से वियोगफल भी समान होते हैं ।

(ग) समान राशियों को समान राशि से गुणा करने पर गुणनफल भी समान होते हैं ।

(घ) समान राशियों को समान राशियों से भाग देने पर भजनफल भी समान होते हैं ।

(ङ) जब कोई राशि दायें पक्ष से बायें अथवा बायें से दायें पक्ष की ओर लाई जाती है, तब इसका दैशिक चिह्न धन से ऋण और ऋण से धन हो जाता है ।

प्रश्नावली ३७

मौखिक

निम्नलिखित को हल करो:—

(१) $य - २ = ५$ (२) $य + ३ = ७$

(३) $३य = ९$ (४) $४य = १६$

(५) $५य-२०=०$ (६) $\frac{य}{२}=३$

(७) $\frac{य}{५}=५$ (८) $\frac{य}{४}-२=०$

(९) $\frac{य}{क}=१$ (१०) $क\,य=ख$

लिखित

(११) $६य-५=३य+१०$

क्रिया : $६य-५=३य+१०$

पक्षान्तर से

$६य-३य=१०+५$

या $३य=१५$

या $य=५$

उत्तर : $य=५$

(१२) $५य-४=२य+८$ (१३) $६य-५=२य+१५$

(१४) $७य+३=४य+१८$ (१५) $८य+६=३य+२१$

(१६) $४य-५=६य-९$ (१७) $५य-३=८य-१८$

(१८) $५य+१६=९य+८$ (१९) $६य+१९=११य+४$

(२०) $७य+११=१२य-१४$ (२१) $४य+५=१०य-१९$

(२२) $३य-७=७य+९$ (२३) $५य-८=१२य+३४$

(२४) $.५य+.३=.२य+.९$ (२५) $.०४य+.७२=.२य-.०८$

(२६) $४(य+३)=३(य+५)$ (२७) $५(य-२)=२(य+७)$

(२८) $क(य-क)=ख(य-ख)$

(२९) $क(य-क)+ख(य-ख)=२क\,ख$

(३०) $क^२(य-क)+ख^२(य-ख)-क\,ख\,य=०$

(३१) $य(क+ख)=क\,य+ख^२$

(३२) $३(य+२)+४(य-३)=५(य+२)$

(३३) $४(य-१)+५(य-३)=६(य+३)+२(य-५)$

(३४) $३(य-२)-४(य-१)=६(य-५)$

क्रिया : $३(य-२)-४(य-१)=६(य-५)$

या $३य-६-४य+४ = ६य-३०$

या $-य-२ = ६य-३०$

या $-य-६य = -३०+२$

या $-७य = -२८$

$\therefore$ $य = ४$

उत्तर : $य=४$

(३५) $३(य-१)-५(य-३)=४(य-६)$

(३६) $४(य+२)-३(य-३)=२(य+८)$

(३७) $६(य-२)-७(य-३)=७(य-१)$

(३८) $७(य-४)-३(य-२)=२(य-७)$

(३९) $८(य-५)-५(य-३)=२(य-१०)$

(४०) $(य+२)(य+३)=(य+१)(य+६)$

(४१) $(य+३)(य+४)=(य+५)(य-६)$

(४२) $(य-५)(य-१)=(य-३)(य-७)$

(४३) $(२य+१)(३य-२)=३(२य-३)(य+२)$

(४४) $५(२य+३)(य+१)-(३य-४)(य+४)$
$=७(य-१)(य+५)$

(४५) $(य+३)^२=(य+४)^२$

(४६) $(य-४)^२-(य-५)^२=०$

(४७) $(२य+१)^२+(३य+२)^२=१३य^२+८य+२१$

(४८) $(य-३)^२-(य-४)^२=य+५$

(४९) $(३य-१)^२-(२य-२)^२=(५य-७)(य+५)$

(५०) $(य-क)^२+(य-ख)^२=(२य-क)(य-ख)$

भिन्नात्मक समीकरण

कभी-कभी ऐसे भी समीकरणों को हल करना पड़ता है, जिनमें भिन्न भी सम्मिलित होती है। हमलोग पहले ऐसे समीकरणों पर विचार करेंगे जिनका हर कोई संख्या होगी। इस प्रकार के समीकरण को हल करने के लिये सर्व-

प्रथम दिये हुये समीकरण के दोनों पक्षों को दिये हुये हरों के लघुतम समापवर्त्य से गुणा किया जाता है। तत्पश्चात् साधारण क्रिया की जाती है।

प्रश्नावली ३८

निम्नलिखित में य का मान बताओ :—

(१) $\frac{य}{३}+\frac{य}{४}=३\frac{१}{२}$

क्रिया : $\frac{य}{३}+\frac{य}{४}=३\frac{१}{२}=\frac{७}{२}$

दोनों पक्षों को ३, ४ और २ के लघुतम समापवर्त्य १२ से गुणा करने से

$$\frac{य}{३}\times १२+\frac{य}{४}\times १२=\frac{७}{२}\times १२$$

या $४य+३य=४२$

या $७य=४२$

$\therefore$ $य=६$

उत्तर : य = ६

(२) $\frac{य}{३}+\frac{य}{५}=२\frac{२}{३}$

(३) $\frac{य}{२}-\frac{य}{७}=२\frac{१}{२}$

(४) $\frac{य}{२}+\frac{य}{३}+\frac{य}{४}=१३$

(५) $\frac{य}{२}+\frac{य}{३}-\frac{य}{४}=७$

(६) $\frac{य}{३}-\frac{य}{६}-\frac{य}{४}=२$

(७) $\frac{य+१}{२}+\frac{य+२}{३}=७$

(८) $\frac{२य-१}{३} - \frac{३य-२}{५} = १$

क्रिया : $\frac{२य-१}{३} - \frac{३य-२}{५} = १$

दोनों पक्षों को १५ से गुणा करने से

$५(२य-१)-३(३य-२)=१५$

या $१०य-५-९य+६=१५$

या $य+१=१५$

$\therefore$ $य=१५-१=१४$

उत्तर : $य=१४$

(९) $\frac{य-२}{४}-\frac{य+१}{५}=\frac{३}{५}$

(१०) $\frac{य-३}{५}-\frac{य-४}{६}=\frac{१}{१५}$

(११) $\frac{२य+३}{३}-\frac{३य+५}{४}=\frac{१}{६}$

(१२) $\frac{य+१}{३}-\frac{य-२}{४}=\frac{य+१}{५}$

(१३) $\frac{य+१}{२}+\frac{य+२}{३}+\frac{य+४}{५}=३$

(१४) $\frac{१}{५}(२य-१)+\frac{१}{६}(३य-२)-\frac{१}{४}(य-३) = २\frac{१}{६}$

(१५) $\frac{२}{३}(२य+१)-\frac{३}{४}(३य-२)+\frac{५}{६}(५य+४)-४=०$

[मद्रास १९००]

(१६) $\frac{७य-१}{४}-\frac{१}{३}\left(२य\frac{१-य}{२}\right)=६\frac{१}{३}$ [यू० पी० १९२७]

(१७) $\frac{य+१०}{५}-४\frac{३}{४}-\frac{य}{४}=\frac{य-२}{३}-(य-१)$ [,, १९१९]

(१८) $\frac{५य}{३}-\frac{य-२}{४}=२\frac{१}{४}-\frac{१}{२}\left(य-\frac{२य-१}{३}\right)$ [पंजाब १९३७]

(१९) $\frac{य-२}{\cdot०५}-\frac{य-४}{\cdot०६२५}=५६$ [,, १८८९]

(२०) $१\cdot२य-\frac{\cdot१८य-\cdot०५}{\cdot५}=\cdot४य+८\cdot९$ [बम्बई १८८१]

(२१) $\frac{य}{क}+\frac{य}{ख}=क+ख$ (२२) $\frac{य}{ख}-\frac{य}{क}=क^२-ख^२$

(२३) $\frac{य}{ख}+ख=\frac{य}{क}+क$

(२४) $\frac{कय}{ख}+ख^२=\frac{खय}{क}+क^२$

(२५) $\frac{य}{खग}+\frac{य}{गक}+\frac{य}{कख}=क+ख+ग$

ऐसे समीकरण जिनके हर में अज्ञात राशि हो

प्रश्नावली ३९

निम्नलिखित को हल करो:—

(१) $\frac{४}{य+३}=\frac{३}{य-२}$

क्रिया : $\frac{४}{य+३}=\frac{३}{य-२}$

तीर्यक गुणन (Cross-multiplication) से

$$४(य-२)=३(य+३)$$

या $४य-८=३य+९$

या $४य-३य=९+८$

या $य=१७$

उत्तर : $य=१७$

(२) $\frac{५}{य+६}=\frac{४}{य+३}$ (३) $\frac{७}{य-४}=\frac{९}{य-२}$

(४) $\frac{६}{य+३}=\frac{५}{य-१}$ (५) $\frac{३}{२य+५}=\frac{४}{३य-१}$

(६) $\frac{४}{३य-२}=\frac{३}{४य-५}$ (७) $\frac{३}{३य^२+२य+१}=\frac{४}{४य^२+५य-८}$

(८) $\frac{क}{य-ख}-\frac{ख}{य-क}=०$ (९) $\frac{क}{गय-ख}=\frac{ख}{गय-क}$

(१०) $\frac{३}{य-२}+\frac{४}{य-५}=\frac{७}{य-३}$

क्रिया : $\frac{३}{य-२}+\frac{४}{य-५}=\frac{७}{य-३}$

या $\frac{३}{य-२}+\frac{४}{य-५}=\frac{३}{य-३}+\frac{४}{य-३}$

या $\frac{४}{य-५}-\frac{४}{य-३}=\frac{३}{य-३}-\frac{३}{य-२}$

या $\frac{४(य-३)-४(य-५)}{(य-५)(य-३)}=\frac{३(य-२)-३(य-३)}{(य-३)(य-२)}$

या $\frac{४य-१२-४य+२०}{(य-५)(य-३)}=\frac{३य-६-३य+९}{(य-३)(य-२)}$

या $\frac{८}{(य-५)(य-३)}=\frac{३}{(य-३)(य-२)}$

अब दोनों पक्षों को $(य-५)(य-३)(य-२)$ से गुणा करने से

$८(य-२)=३(य-५)$

या $८य-१६=३य-१५$

या $८य-३य=-१५+१६$

या $५य=१$

$\therefore$ $य=\frac{१}{५}$

(११) $\frac{३}{य-१}+\frac{५}{य-३}=\frac{८}{य-२}$

(१२) $\frac{२}{य-५}+\frac{३}{य-९}=\frac{५}{य-७}$

(१३) $\frac{४}{य-३}+\frac{७}{य-५}=\frac{११}{य-४}$

(१४) $\frac{३}{य+२}+\frac{५}{य+६}=\frac{८}{य+४}$

(१५) $\frac{५}{य+३}+\frac{७}{य+५}=\frac{१२}{य+४}$

(१६) $\frac{क}{य-क}+\frac{ख}{य-ख}=\frac{क+ख}{य-क-ख}$

(१७) $\frac{१}{य-१}+\frac{२}{य-२}+\frac{४}{य-४}=\frac{७}{य-३}$

[संकेत : $\frac{७}{य-३}=\frac{१}{य-३}+\frac{२}{य-३}+\frac{४}{य-३}$]

(१८) $\frac{१}{य+२}+\frac{१}{य+३}+\frac{३}{य+५}=\frac{५}{य+४}$

(१९) $\frac{४}{२य-१}+\frac{३}{३य-५}=\frac{१५}{५य-३}$

क्रिया : $\frac{४}{२य-१}+\frac{३}{३य-५}=\frac{१५}{५य-३}$

या $\frac{४}{२य-१}+\frac{३}{३य-५}=\frac{१०}{५य-३}+\frac{५}{५य-३}$

या $\frac{४}{२य-१}-\frac{१०}{५य-३}=\frac{५}{५य-३}-\frac{३}{३य-५}$

या $\frac{४(५य-३)-१०(२य-१)}{(२य-१)(५य-३)}=\frac{५(३य-५)-३(५य-३)}{(५य-३)(३य-५)}$

या $\frac{२०य-१२-२०य+१०}{(२य-१)(५य-३)}=\frac{१५य-२५-१५य+९}{(५य-३)(३य-५}$

या $\frac{-२}{(२य-१)(५य-३)}=\frac{-१६}{(५य-३)(३य-५)}$

[दोनों पक्षों को $\frac{-(२य-१)(५य-३)(३य-५)}{२}$ से गुणा करने से]

या $\qquad ३य-५=१६य-८$

या $\qquad १३य=३$

या $\qquad य=\frac{३}{१३}$

उत्तर : $य=\frac{३}{१३}$

(२०) $\frac{३}{३य-२}+\frac{८}{४य-३}=\frac{१५}{५य-४}$

(२१) $\frac{६}{२य+१}+\frac{१२}{३य+२}=\frac{२८}{४य+३}$

(२२) $\frac{६}{३य+४}+\frac{८}{४य+५}=\frac{२०}{५य+६}$

(२३) $\frac{२}{२य+१}+\frac{१}{य+२}=\frac{६}{६य+७}+\frac{३}{३य+४}$

क्रिया : $\frac{२}{२य+१}+\frac{१}{य+२}=\frac{६}{६य+७}+\frac{३}{३य+४}$

या $\qquad \frac{२}{२य+१}-\frac{३}{३य+४}=\frac{६}{६य+७}-\frac{१}{य+२}$

या $\qquad \frac{६य+८-६य-३}{(२य+१)(३य+४)}=\frac{६य+१२-६य-७}{(६य+७)(य+२)}$

या $\qquad \frac{५}{(२य+१)(३य+४)}=\frac{५}{(६य+७)(य+२)}$

दोनों पक्षों को ५ से भाग देने और दोनों हरों के कोष्ठकों को हटाने से,

$$\frac{१}{६य^२+११य+४}=\frac{१}{६य^२+१९य+१४}$$

या तिर्यक् गुणन (Cross-multiplication) द्वारा

$६य^२+१९य+१४ = ६य^२+११य+४$

या $\qquad १९य-११य = ४-१४$

या $\qquad ८य = -१०$

या $\qquad य = -\frac{५}{४}=-१\frac{१}{४}$

उत्तर : $य= -१\frac{१}{४}$

सूचना : इस क्रिया में पदों को इस प्रकार लिखा जाता है कि उनको सरल करने के पश्चात् ोनों पक्षों के अंशों से य दूर हो जाय।

(२४) $\frac{३}{३य-४}+\frac{१}{२य-७}=\frac{३}{६य-७}+\frac{४}{४य-५}$

(२५) $\frac{८}{८य-७}-\frac{६}{१२य-१९}=\frac{६}{६य-५}-\frac{१}{२य-३}$

(२६) $\frac{२}{२य-७}-\frac{३}{९य-१५}=\frac{५}{१०य-३५}-\frac{३}{३य-५}$ (उ०प्र०१९३५

(२७) $\frac{१}{य+२}+\frac{१}{य+५}=\frac{१}{य+३}+\frac{१}{य+४}$

क्रिया : इसके हल को ध्यानपूर्वक देखो।

$$\frac{१}{य+२}+\frac{१}{य+५}=\frac{१}{य+३}+\frac{१}{य+४}$$

या $$\frac{य+५+य+२}{(य+२)(य+५)}=\frac{य+४+य+३}{(य+३)(य+४)}$$

या $$\frac{२य+७}{य^२+७य+१०}=\frac{२य+७}{य^२+७य+१२}$$

अब यदि दोनों पक्षों को २य+७ से भाग दिया जाय, तो

$$\frac{१}{य^२+७य+१०}=\frac{१}{य^२+७य+१२}$$

अर्थात् तिर्यक् गुणन द्वारा

$$य^२+७य+१२ = य^२+७य+१०$$

या $$१२ = १०$$

जो नितान्त असम्भव है।

परन्तु $$\frac{२य+७}{य^२+७य+१०}=\frac{२य+७}{य^२+७य+१२}$$

तिर्थक गुणन द्वारा

$$(२य+७)(य^२+७य+१२)=(२य+७)(य^२+७य+१०)$$

या $(२य+७)(य^२+७य+१२)-(२य+७)(य^२+७य+१०)=०$

या $(२य+७)\{य^२+७य+१२-य^२-७य-१०\}=०$

या $(२य+७) \times २ =०$

या $२य+७ =०$

या $२य =-७$

या $य =-\frac{७}{२}=-३\frac{१}{२}$

(१) इससे स्पष्ट है कि उस पद से, जो दोनों पक्षों में निष्ठ हो और जिसमें अज्ञात राशि हो, दोनों पक्षों को विभाजित नहीं किया जा सकता है।

(२) यदि किसी सरल समीकरण में कोई ऐसा पद हो जो समापवर्तक (Common Factor) हो और जिसमें अज्ञात राशि भी हो, तो उस समीकरण को हल करने के लिये समापवर्तक को शून्य के बराबर लिख देते हैं।

यही समीकरण निम्न लिखित रीति से भी किया जा सकता है।

$$\frac{१}{य+२}+\frac{१}{य+५}=\frac{१}{य+३}+\frac{१}{य+४}$$

या $$\frac{१}{य+२}-\frac{१}{य+४}=\frac{१}{य+३}-\frac{१}{य+५}$$

या $$\frac{(य+४)-(य+२)}{(य+२)(य+४)}=\frac{(य+५)-(य+३)}{(य+३)(य+५)}$$

या $$\frac{२}{य^२+६य+८}=\frac{२}{य^२+८य+१५}$$

या $$य^२+८य+१५=य^२+६य+८$$

या $$८य-६य=८-१५$$

या $$२य=-७$$

या $$य=-\frac{७}{२}=-३\frac{१}{२}$$

उत्तर : $य=-३\frac{१}{२}$

स्पष्ट है कि दूसरी रीति पहली की अपेक्षा सरल है।

(२८) $\frac{१}{य+३}+\frac{१}{य+७}=\frac{१}{य+४}+\frac{१}{य+६}$

(२९) $\frac{१}{य+५}+\frac{१}{य+११}=\frac{१}{य+१०}+\frac{१}{य+६}$

(३०) $\frac{१}{य-१}+\frac{१}{य-५}=\frac{१}{य-२}+\frac{१}{य-४}$

(३१) $\frac{१}{य-३}+\frac{१}{य-८}=\frac{१}{य-५}+\frac{१}{य-६}$

(३२) $\frac{१}{य-७}+\frac{१}{य-९}=\frac{१}{य-१०}+\frac{१}{य-६}$

(३३) $\frac{१}{कख-खय}+\frac{१}{कग-कय}=\frac{१}{खग-खय}$

ऐसे भिन्नात्मक समीकरण जिनके अंश तथा हर दोनों में अज्ञात राशि हो

प्रश्नावली ४०

निम्नलिखित को हल करो :—

(१) $\frac{य-२}{य-३}=\frac{य-३}{य-५}$

क्रिया : प्रत्येक अंश को उसके हर से भाग देने पर

$$१+\frac{१}{य-३}=१+\frac{२}{य-५}$$

या $$\frac{१}{य-३}=\frac{२}{य-५}$$

या $$य-५=२य-६ \quad \text{[तिर्यक गुणन से]}$$

या $$य-२य=-६+५$$

या $$-य=-१$$

$\therefore$ $$य=१$$

उत्तर : $य=१$

(२) $\frac{य-१}{य-३}=\frac{य-३}{य-४}$ (३) $\frac{य-२}{य-४}=\frac{य-४}{य-५}$

(४) $\frac{२य-१}{य-५}=\frac{२य-३}{य-३}$

(५) $\frac{६य+८}{२य+१}-\frac{२य+३८}{य+१२}=१$ [उ० प्र० १९२१]

(६) $\frac{२य+५}{य+२}+\frac{३य+१०}{य+४}=५$

(७) $\frac{४य-७}{२य-५}+\frac{६य+७}{३य+१}=५$ [उ० प्र० १९१८]

(८) $\frac{३य+२}{३य-२}-\frac{४य-२}{४य-५}=०$

(९) $\frac{६य^२+४य+५}{३य^२+२य+१}=\frac{८य^२+१०य-१२}{४य^२+५य-८}$

(१०) $\frac{२य+१}{य-१}+\frac{य+२}{य-३}=\frac{३य+२}{य-२}$

(११) $\frac{\text{२य}-\text{८}}{\text{य}-\text{५}}+\frac{\text{३य}-\text{२४}}{\text{य}-\text{९}}=\frac{\text{५य}-\text{३०}}{\text{य}-\text{७}}$

(१२) $\frac{\text{६य}+\text{७}}{\text{२य}+\text{१}}+\frac{\text{६य}+\text{१३}}{\text{३य}+\text{२}}=\frac{\text{२५य}+\text{४५}}{\text{५य}+\text{४}}$

(१३) $\frac{\text{य}+\text{२}}{\text{य}+\text{१}}+\frac{\text{य}+\text{५}}{\text{य}+\text{४}}=\frac{\text{य}+\text{३}}{\text{य}+\text{२}}+\frac{\text{य}+\text{४}}{\text{य}+\text{३}}$

(१४) $\frac{\text{२य}+\text{१}}{\text{य}}+\frac{\text{य}+\text{४}}{\text{य}+\text{३}}=\frac{\text{२य}+\text{५}}{\text{य}+\text{२}}+\frac{\text{य}+\text{२}}{\text{य}+\text{१}}$

(१५) $\frac{\text{य}+\text{५}}{\text{य}-\text{४}}+\frac{\text{२य}-\text{१३}}{\text{य}-\text{८}}=\frac{\text{२य}-\text{१४}}{\text{य}-\text{९}}+\frac{\text{य}+\text{५}}{\text{य}-\text{३}}$

(१६) $\frac{\text{य}^{\text{२}}-\text{५य}+\text{८}}{\text{य}-\text{३}}=\frac{\text{य}^{\text{२}}-\text{६य}+\text{९}}{\text{य}-\text{४}}$

(१७) $\frac{\text{य}^{\text{२}}-\text{३य}+\text{८}}{\text{य}-\text{२}}=\frac{\text{य}^{\text{२}}-\text{४य}+\text{८}}{\text{य}-\text{३}}$

(१८) $\frac{\text{३य}^{\text{२}}-\text{१०य}+\text{१५}}{\text{३य}-\text{७}}=\frac{\text{४य}^{\text{२}}-\text{१५य}+\text{२०}}{\text{४य}-\text{११}}$

(१९) $\frac{\text{६य}+\text{१}}{\text{४य}+\text{३}}=\frac{\text{३य}+\text{४}}{\text{२य}+\text{५}}$

क्रिया : $\frac{\text{६य}+\text{१}}{\text{४य}+\text{३}}=\frac{\text{३य}+\text{४}}{\text{२य}+\text{५}}$

तिर्यंक् गुणन द्वारा—

$(\text{६य}+\text{१})(\text{२य}+\text{५})=(\text{३य}+\text{४})(\text{४य}+\text{३})$

या $\text{१२य}^{\text{२}}+\text{३२य}+\text{५}=\text{१२य}^{\text{२}}+\text{२५य}+\text{१२}$

या $\text{३२य}-\text{२५य}=\text{१२}-\text{५}$

या $\text{७य}=\text{७}$

$\therefore$ $\text{य}=\text{१}$

उत्तर : $\text{य}=\text{१}$

(२०) $\frac{\text{५य}-\text{१}}{\text{२य}+\text{३}}=\frac{\text{१५य}-\text{११}}{\text{६य}+\text{५}}$ (२१) $\frac{\text{५य}+\text{३}}{\text{४य}+\text{१}}=\frac{\text{१०य}+\text{२}}{\text{८य}-\text{१}}$

(२२) $\frac{\text{८य}+\text{३}}{\text{३य}-\text{२}}=\frac{\text{१६य}+\text{२१}}{\text{६य}+\text{१}}$ (२३) $\frac{\text{य}+\text{क}}{\text{य}+\text{ख}}=\frac{\text{य}+\text{ख}}{\text{य}+\text{क}}$

(२४) $\frac{य+क}{य-क}+\frac{य+ख}{य-ख}=२$ (२५) $\frac{य+२क}{य-२क}+\frac{य+२ख}{य+२ख}=२$

(२६) $\frac{य-क}{य-ख}=\frac{य-ग}{य-घ}$

(२७) $\frac{(य+२)(य+३)}{(य+५)(य+९)}=\frac{य+१}{य+१०}$

क्रिया : $\frac{(य+२)(य+३)}{(य+५)(य+९)}=\frac{य+१}{य+१०}$

दोनों पक्षों को य + ९ से गणा करन से

$$\frac{(य+२)(य+३)}{य+५}=\frac{(य+१)(य+९)}{य+१०}$$

या $\frac{य^२+५य+६}{य+५}=\frac{य^२+१०य+९}{य+१०}$

या $य+\frac{६}{य+५}=य+\frac{९}{य+१०}$

या $\frac{६}{य+५}=\frac{९}{य+१०}$

या तिर्यंक् गुणन द्वारा

$$६य+६०=९य+४५$$

या $९य-६य=६०-४५$

या $३य=१५$

$\therefore$ $य=५$

उत्तर : य = ५

(२८) $\frac{(य+४)(य+३)}{(य+७)(य+२)}=\frac{य+८}{य+१०}$

(२९) $\frac{(य+२)(य-५)}{(य-३)(य+६)}=\frac{य-२}{य+४}$

(३०) $\frac{(य+५)(य-७)}{(य-२)(य-९)}=\frac{य+३}{य-६}$

(३१) $\frac{(य-३)(य-४)}{(य-७)(य-२)}=\frac{य-८}{य-१०}$

(३२) $\left(\frac{२य+१}{२य+३}\right)^२=\frac{य+३}{य+५}$

क्रिया : $\left(\frac{२य+१}{२य+३}\right)^२=\frac{य+३}{य+५}$

या $\left(१-\frac{२}{२य+३}\right)^२=१-\frac{२}{य+५}$

या $१-\frac{४}{२य+३}+\frac{४}{(२य+३)^२}=१-\frac{२}{य+५}$

या $\frac{४}{(२य+३)^२}=\frac{४}{२य+३}-\frac{२}{य+५}$

$=\frac{४य+२०-४य+६}{(२य+३)(य+५)}$

या $\frac{४}{(२य+३)^२}=\frac{१४}{(२य+३)(य+५)}$

दोनों पक्षों को $\frac{२य+३}{२}$ से गुणा करने पर—

$\frac{२}{२य+३}=\frac{७}{य+५}$

तिर्यक् गुणन से

$२य+१०=१४य+२१$

या $१४य-२य=१०-२१$

या $१२य=-११$

$\therefore\quad य=-\frac{११}{१२}$

उत्तर : $य=-\frac{११}{१२}$

(३३) $\left(\frac{३य+३}{३य+२}\right)^{२}=\frac{६य+५}{६य+१}$ (३४) $\left(\frac{४य+३}{४य+१}\right)^{२}=\frac{३य+५}{३य+२}$

(३५) $\left(\frac{२य-१}{२य-३}\right)^{२}=\frac{य-१}{य-३}$

प्रश्नावली ४१

(१) $\frac{१}{य-३}-\frac{१}{य-१}=\frac{१}{य-४}-\frac{१}{य-२}$ [नागपुर १९४८]

(२) $\frac{३}{य-२}+\frac{५}{य-६}=\frac{८}{य+३}$ [पटना १९४७]

(३) $\frac{८}{२य-१}+\frac{९}{३य-१}=\frac{७}{य+१}$ [,, १९४७]

(४) $\frac{२}{२य-५}+\frac{१}{य-३}=\frac{६}{३य-१}$ [,, १९४८]

(५) $\frac{१}{य-५}+\frac{१}{य-७}=\frac{१}{य-९}+\frac{१}{य-३}$ [,, १९४९]

(६) $\frac{(य+२)(य+६)}{(य+४)(य+५)}=\frac{य+८}{य+९}$ [कलकत्ता १९४०

(७) $\cfrac{१}{१+\cfrac{१}{१+\cfrac{१}{य}}}=५$ [उत्तरप्रदेश १९२२]

(८) $\frac{३-२य}{१-२य}-\frac{२य-५}{२य-७}=१-\frac{४(य^{२}-१)}{७-१६य+४य^{२}}$ [,, १९२७]

(९) $\frac{५}{३-४य}+\frac{९}{४य+१३}=\frac{४}{४य+५}$ [,, १९३९]

(१०) $\frac{य+२}{य-२}+\frac{य-६}{य+३}=२$ [,, १९४१]

(११) $\left(\frac{य-२}{य+२}\right)^{२}=\frac{य-३}{य+२}$ [अलीगढ़ १९२५]

(१२) $\frac{\text{य}+\text{५}}{\text{य}+\text{४}}-\frac{\text{य}-\text{६}}{\text{य}-\text{७}}=\frac{\text{य}-\text{४}}{\text{य}-\text{५}}-\frac{\text{य}-\text{१५}}{\text{य}-\text{१६}}$ [अलीगढ़ १९२६]

(१३) $\frac{\text{२}}{\text{२य}-\text{१}}+\frac{\text{१}}{\text{य}+\text{३}}-\frac{\text{१}}{\text{य}+\text{२}}=\frac{\text{२}}{\text{२य}+\text{१}}$ [,, १९२९]

(१४) $\frac{\text{य}-\text{१}}{\text{य}-\text{२}}-\frac{\text{य}-\text{२}}{\text{य}-\text{३}}=\frac{\text{य}-\text{४}}{\text{य}-\text{५}}-\frac{\text{य}-\text{५}}{\text{य}-\text{६}}$ [,, १९२८]

(१५) $\frac{\text{य}-\text{४}}{\text{य}-\text{१}}+\frac{\text{य}-\text{३}}{\text{य}-\text{५}}=\text{२}$ [,, १९३५]

(१६) $\frac{\text{३}}{\text{य}-\text{५}}+\frac{\text{४}}{\text{य}-\text{३}}=\frac{\text{७}}{\text{य}-\text{७}}$ [,, १९३७]

(१७) $\frac{\text{य}-\text{१}}{\text{य}-\text{२}}-\frac{\text{य}-\text{२}}{\text{य}-\text{३}}=\frac{\text{य}-\text{३}}{\text{य}-\text{४}}-\frac{\text{य}-\text{४}}{\text{य}-\text{५}}$ [अलीगढ़ १९४०]

(१८) $\frac{\text{२य}+\text{३}}{\text{य}+\text{१}}-\frac{\text{२य}+\text{९}}{\text{य}+\text{४}}=\frac{\text{३य}+\text{७}}{\text{य}+\text{२}}-\frac{\text{३य}+\text{१६}}{\text{य}-\text{५}}$ [मद्रास १९२८]

(१९) $\frac{\text{य}-\text{५}}{\text{य}-\text{६}}-\frac{\text{य}-\text{६}}{\text{य}-\text{७}}=\frac{\text{य}-\text{१}}{\text{य}-\text{२}}-\frac{\text{य}-\text{२}}{\text{य}-\text{३}}$ [बम्बई १९१८]

(२०) $\frac{\text{३}}{\text{य}-\text{२}}+\frac{\text{५}}{\text{य}-\text{६}}=\frac{\text{८}}{\text{य}+\text{३}}$ [राजपूताना १९३३]

(२१) $\frac{\text{१२य}+\text{१७}}{\text{३य}+\text{४}}+\frac{\text{१५य}-\text{७}}{\text{५य}-\text{२}}=\text{७}$ [,, १९३५]

(२२) $\frac{\text{२य}-\text{३}}{\text{·३य}-\text{·४}}=\frac{\text{·४य}-\text{·६}}{\text{·०६य}-\text{·०७}}$ [,, १९३७]

(२३) $\frac{\text{य}-\text{७}}{\text{य}-\text{३}}+\frac{\text{य}-\text{२}}{\text{य}-\text{९}}+\frac{\text{य}-\text{४}}{\text{य}-\text{१}}=\text{३}$ [,, १९३८]

(२४) $\frac{\text{१}}{\text{य}-\text{२}}-\frac{\text{१}}{\text{य}-\text{४}}=\frac{\text{१}}{\text{य}-\text{६}}-\frac{\text{१}}{\text{य}-\text{८}}$ [,, १९४०]

(२५) $\frac{\text{य}-\text{२}}{\text{य}-\text{३}}+\frac{\text{य}-\text{३}}{\text{य}-\text{४}}=\frac{\text{य}-\text{१}}{\text{य}-\text{२}}+\frac{\text{य}-\text{४}}{\text{य}-\text{५}}$ [,, १९४१]

(२६) $\frac{\text{१}}{\text{य}-\text{१}}+\frac{\text{१}}{\text{य}-\text{२}}=\frac{\text{२}}{\text{य}}$ [दिल्ली १९३७]

(२७) $\frac{(य+१)(य+२)}{(य+३)(य+४)}=\frac{य+३}{य+७}$ [,, १९४०]

(२८) $\frac{२य-१}{य-२}-\frac{य-१}{य+१}=१$ [पंजाब १९३९]

(२९) $\frac{२(य-१)}{य-३}-\frac{३}{य+१}=२$ [,, १९४०]

(३०) $\frac{५य+३}{य-१}-\frac{य+९}{य+३}=४$ [,, १९४१]

(३१) $\frac{य-क}{ख-ग}+\frac{य-ख}{ग+क}+\frac{य-ग}{क+ख}=३$ [कलकत्ता १९४६]

(३२) $\frac{क}{य-क}+\frac{ख}{य-ख}=\frac{क+ख}{य-क-ख}$ [,, १९४७]

(३३) $\frac{१}{य}+\frac{१}{य+क}=\frac{२}{य+ख}$ [,, १९५०]

(३४) $\frac{य-ख}{य-क}-\frac{य-क}{य-ख}=\frac{२(क-ख)}{य-(क+ख)}$ [दिल्ली १९३३]

(३५) $\frac{य}{य+प}+\frac{य}{य+फ}=२$ [,, १९३८]

(३६) $\frac{ग-य^२}{ख य}-\frac{ख-य}{ग}=\frac{ग-य}{ख}-\frac{ख-य^२}{ग य}$ [,, १९४१]

(३७) $\frac{य+क}{य-क}-\frac{य-ख}{य+ख}=\frac{२(क+ख)}{य}$ [राजपूताना १९३६]

(३८) $\frac{य+क}{ख+ग}+\frac{य+ख}{ग+क}+\frac{य+ग}{क+ख}+३=०$ [,, १९३९]

(३९) $\frac{क य}{क+य}+\frac{ख य}{ख+य}=क+ख$ [नागपुर १९४७]

(४०) $\frac{क}{ख य+ग}=\frac{ख}{क य+ग}$

सरल समीकरण सम्बन्धी प्रश्न

प्रश्नावली ४२

मौखिक

(१) १५ से २० कितना अधिक है ?

(२) क से ख कितना अधिक है ?

(३) क में कितना जोड़ा जाय कि योगफल ३क हो जाय ?

(४) क में कितना जोड़ा जाय कि योगफल ४० हो जाय ?

(५) क में कितना जोड़ा जाय कि योगफल ख हो जाय ?

(६) २० में से कितना घटाया जाय कि शेष ८ बचे ?

(७) क में से कितना घटाया जाय कि शेष ख बचे ?

(८) क में से कितना घटाया जाय कि शेष —ख बचे ?

(९) वह संख्या बताओ जो क से ५ अधिक है।

(१०) वह संख्या बताओ जो क से ख अधिक है।

(११) वह संख्या बताओ जो क से ४ कम हो

(१२) वह संख्या बताओ जो क से ख कम हो।

(१३) वह संख्या बताओ जो क से —ख कम हो।

(१४) वह संख्या बताओ जो क का चार गुना हो।

(१५) वह संख्या बताओ जिसका तीन गुना क हो।

(१६) २० में किस संख्या से गुणा करे कि गुणनफल क हो।

(१७) वह संख्या बताओ जिसका दहाई ४ और इकाई ५ हो।

(१८) वह संख्या बताओ जिसका दहाई क और इकाई ख है।

(१९) दो संख्याओं का जोड़ २० है। यदि उनमें से एक संख्या क है, तो दूसरी संख्या बताओ।

(२०) एक संख्या क है और दूसरी संख्या ख है। एक तीसरी ऐसी संख्या बताओ जो इन दोनों के योगफल से ३ अधिक हो।

(२१) राम की वर्तमान आयु १२ वर्ष की है १० वर्ष पश्चात् उसकी क्या आयु होगी ?

(२२) राम की वर्तमान आयु क वर्ष की है। ७ वर्ष बाद उसकी क्या आयु होगी ?

(२३) राम की वर्तमान आयु **य** वर्ष की है। **क** वर्ष बाद उसकी क्या आयु होगी ?

(२४) श्याम की वर्तमान आयु ३० वर्ष ी है। ६ वर्ष पहले उसकी आयु कितनी थी ?

(२५) श्यामा की वर्तमान आयु **य** वर्ष की है । ७ वर्ष पहले उसकी आयु कितनी थी ?

(२६) श्याम की वर्तमान आयु **य** वर्ष की है। **क** वर्ष पहले उसकी आयु कितनी थी ?

(२७) लगातार तीन ऐसी संख्यायें बताओ जिनके मध्य की संख्या २२ है।

(२८) लगातार तीन ऐसी संख्यायें बताओ जिनके मध्य की संख्या **य** है ।

(२९) लगातार तीन ऐसी सम संख्यायें बताओ जिनके मध्य की संख्या **१६** है ।

(३०) लगातार तीन ऐसी सम संख्यायें बताओ जिनके मध्य की संख्या **२य** है ।

(३१) लगातार तीन ऐसी विषय संख्यायें बताओ जिनके मध्य की संख्या **२ य + १** है।

लिखित

निम्नलिखित को समीकरण द्वारा प्रकट करो :—

(३२) **य** का $\frac{१}{५}$, ६ के बराबर है ।

क्रिया : **य** का $\frac{१}{५} = ६$

या $\frac{य}{५} = ६$

(३३) **क** का **५** गुना **य** के बराबर है ।

(३४) **क** और **ख** के योगफल के बराबर **य** है ।

(३५) **क** और **ख** के अन्तर के बराबर **य** है ।

(३६) **य** का चौथा भाग **क** के बराबर है ।

(३७) **य** का दूना **क** से **१२** अधिक है ।

(३८) **य** का **३** गुना **क** और **ख** के योगफल से **३** अधिक

(३९) राम की आयु **य** वर्ष है और श्याम की आयु **र** वर्ष है **५** वर्ष पहले राम की आयु श्याम की आयु की दूनी थी।

(४०) राम की आयु **य** वर्ष है और उनके पुत्र की आयु र वर्ष की है। ४ वर्ष बाद राम की आयु अपने पुत्र की आयु की दूनी हो जायगी।

प्रश्नावली ४३

(१) दो संख्याओं का योगफल ११८ है। यदि उनमें से एक संख्या दूसरी से २० कम है, तो उन संख्याओं को बताओ।

क्रिया :

मान लिया कि छोटी संख्या **य** है,

तब बड़ी संख्या **य**+२० है।

$\therefore$ य+य+२०=११८

या २य =११८−२०

या २य =९८

य =४९

$\therefore$ छोटी संख्या ४९ और बड़ी संख्या ४९+२० अर्थात् ६९ है

उत्तर : छोटी संख्या ४९ और बड़ी संख्या ६९।

(२) दो संख्याओं का योगफल १२० है, यदि छोटी संख्या से बड़ी संख्या ३६ अधिक है। तो दोनों संख्याओं को बताओ।

(३) दो सख्याओं का योगफल १५० है, यदि बड़ी सख्या से छोटी संख्या ३२ कम है, तो दोनों संख्याओं को बताओ।

(४) दो संख्याओं का योगफल १६५ है, यदि छोटी संख्या का चार गुना बड़ी संख्या से ५ कम है, तो छोटी संख्या बताओ।

(५) दो संख्याओं का अन्तर ५४ है, यदि बड़ी संख्या के आधे से छोटी संख्या ६ अधिक है, तो बड़ी संख्या बताओ।

(६) दो संख्याओं का अन्तर ८१ है, छोटी संख्या के ४ गुने से बड़ी संख्या ६ कम है, तो बड़ी संख्या बताओ।

(७) दो संख्याओं का योगफल २४४ है और उनका अन्तर ५८ है, तो बड़ी संख्या बताओ।

(८) वह संख्या बताओ जिसके ३ गुने में ६० जोड़ने से उतना ही आता है जितना उसके ७ गुने में से ८४ घटाने से।

क्रिया :

मान लिया कि वह संख्या य है।

∴ ७य − ८४ = ३य + ६०

या ७य − ३य = ६० + ८४

या ४य = १४४

य = ३६

उत्तर : ३६।

(९) वह संख्या बताओ जिसका पाँच गुना उसके सात गुने से ३० कम है।

(१०) वह संख्या बताओ जिसका ६ गुना उसके ९ गुने से ४८ कम है।

(११) वह संख्या बताओ जिसका चौथाई भाग उसके छठवें भाग से १५ बड़ा है।

(१२) वह संख्या बताओ जिसका पाँचवाँ भाग उसके आठवें भाग से २४ बड़ा है।

(१३) १२० रुपये राम और श्याम में इस प्रकार बाँटे गये कि राम के भाग का दूना श्याम के भाग के ३ गुने के बराबर है। बताओ राम को कितने रुपये मिले ?

(१४) ३२० रुपये मोहन और सोहन में इस प्रकार बाँटे गये कि मोहन के भाग का आधा सोहन के भाग के तिहाई से २५ पये अधिक है। मोहन को कितने रुपये मिले ?

(१५) ४३२ रुपये राम श्याम और बलराम में इस प्रकार बाँटे गये कि श्याम को राम के दूने से १८ रुपये कम और बलराम को राम के तीन गुने से ६ रुपये कम मिले, तो प्रत्येक को कितने रुपये किले ?

(१६) मोहन, सोहन और रोहन ने मिल कर एक बंगला २३५ रुपये मासिक किराये पर लिया। यदि सोहन को मोहन के आधे से ६ रुपये अधिक और रोहन को मोहन के तिहाई से ९ रुपये अधिक देने पड़े, तो बताओ मोहन को कितने रुपये देने पड़े ?

(१७) लगातार दो संख्याओं का जोड़ ११५ है। उन संख्याओं को बताओ :—

क्रिया :

मान लिया कि एक संख्या य है

तो दूसरी संख्या य + १ है

अतः य + य + १ = ११५

या २ य = ११५ − १

या २ य = ११४

∴ य = ५७

पहली संख्या = ५७ और दूसरी संख्या = ५८

उत्तर : ५७, ५८।

(१८) लगातार दो संख्याओं का जोड़ २११ है। उन संख्याओं को बताओ।

(१९) लगातार तीन संख्याओं का जोड़ २३४ है। उन संख्याओ को बताओ।

(२०) लगातार पाँच संख्याओं का जोड़ २३५ है। उन संख्याओं को बताओ।

(२१) लगातार दो सम संख्याओं का जोड़ २३४ है। उन संख्याओं को बताओ।

(२२) लगातार ३ सम संख्याओं का जोड़ ३७२ है। उन संख्याओं को बताओ।

(२३) लगातार दो विषम संख्याओं का जोड़ २६४ है। उन संख्याओं को बताओ।

(२४) लगातार ३ विषम संख्याओं का जोड़ ३६३ है। उन संख्याओं को बताओ।

(२५) दो अंकों वाली किसी संख्या के दोनों अंकों का योगफल ७ है। यदि दहाई के अंक में ३ जोड़ दिया जाय तो यह योगफल उस संख्या के पांचवें भाग के बराबर होता है। वह संख्या बताओ।

क्रिया :— मान लिया कि दहाई का अंक **य** है।

तब इकाई का अंक ७—य है

और वह संख्या १०य + ७—य के बराबर हुई

∴ प्रश्नानुसार (१०य + ७ — य) का $\frac{१}{५}$ = य + ३

या $\frac{९य + ७}{५}$ = य + ३

या ९य — ५य = १५ — ७

या ४य = ८

य = २

∴ दहाई के स्थान का अंक २ और काई के स्थान का अंक ७ — २ अर्थात् ५ है

अत: अभीष्ट संख्या = २५

उत्तर : २५।

(२६) दो अंकोंवाली किसी संख्या के अंकों का जोड़ ९ है। यदि दहाई के अंक में ५ जोड़ दिया जाये तो यह योगफल उस संख्या के छठवें भाग के बराबर होगा। वह संख्या बताओ।

(२७) दो अंकों वाली किसी संख्या के अंकों का जोड़ ८ है। यदि इकाई वाले अंक में २ जोड़ दिया जाय, तो यह योगफल उस संख्या के पाँचवें भाग के बराबर होगा। वह संख्या बताओ।

(२८) दो अंको वाली किसी संख्या के दहाई का अंक इकाई के अंक से २ बड़ा है। यदि दहाई के अंक के ४ गुने में इकाई के अंक का पाँच गुना जोड़ दिया जाय, तो उस संख्या के दोनों अंक उलट जाते हैं। वह संख्या बताओ।

(२९) दो अंकोंवाली किसी संख्या के अंकों का जोड़ ९ है। यदि इकाई के अंक के आठ गुने में दहाई के अंक का दुगुना जोड़ दिया जाय, तो उस संख्या के दोनों अंक उलट जाते हैं। वह संख्या बताओ।

(३०) दो संख्याओं का अन्तर १५ है और उनका भजनफल ६ के बराबर है। उन संख्याओं को बताओ।

(३१) **राम की आयु शाम की आयु की दूनी है, परन्तु ३ वर्ष पूर्व राम की आयु श्याम की आयु के ढ़ाई गुनी थी। दोनों की वर्तमान आयु बताओ।**

क्रिया : मान लिया श्याम की वर्तमान आयु **य** वर्ष की है

तब राम की आयु **२य** वर्ष की हुई

३ वर्ष पहले राम की आयु **२य—३** वर्ष की थी और श्याम की आयु **य—३** वर्ष की थी।

$\therefore$ २य — ३ = $\frac{५}{२}$ (य — ३)

या ४य — ६ = ५(य — ३) = ५य — १५

या ४य — ५य = — १५ + ६

या — य = — ९

या य = ९

अतः श्याम की आयु ९ वर्ष की और राम की आयु १८ वर्ष की है

उत्तर : राम की आयु १८ वर्ष

श्याम की आयु ९ वर्ष

(३२) राम की आयु श्याम की आयु की ३ गुनी है, परन्तु **१५** वर्ष पूर्व राम की आयु श्याम की आयु के ६ गुनी थी। दोनों की वर्तमान आयु बताओ।

(३३) मोहन की आयु सोहन की आयु की चार गुनी है, **१२** वर्ष पूर्व दोनों की आयु का योग फल **५१** वर्ष था। दोनों की वर्तमान आयु बताओ।

(३४) मोहन की आयु सोहन की आयु की दूनी है, परन्तु ८ वर्ष बाद मोहन की आयु सोहन के आयु के ड्योढ़ी हो जायेगी। दोनों की वर्तमान आयु बताओ।

(३५) हरी के पिता की आयु उसकी आयु के पाँच गुनी है, परन्तु २४ वर्ष बाद हरी की आयु उसके पिता की आयु की आधी हो जायगी। हरी के पिता की वर्तमान आयु बताओ।

(३६) मुन्नीलाल से चुन्नीलाल १६ वर्ष बड़ा है। दस वर्ष बाद चुन्नीलाल की आयु मुन्नीलाल की आयु की दूनी हो जायेगी। मुन्नीलाल की आयु बताओ।

(३७) बलराम ने अपनी आयु बताते हुये कहा कि "**१५** वर्ष बाद मेरी आयु **१५** वर्ष पूर्व की आयु के तीन गुनी हो जायेगी।" उसकी वर्तमान आयु बताओ।

(३८) क **और ख दो स्थान हैं, जिनके बीच की दूरी** २२ मील है। **राम** क **से** ख **की ओर** ५ मील **प्रति** दो घंटे **की चाल से** १ बजे **चला और श्याम**

ख से क की ओर २ बजे ४ मील प्रति घंटे की चाल से चला। बताओ दोनों कब और कहां एक दूसरे से मिलेंगे ?

क्रिया : मान लिया कि दोनों १ बजे के य घंटे बाद मिलते हैं। तो राम य घंटा चला और श्याम य − १ घंटा चला।

∵ २ घंटे में राम ५ मील चलता है,

∴ य घंटे में राम $\frac{५य}{२}$ मील चलता है,

और ∵ १ घंटे में श्याम ४ मील चला है,

∴ य − १ घंटे में श्याम ४(य − १) मील चलता है।

अतः प्रश्नानुसार $\frac{५य}{२}+४(य-१)=२२$

या $५य+८य-८=४४$

या $१३य=४४+८=५२$

∴ $य=४$

इसलिये दोनों एक दूसरे से ५ बजे मिलेंगे ?

∵ १ घंटे में राम $\frac{५}{२}$ मील जाता है

∴ ४ घंटे में राम $\frac{५}{२}\times४$ मील या १० मील जाता है।

उत्तर : ५ बजे, क से १० मील की दूरी पर

(३९) राम साइकिल से प्रति घंटे ९ मील की चाल से १२ बजे क से ख की ओर चला और श्याम २ बजे घोड़े पर ७ मील प्रति घंटे की चाल से ख से क की ओर चला। यदि क और ख में ७८ मील की दूरी है, तो बताओ दोनों कब और कहाँ मिलेंगे ?

(४०) राम और श्याम एक ही स्थान से क्रमशः ८ बजे और १० बजे ातः चलते हैं। यदि राम २ घंटे में ७ मील और श्याम ३ घंटे में १३$\frac{१}{२}$ मील चलता है, तो बताओ श्याम, राम को कब और कहाँ पकड़ लेगा ?

(४१) मोहन अपने घर से कालेज में नाम लिखाने के लिये ३ मील प्रति घंटे की चाल से ८ बजे प्रातःकाल चला। कालेज में २ घंटा ८ मिनट विश्राम करने के पश्चात् वह पुनः २$\frac{१}{२}$ मील प्रति घंटे की चाल से घर लौटता है और ४ बजे सायंकाल अपने घर पहुँच जाता है। ोहन के घर और कालेज के बीच की दूरी बताओ।

(४२) एक यात्री ने ५ मील प्रति घंटे की चाल से क से ख के लिये प्रस्थान किया; और दूसरे यात्री के ३ मील प्रति घंटे की चाल से उसी समय ख से क के लिये प्रस्थान किया। पहला यात्री जब आधी यात्रा कर चुका तब ोनों एक दूसरे से ५ मील के अन्तर पर थे। क से ख तक की दूरी बताओ। [इलाहाबाद १६१८]

(४३) क और ख दो स्थान हैं जिनके बीच की दूरी ६० मील है। राम क से ख की ओर और श्याम ख से क की ओर एक ही समय चलते हैं। राम की चाल श्याम की चाल से डचोढ़ी है। यदि वे एक-दूसरे से ८ घंटे में मिलते हैं, तो राम की चाल बताओ।

(४४) एक मल्लाह नदी के धारा के साथ $५\frac{१}{२}$ मील प्रति घंटे की चाल से और धारा के विपरीत दिशामें $१\frac{१}{२}$ मील प्रति घंटे की चाल से अपनी नाव खे सकता है। यदि वह अपने स्थान से कुछ दूर जाकर ६ घण्टे २० मिनट में अपने स्थान पर लौट आता है तो बताओ वह कितनी दूर गया था ?

क्रिया : मान लिया कि मल्लाह य मील जाता है।

$\because$ वह धारा के साथ $५\frac{१}{२}$ मील नाव खेता है १ घंटे में,

$\therefore$,, ,, य मील नाव खेयेगा $\frac{य \times २}{११}$ घंटे या $\frac{२य}{११}$ घंटे में।

$\because$ वह धारा के विपरीत दिशा में $१\frac{१}{२}$ मील खेता है १ घंटे में,

$\therefore$,, ,, ,, य मील खयेगा $\frac{२य}{३}$ घंटे में

अतः प्रश्नानुसार $\frac{२य}{११}+\frac{२य}{३}=६$ घं० २० मि०

या $\frac{६य+२२य}{३३}=\frac{१९}{३}$

या $\frac{२८य}{३३}=\frac{१९}{३}$

$\therefore$ $य=\frac{१९}{३}\times\frac{३३}{२८}=११$

उत्तर : ११ मील।

(४५) एक आदमी नदी की धारा के साथ ७ मील ति घंटे की चाल से और नदी की धारा के विपरीत २ मील प्रति घंटे की चाल से तैर सकता है।

यदि वह अपने स्थान से कुछ दूर जा कर ६ घंटे में पुनः अपने स्थान पर लौट आता है, तो वह आदमी कितनी दूर तक तैर कर गया था ?

(४६) एक आदमी स्थिर पानी में ४ मील प्रति घंटे की चाल से तैर सकता है। वह १२ मील धारा के साथ तैरने में जितना समय लेता है, उसका तीन गुना समय धारा के विपरीत तैरने में लेता है। धारा की प्रति घंटे की चाल ज्ञात करो।

(४७) एक मल्लाह नदी के प्रवाह के साथ कुछ दूर तक अपनी नाव ३ घंटे में ले जाता है; परन्तु नदी के प्रवाह के विपरीत नाव को उतनी ही दूर वापस लाने में उसे ५ घंटे लगते हैं। यदि मल्लाह स्थिर पानी में नाव को ६ मील प्रति घंटे की चाल से खे सकता है, तो नदी के प्रवाह की प्रति घंटे की चाल बताओ।

(४८) एक कण्डाल में ३० सेर दूध और पानी का मिश्रण ५:१ के अनुपात में है। इस मिश्रित दूध में से कितने सेर निकाल कर उतना ही पानी मिलाया जाय कि अन्तिम मिश्रण में दूध और पानी बराबर हो जाय ?

क्रिया : मान लिया कि मिश्रित दूध में से **य** सेर निकाल कर फिर उसमें **य** सेर पानी डाल दिया गया।

अब कण्डाल में (३० − य) सेर मिश्रित दूध बच गया है, जिसमें से

$\frac{५}{६}$(३० − य) सेर दूध है

और $\frac{१}{६}$(३० − य) सेर पानी है

प्रश्नानुसार **य** सेर पानी मिलाने से दूध और पानी बराबर-बराबर हो जाता है।

∴ $\frac{१}{६}$ (३० − य) + य = $\frac{५}{६}$(३० − य)

या ३० − य + ६य = ५ × ३० − ५य

या ६य − य + ५य = १५० − ३०

या १०य = १२०

या य = १२

उत्तर : १२ सेर मिश्रित दूध निकाला गया।

(४९) एक कण्डाल में २८ सेर मिश्रित दूध है। इसमें दूध और पानी ७ : २ के अनुपात में है। इसमें से कितना मिश्रित दूध निकाल कर पानी मिलाया जाय कि दूध और पानी बराबर-बराबर हो जायँ ?

(५०) एक कण्डाल में ५ : ३ के अनुपात में दूध और पानी का मिश्रण है, और दूसरे कण्डाल में ३ : ४ के अनुपात में दूध और पानी का मिश्रण है। पहले कण्डाल के ४८ सेर मिश्रित दूध में मिलाने के लिये दूसरे कण्डाल में से कितना मिश्रण निकाला जाय कि अन्तिम मिश्रण में दूध और पानी का अनुपात ३ : २ के अनुपात में हो जाय ?

(५१) एक कमरे की लम्बाई उसकी चौड़ाई से ५ फुट अधिक है। यदि लम्बाई ५ फुट बढ़ा दी जाय और चौड़ाई २ फुट कम कर दी जाय, तो कमरे का क्षेत्रफल ४० वर्ग फुट बढ़ जायेग । कमरे की लम्बाई बताओ।

(५२) एक कमरे की चौड़ाई उसकी लम्बाई से ८ फुट छोटी है। यदि चौड़ाई ४ फुट बड़ी और लम्बाई ५ फुट छोटी होती, तो कमरे का क्षेत्रफल ४ वर्ग फुट कम हो जाता। कमरे की लम्बाई ज्ञात करो।

(५३) किसी परिवार के मासिक व्यय में से कुछ स्थाई है और कुछ गेहूँ के भाव के ऊपर निर्भर है। जब गेहूँ का भाव $१\frac{१}{२}$ सेर प्रति रुपये है, तब मासिक व्यय १००) है और जब गेहूँ का भाव प्रति रुपये $२\frac{१}{२}$ सेर है, तब मासिक व्यय ८०) है। उस परिवार का स्थाई मासिक व्यय बताओ। जब गेहूँ मात्रा में समान रूप से व्यय होता है।

क्रिया : मान लिया कि उस परिवार का स्थाई व्यय य रुपये हैं।

तब पहली दशा में गेहूँ पर व्यय $=(१००-य)$ रुपये

और दूसरी ,, ,, ,, ,, $=(८०-य)$ पये

∵ पहली दशा में क्रय किया हुआ गेहूँ $=(१००-य)\frac{३}{२}$ सेर

और दूसरी ,, ,, ,, $=(८०-य)\frac{५}{२}$ सेर

∴ प्रश्नानुसार $(१००-य)\frac{३}{२}=(८०-य)\frac{५}{२}$

या $३००-३य=४००-५य$

या $५य-३य=४००-३००$

या $२य=१००$

∴ $य=५०$

उत्तर : स्थाई व्यय $=५०$ रु०

(५४) किसी अस्पताल का मासिक व्यय कुछ स्थाई है और कुछ रोगियों के ऊपर निर्भर है। जब रोगियों को संख्या ३० है, तब मासिक व्यय ६५० रु० है और जब रोगियों की संख्या ४० हो जाती है, तब मासिक

व्यय ८०० ० हो जाता है। उस अस्पताल का स्थाई मासिक व्यय कितना है, जब प्रत्येक रोगी पर समान व्यय ोता है।

(५५) किसी परिवार के मासिक व्यय में से कुछ स्थाई और कुछ चावल के भाव पर निर्भर है। जब चावल का भाव १$\frac{३}{४}$ सेर प्रति रुपये का है, तब उस परिवार का मासिक व्यय १०० ० है और जब चावल का भाव ३$\frac{१}{२}$ सेर प्रति रुपये का है, तब मासिक व्यय ८८ रु० है। उस परिवार का स्थाई व्यय कितना है ?

(५६) किसी भोजनालय का मासिक व्यय कुछ स्थाई और कुछ भोजन करने वालों की संख्या पर निर्भर रहता है। जब भोजन करने वालों की संख्या १५ है, तब मासिक व्यय २६५ पये हैं; और जब भोजन करने वालों की संख्या २० हो जाती है, तब मासिक व्यय ३४० रु० होता है। यदि प्रत्येक भोजन करने वाले पर समान व्यय होता है, तो उस भोजनालय में प्रति भोजन करने वाले पर कितना व्यय होता है ?

(५७) एक कप्तान जब अपने सिपाहियों को एक ठोस वर्ग में खड़ा करना चाहता है तब उसके पास १० सिपाही बच जाते हैं। परन्तु जब वह वर्ग की पंक्ति में एक सिपाही बढ़ा देता है, तब ५१ सिपाहियों की कमी पड़ जाती है। सिपाहियों की संख्या बताओ।

क्रिया :

मान लिया कि कप्तान पहले प्रत्येक पंक्ति में य सिपाही खड़ा करता है। तब उसके पास $य^२ + १०$ सिपाही हैं।

और दूसरी बार वह प्रत्येक ंक्ति में $(य + १)$ सिपाही खड़ा करता है, तब उसके पास $(य + १)^२ - ५१$ सिपाही हैं।

परन्तु दोनों दशाओं में सिपाहियों की संख्या समान है,

$\therefore \quad (य + १)^२ - ५१ = य^२ + १०$

या $य^२ + २य + १ - ५१ = य^२ + १०$

या $य^२ + २य - य^२ = १० + ५१ - १$

या $२य = ६०$

या $य = ३०$

अतः सिपाही की संख्या $= ३०^२ + १० = ९१०$

उत्तर : ९१० सिपाही।

(५८) एक कप्तान अपने सिपाहियों को जब ठोस वर्ग में खड़ा करता है, तब उसके पास १५ सिपाही बच जाते हैं और जब वह वर्ग की पंक्ति एक से बढ़ा देते हैं तब उनके पास २६ सिपाहियों की कमी पड़ जाती है। उसके पास कितने सिपाही हैं ?

(५९) एक कप्तान अपने सिपाहियों को जब एक ऐसे खोखले वग में खड़ा करता है जिसमें ३ पंक्तियाँ हैं, तब उसके पास ३० सिपाही बच जाते हैं। और जब वह उनको ५ पंक्तियों वाले खोखले वर्ग में खड़ा करता है, तब १० सिपाही कम पड़ जाते हैं। सिपाहियों की संख्या बताओ।

(६०) एक ही स्थान को जाने वाले दो यात्रियों के पास ८ मन अधिक बोझा होने के कारण, उनमें से एक से ८ पये और दूसरे से १६ रुपये किराये के लिये गये। यदि कुल सामान केवल एक ही यात्री का होता ो उसको २८ रुपये देने पड़ते। बताओ प्रत्येक यात्रियों कितने बोझ की छूट मिलती है।

क्रिया : मान लिया प्रत्येक यात्री को य मन बोझे की छूट मिलती है।

तब (८—२य) मन का किराया = ८ रु० + १६ ० = २४ रु०

$$\because \text{ एक मन का किराया} = \frac{२४}{८ - २य} \text{ रु०}$$

और (८—य) मन का किराया = २८ रु०

$$\therefore \text{ एक मन का किराया} = \frac{२८}{८ - य} \text{ रु०}$$

$$\text{अत : } \frac{२४}{८ - २य} = \frac{२८}{८ - य}$$

या ६(८—य) = ७(८—२य)

या ४८—६य = ५६—१४य

या ८य = ८

∴ य = १

उत्तर : १ मन।

(६१) एक ही स्थान को जाने वाले ो यात्रियों के पास १० मन बोझा अधिक होने के कारण, उनमें से एक को १२ रु० और दूसरे को १६ रुपये किराये के देने पड़े। यदि कुल सामान एक ही यात्री का होता तो उसको ३० रु० किराये के दे ़ पड़ता। प्रत्येक यात्री को कितने बोझ की छूट मिलती है?

(६२) एक मजदूर ४० दिन के लिये इस शर्तपर रखा गया कि उसको उस दिन की मजदूरी १ रु० ८ आ० मिलेगी जिस दिन वह काम करेगा; परन्तु जिस दिन वह काम नहीं करेगा, उसको ८ आने दण्ड देना पड़ेगा। अन्त में यदि उसको कुल ४० रु० मिले तो बताओ उसने कितने दिनों तक काम नहीं किया ?

(६३) एक मजदूर इस शर्तपर कामपर लगाया गया कि जिस दिन वह काम करेगा उसको २ रु० ८ आना मजदूरी मिलेगी और जिस दिन काम नहीं करेगा उसको १२ आने दण्ड देना पड़ेगा। यदि ५० दिन के अन्त में उसको केवल ७३ रुपये मिले, तो बताओ उसने कितने दिन काम किया ?

—::o::—

अध्याय ७

सरल युगपद समीकरण

पिछले अध्याय में हमने ऐसे सरल समीकरण को हल करना सीखा है जिसमें अज्ञात राशि केवल एक ही होती थी। इस अध्याय में हम ऐसे समीकरणों पर विचार करेंगे जिनमें अज्ञात राशि दो या दो से अधिक (**य, र, ल**) होंगी; परन्तु इन अज्ञात राशियों में से प्रत्येक का घातांक एक ही होता है। इस प्रकार के समीकरण को, जिसमें अज्ञात राशियाँ दो या दो से अधिक हों, परन्तु इनमें से हरएक का घातांक एक हो, **सरल युगपद समीकरण** (Simple Simultaneous Equation) कहते है।

निम्नलिखित समीकरण पर विचार करो :—

३य + २र = २२ ....(१)

इसमें दो अज्ञात राशियाँ अर्थात् **य** और **र** है।

हम देखते हैं कि

यदि **य** =	०	२	—२	४	५	८
तो **र** =	११	८	१४	५	३·५	—१

इससे स्पष्ट है कि समीकरण नं० **१** के आधार पर हमलोग **य** और **र** के मानों के अनेक ऐसे जोड़े ज्ञात कर सकते हैं जिनमें से प्रत्येक जोड़ा इस समीकरण

की शर्त को पूरा करता है अर्थात् एक ऐसे समीकरण के जिसमें दो अज्ञात राशियाँ हों, अनेक हल हो सकते हैं।

परन्तु समीकरण नं० १ के साथ ही यदि

५य − ३र = ५ ....(२)

तो हम देखते हैं कि

यदि य =	०	१	२	४	७	१०
तो र =	$-\frac{५}{३}$	०	$\frac{२}{३}$	५	१०	१५

इससे स्पष्ट है कि समीकरण नं० २ की शर्त को पूरा करने वाले **य** और **र** के मानों के अनेक जोड़े ज्ञात किये जा सकते हैं।

परन्तु इन अनेक जोड़ों में से केवल एक ही जोड़ा (**य** = ४, **र** = ५) ऐसा है जो दोनों समीकरणों की शर्तों को पूरा करता है। हम यह भी देखते हैं कि **य** और **र** के मानों के इस जोड़े को छोड़ कर कोई दूसरा ऐसा जोड़ा नहीं है जो दोनों समीकरणों की शर्तों को पूरा करता हो, अतः दो अज्ञात राशियों के मानों को प्राप्त करने के लिये दो समीकरणों की आवश्यकता होती है।

सरल युगपद समीकरण (Simultaneous Equation) को हल करने की कई रीतियाँ हैं; परन्तु इनमें से केवल चार रीतियों पर ही विचार करेंगे।

पहली रीति : प्रतिस्थापन द्वारा (Substitution)

प्रश्नावली ४४

हल करो :—

(१) २य + र = ८ ....(१)

६य + ५र = २८ ....(२)

क्रिया : समीकरण (१) से,

र = ८ − २य ....(३)

र का मान समीकरण (२) में प्रतिस्थापन करने से,

६य + ५(८ − २य) = २८

या ६य + ४० − १०य = २८

या −४य = २८ − ४० = −१२

या य = ३

अब य का मान समीकरण (३) में तिस्थापन करने से,

र $= ८ - २ \times ३$

$= ८ - ६$

$= २$

उत्तर : य = ३

र = २

निम्नलिखित को सरल करो :—

(२) य + र = १०
५य − ३र = २६

(३) ४य − र = ९
३य + ७र = ३०

(४) य + ५र = १३
७य − २र = १७

(५) य − ६र = ३
३य + २र = १९

(६) य + ८र = २१
११य + १३र = ८१

(७) ११य − र = २७
१५य − ७र = ३

(८) ४य − ५र = २
११य + ७र = ४७

क्रिया : ४य − ५र = २ ....(१)
११य + ७र = ४७.....(२)

समीकरण (१) से

४य = २ + ५र

या $$य = \frac{२ + ५र}{४} \quad ......(३)$$

य का मान समीकरण (२) में प्रतिस्थापन करने से

$$११ \times \left(\frac{२ + ५र}{४}\right) + ७र = ४७$$

दोनों पक्षों को ४ से गुणा करने से

२२ + ५५र + २८र = १८८

या ८३र = १६६

या र = २

अब र का मान समीकरण (३) में प्रतिस्थापन करने से

$$य = \frac{२ + ५ \times २}{४}$$

$= ३$

उत्तर : य = ३

र = २

(९) १२य + ५र = ४१
१३य − ७र = ३२

(१०) ९य − ६र = ६
७य + १५र = १०३

(११) १७य − १२र = २७
१५य − ११र = २३

(१२) १४य + १३र = ६७
११य − ७र = १

(१३) ७य − १०र = २
१३य + १७र = २११/२

(१४) २३य + ८र = ७०
२१य − ११र = ९

दूसरी रीति : तुलनात्मक (Comparison)

इस रीति में प्रत्येक समीकरण से किसी एक अज्ञात राशि का मान निकाला जाता है फिर दोनों प्राप्त मानों से एक नया समीकरण बनाकर दूसरी अज्ञात राशि का मान मालूम किया जाता है ।

प्रश्नावली ४५

निम्नलिखित को हल करो :—

(१) ७य − ३र = ५
११य + ५र = ३७

क्रिया : ७य − ३र = ५ ...... (१)
११य + ५र = ३७ .... (२)

समीकरण (१) से

७य = ५ + ३र

या $य = \frac{५ + ३र}{७}$ ...... (३)

और समीकरण (२) से

११य = ३७ − ५र

या $य = \frac{३७ − ५र}{११}$ ...... (४)

∴ (३) और (४) से

$$\frac{५ + ३र}{७} = \frac{३७ − ५र}{११}$$

या ११ (५+३र)=७(३७−५र)

या ५५+३३र=२५६−३५र

या ३५र+३३र=२५६−५५

या ६८र=२०४

या र=३

अब र का मान समीकरण (३) में प्रतिस्थापन करने से

$$य=\frac{५+३\times३}{७}$$

$$=२$$

उत्तर : य=२
र=३

(२) ७य+३र=२७
६य−४र=१६

(३) ११य−५र=२६,
१३य+७र=७३

(४) २५य−१६र=१
२८य+१२र=८$\frac{३}{५}$

(५) ११य−३६र=३०
१७य+२०र=१२२

(६) १५य+४र=६४
४य+१५र=३१

(७) १३य−१०र=४६
७य−१५र=३६

(८) १६य+२१र=५८
१७य−१३र=−६

(९) १३य−७र=५
१६य−१०र=२

(१०) २६य−१०र=८
१७य+१३र=१४२

(११) १५य+१७र=७६
१७य−१५र=२

तीसरी रीति : किसी एक अज्ञात राशिके गुणकोंको समान करके

स रीति में दिये हुये समीकरणों को किसी ऐसी संख्या से गुणा किया जाता है, जिससे दोनों समीकरणों में किसी एक अज्ञात् राशि के गुणक समान हो जायें। फिर सुभीते के अनुसार दोनों समीकरणों का योगफल निकाला जाता है, ताकि एक ऐसा समीकरण बन जाये जिसमें केवल एक ही अज्ञात राशि हो।

प्रश्नावली ४६

निम्नलिखित को हल करो:—

(१) ४य+५र=३१
६य−२र=३०

क्रिया : ४य + ५र = ३१ ...(१)

९य − २र = ३० ...(२)

(१) को २ से और (२) को ५ से गुणा करने से,

८य + १०र = ६२ ...(३)

और ४५य − १०र = १५० ...(४)

अब (३) और (४) को जोड़ने से,

५३य = २१२

∴ य = ४

य का मान (१) में प्रतिस्थापन करने से,

४ × ४ + ५र = ३१

या ५र = ३१ − १६ = १५

∴ र = ३

उत्तर : य = ४ और र = ३ ।

(२) १८य + १३र = १६८
१५य + १२र = १४७

(३) १७य − १४र = २६
१३य + १५र = ९७

(४) १६य − १३र = −४
१२य + १६र = १००

(५) २३य + २५र = १२३
२५य − ३र = १३

(६) १५य − १२र = ६
११य + १५र = ५२

(७) ११य + १७र = १०६
१३य − २०र = ५

(८) १८य + २५र = ४
१४य − १५य = ७२

(९) २२य − ५र = ९
३३य + ७र = ११५

(१०) $४य + \frac{५}{र} = २२$

$१८य - \frac{७}{र} = ४०$

क्रिया : $४य + \frac{५}{र} = २२$ ...(१)

$१८य - \frac{७}{र} = ४०$ ...(२)

(१) को ९ से और (२) को २ से गुणा करने से—

$$३६य+\frac{४५}{र}=१९८ \qquad \ldots(३)$$

और $$३६य-\frac{१४}{र}=८० \qquad \ldots(४)$$

अब (३) में से (४) को घटाने से—

$$\frac{५९}{र}=११८$$

या $$५९=११८र$$

$$\therefore \quad र=\frac{१}{२}$$

र का मान (१) में प्रतिस्थापन करने से—

$$४य+\frac{५}{\frac{१}{२}}=२२$$

या $$४य+१०=२२$$

या $$४य=१२$$

$$\therefore \quad य=३$$

उत्तर : य=३ और र=$\frac{१}{२}$

(११) $\frac{३}{य}+४र=१७$

$\frac{५}{य}-७र=-२६\frac{१}{३}$

(१२) $\frac{७}{य}-११र=६$

$\frac{९}{य}+१३र=६२$

(१३) $\frac{४य}{३}+\frac{५}{२र}=९$

$११य-\frac{१३}{र}=७$

(१४) $\frac{१२य}{५}-\frac{७}{३र}=५$

$१३य-\frac{१}{४र}=६४\frac{१}{४}$

(१५) $\frac{८}{य}+\frac{११र}{५}=२७$

$\frac{२७}{य}-\frac{७र}{४}=४५\frac{१}{४}$

(१६) $\frac{४}{य}+\frac{५र}{९}=३$

$\frac{१२}{य}-\frac{८र}{३}=-४$

(१७) $\frac{४}{य}+\frac{३}{र}=१८$

$\frac{७}{य}-\frac{५}{र}=११$

क्रिया : $\frac{४}{य}+\frac{३}{य}=१८$ ...(१)

$\frac{७}{य}-\frac{५}{र}=११$ ...(२)

(१) को ५ से और (२) को ३ से ुणा करने से,

$\frac{२०}{य}+\frac{१५}{र}=९०$ ...(३)

और $\frac{२१}{य}-\frac{१५}{र}=३३$ ...(४)

अब (३) और (४) को जोड़ने से

$\frac{४१}{य}=१२३$

या $१२३\ य=४१$

$\therefore\ य=\frac{1}{3}$

य का मान (१) में प्रतिस्थापन करने से

$४\times\frac{३}{१}+\frac{३}{र}=१८$

या $\frac{३}{र}=६$

या $\frac{र}{३}=\frac{1}{6}$

$\therefore\ र=\frac{1}{2}$

उत्तर : $य=\frac{1}{3}$ और $र=\frac{1}{2}$ ।

(१८) $\frac{५}{य}+\frac{७}{र}=२९$

$\frac{८}{य}-\frac{५}{र}=१४$

(१९) $\frac{१}{य}+\frac{९}{र}=३२$

$\frac{११}{य}-\frac{१४}{र}=१३$

(२०) $\frac{१}{३य}+\frac{४}{र}=१७$
$\frac{४}{य}+\frac{५}{र}=३२$

(२१) $\frac{१}{य}+\frac{१}{र}=१५$
$\frac{३}{य}-\frac{२}{र}=१०$

(२२) $\frac{५}{य}-\frac{७}{र}=०$
$\frac{३}{य}-\frac{१}{र}=१६$

(२३) $\frac{१२}{य}-\frac{१४}{र}=४$
$\frac{१४}{य}-\frac{३}{र}=६\frac{३}{४}$

(२४) $\frac{९}{य}+\frac{२८}{र}=१०$
$\frac{१५}{य}-\frac{२१}{र}=-\frac{१}{४}$

(२५) $\frac{२}{५य}+\frac{७}{२र}=९$
$\frac{११}{य}-\frac{१३}{र}=२९$

(२६) ३य + ४र = २५य र
५य − ३र = ३य र

क्रिया : ३य + ४र = २५ य र ... (१)
५य − ३र = य र ... (२)

बारी-बारी से (१) और (२) में य र से भाग देने से

$\frac{३}{र}+\frac{४}{य}=२५$ ... (३)

और $\frac{५}{र}-\frac{३}{य}=३$ ... (४)

अब (३) को ३ से और (४) को ४ से गुणा करने से

$\frac{९}{र}+\frac{१२}{य}=७५$ ... (५)

और $\frac{२०}{र}-\frac{१२}{य}=१२$ ... (६)

अब (५) और (६) को जोड़ने से

$\frac{२९}{र}=८७$

या $\frac{र}{२९}=\frac{१}{८७}$

$\therefore र=\frac{१}{३}$

र का मान (३) में प्रतिस्थापन करने से—

$$\text{३} \times \frac{\text{३}}{\text{१}} + \frac{\text{४}}{\text{य}} = \text{२५}$$

या $$\frac{\text{४}}{\text{य}} = \text{१६}$$

$\therefore$ $$\text{य} = \frac{\text{१}}{\text{४}}$$

उत्तर : $\text{य} = \frac{\text{१}}{\text{४}}$ और $\text{र} = \frac{\text{१}}{\text{३}}$ ।

(२७) $\text{८य} - \text{३र} = \text{३ य र}$

$\text{१९य} - \text{९र} = \frac{\text{१३य र}}{\text{२}}$

(२८) $\text{२य} - \text{३र} = \text{३य र}$

$\text{५य} + \text{६र} = \text{४८ य र}$

(२९) $\text{५य} + \text{३र} = \text{३०य र}$

$\text{९य} - \text{५र} = \text{२य र}$

(३०) $\text{१४य} + \text{१८र} = \text{१३य र}$

$\text{८य} + \text{१५र} = \text{९य र}$

(३१) $\text{२य} + \text{३र} = \text{५४य र}$

$\text{७य} + \text{२र} = \text{७०य र}$

(३२) $\text{य} + \text{१२र} = \text{३३य र}$

$\text{३२र} - \text{य} = \text{५५य र}$

(३३) $\text{३य} - \text{र} = \text{य र}$

$\text{२५य} + \text{४र} = \text{७०य र}$

(३४) $\text{५य} + \text{४र} = \text{५८य र}$

$\text{३य} + \text{७र} = \text{६७य र}$

(३५) $$\frac{\text{३}}{\text{य} + \text{र}} + \frac{\text{५}}{\text{य} - \text{र}} = \text{१}$$

$$\frac{\text{३०}}{\text{य} + \text{र}} + \frac{\text{६०}}{\text{य} - \text{र}} = \text{११}$$

क्रिया :

$$\frac{\text{३०}}{\text{य} + \text{र}} + \frac{\text{६०}}{\text{य} - \text{र}} = \text{१} \qquad \text{...(१)}$$

$$\frac{\text{३}}{\text{य} + \text{र}} + \frac{\text{५}}{\text{य} - \text{र}} = \text{११} \qquad \text{...(२)}$$

इस समीकरण में यदि य+र के लिये ल और य—र के लिये व प्रतिस्थापन कर दिये जायँ, तो

$$\frac{\text{३}}{\text{ल}} + \frac{\text{५}}{\text{व}} = \text{१} \qquad \text{...(३)}$$

और $$\frac{\text{३०}}{\text{ल}} + \frac{\text{६०}}{\text{व}} = \text{११} \qquad \text{...(४)}$$

अब (३) को १० से गुणा करने से

$$\frac{३०}{ल}+\frac{५०}{व}=१० \qquad ...(५)$$

(५) को (४) में से घटाने से,

$$\frac{१०}{व}=१$$

या $\quad व=१०$

अ ात् $य-र=१०$

व का मान (३) में प्रतिस्थापन करने से—

$$\frac{३}{ल}+\frac{५}{१०}=१$$

या $\quad \frac{३}{ल}=\frac{1}{2}$

या $\quad ल=६$

अर्थात् $\quad य+र=६$

अब $\quad य+र=६ \qquad ...(६)$

और $\quad य-र=१० \qquad ...(७)$

(६) और (७) को जोड़न से

$$२य=१६$$

$\therefore \quad य=८$

य का मान (६) में तिस्थापन करने से—

या $\quad ८+र=६$

या $\quad र=२$

उत्तर: य=८ और र=२।

(३६) $\frac{७}{य+र}+\frac{९}{य-र}=६\frac{1}{2}$

$\frac{८}{य+र}+\frac{१५}{य-र}=९$

(३७) $\frac{२}{य+र}+\frac{३}{य-र}=२$

$\frac{३}{य+र}-\frac{३}{२(य-र)}=१$

(३८) $\frac{२}{य+र}+\frac{५}{य-र}=१$

$\frac{३०}{य+र}+\frac{२०}{य-र}=९\frac{1}{2}$

(३९) $\frac{१}{३(य+र)}+\frac{१}{५(य-र)}=१$

$\frac{३}{य+र}+\frac{५}{य-र}=१७$

(४०) $\frac{य+र}{३}-\frac{२}{य-र}=१$ (४१) $\frac{य-२}{४}+\frac{२}{र-१}=२$

$\frac{य+र}{४}+\frac{३}{य-र}=३$ $\frac{२(य-२)}{५}+\frac{३}{२(र-१)}=२\frac{७}{२०}$

(४२) $\frac{२}{य-१}+\frac{३}{य+र}=२$ (४३) $\frac{१}{३(य+१)}+\frac{१}{२(र-२)}=९$

$\frac{१}{य-१}+\frac{२}{य+र}=१\frac{१}{६}$ $\frac{१}{२(य+१)}+\frac{१}{७(र-२)}=५$

(४४) क य+ख र=ग ...(१)

च य+छ र=ज ...(२)

क्रिया : (१) को च से और (२) को क से गुणा करने से

क च य+ख च र=ग च ...(३)

और क च य+क छ र=क ज ..(४)

(४) को (३) में से घटाने से—

ख च र—क छ र=ग च—क ज

या (ख च—क छ)र=ग च—क ज

$\therefore$ $र=\frac{ग च-क ज}{ख च-क छ}$

फिर (१) को छ से और (२) को ख से गणा करने से

क छ य+ख छ र=ग छ ..(५)

और ख च य+ख छ र=ख ज ..(६)

अब (६) को (५) में से घटाने पर

(क छ—ख च)य=ग छ—ख ज

$\therefore$ $य=\frac{ग छ-ख ज}{क छ-ख च}$

अतः $य=\frac{ग छ-ख ज}{क छ-ख च}$

और $र=\frac{ग च-ख ज}{ख च-क छ}$

(४५) $क य+ख र=क^२+ख^२$ (४६) क य+ख र=२ क ख

$\frac{य}{क}+\frac{र}{ख}=२$ य—र=ख—क

(४७) $च य + छ र = ज$ (४८) $\frac{क}{य} + \frac{ख}{र} = ग$

$छ य - च र = 0$ $\frac{ख}{य} + \frac{क}{र} = ज$

(४९) $(क + ख) य - (क - ख) र = ३ क ख$ [इला० १८८९]

$(क + ख) र - (क - ख) य = क ख$

चौथी रीति : तीर्यक् गुणन (Cross Multiplication) **द्वारा**

हल करो:—

$$क_1 य + ख_1 र + ग_1 = 0 \quad \ldots (1)$$
$$क_2 य + ख_2 र + ग_2 = 0 \quad \ldots (2)$$

(१) को $क_2$ से और (२) को $क_1$ से गुणा करने पर

$$क_2 क_1 य + क_2 ख_1 र + ग_1 क_2 = 0 \quad \ldots (3)$$
$$क_1 क_2 य + क_1 ख_2 र + ग_2 क_1 = 0 \quad \ldots (4)$$

अब (४) में से (३) घटाने से

$$(क_1 ख_2 - क_2 ख_1) र + ग_2 क_1 - ग_1 क_2 = 0$$

या $(क_1 ख_2 - क_2 ख_1) र = ग_1 क_2 - ग_2 क_1$

या $$\frac{र}{ग_1 क_2 - ग_2 क_1} = \frac{1}{क_1 ख_2 - क_2 ख_1} \quad \ldots (5)$$

इसी प्रकार (१) को $ख_2$ से और (२) को $ख_1$ से गुणा करके पहले गुणनफल को दूसरे गुणनफल में से घटाने से—

$$\frac{य}{ख_1 ग_2 - ख_2 ग_1} = \frac{1}{क_1 ख_2 - क_2 ख_1} \quad \ldots (6)$$

इसलिये (५) और (६) से

$$\frac{य}{ख_1 ग_2 - ख_2 ग_1} = \frac{र}{ग_1 क_2 - ग_2 क_1} = \frac{1}{क_1 ख_2 - क_2 ख_1}$$

यह फल निम्न प्रकार से प्रकट किया जा सकता है:—

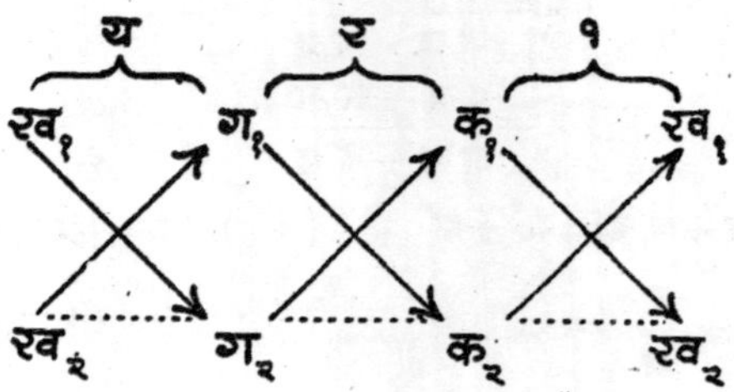

गुणकों को आर-पार गुणा किया जाता है। तीर का वह सिरा जो नीचे को झुका है, प्रकट करता है कि गुणनफल **धनात्मक** है और तीर का वह सिरा जो ऊपर की ओर उठा है, प्रकट करता है कि गुणनफल **ऋणात्मक** है। स रीति को **तीर्यक् गुणक की क्रिया** कहते हैं; क्योंकि इसमें **य**, **र** और **१** के हर गुणकों को आर-पार गुणा करने से प्राप्त होते हैं।

इन हरों को प्राप्त करने के लिये निम्न बातें स्मरण रखो:—

(१) दोनों समीकरण **क य + ख र + ग = ०** के रूप में लिखे जाते हैं।

(२) **ग** को **१** का गुणक समझा जाता है।

(३) **र**, **१**, **य** और **र** के गुणक क्रम से दो पंक्तियों में जाते हैं।

(४) **य** का हर = (पहले समीकरण में **र** का गुणक × दूसरे समीकरण में **१** का गुणक) − (दूसरे समीकरण में **र** का गुणक × पहले समीकरण में **१** का गुणक)।

(५) **र** का हर = (पहले समीकरण में **१** का गुणक × दूसरे समीकरण में **य** का गुणक) − (दूसरे समीकरण में **१** का गुणक × पहले समीकरण में **य** का गुणक)।

(६) **१** का हर = (पहले समीकरण में **य** का गुणक × दूसरे समीकरण में **र** का गुणक) − (दूसरे समीकरण में **य** का गुणक × पहले समीकरण में **र** का गुणक)।

प्रश्नावली ४७

निम्नलिखित को हल करो:—

(१) २य + ३र = १७
    ५य − ४र = ८

क्रिया : **२य + ३र − १७ = ०**
    ५य − ४र − ८ = ०

गुणकों को निम्नानुसार लिखने से

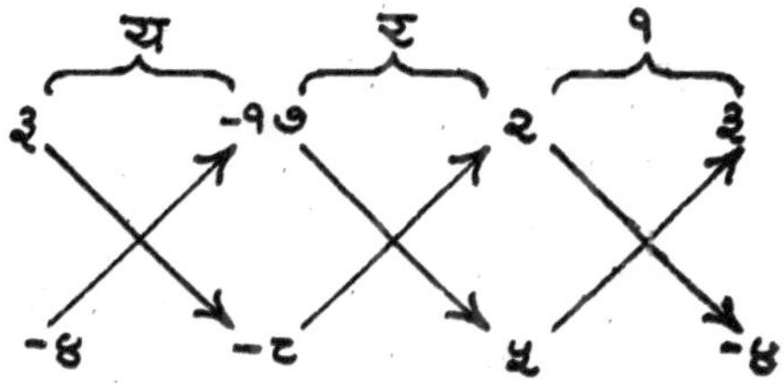

अर्थात् $\frac{य}{३+(-८)-(-४)(-१७)}=\frac{र}{(-१७)\times ५-(-८)\times २}$

$=\frac{१}{२\times(-४)-५\times ३}$

या $\frac{य}{-२४-६८}=\frac{र}{-८५+१६}=\frac{१}{-८-१५}$

या $\frac{य}{-९२}=\frac{र}{-६९}=\frac{१}{-२३}$

या य=४ और र=३

उत्तर : य=४ और र=३।

(२) ३य+४र=२३
५य−३र=१९

(३) ६य−५र=११
३य−२र=८

(४) $य+\frac{र-२}{३}=४$

$\frac{य+३र}{३}+\frac{य-र}{२}=५$

(५) $\frac{य-१}{२}+\frac{र+२}{३}=४$

$\frac{४य-र}{४}+\frac{य+५र}{५}=९$

(६) $\frac{२य+१}{३}+४र=२९$

$३य+\frac{र-१}{५}=२२$

(७) $\frac{३य-१}{४}+३र=८$

$य+\frac{२र+१}{५}=४$

(८) ३य+५य=७य+२र=२९

क्रिया : ३य+५र−२९=०

और ७य+२र−२९=०

तीर्यक् गुणा द्वारा

$\frac{य}{५\times(-२९)-२(-२९)}=\frac{र}{(-२९)\times ७-(-२९)\times ३}$

$=\frac{१}{३\times २-७\times ५}$

या $\frac{य}{-८७}=\frac{र}{-११६}=\frac{१}{-२९}$

या $\frac{य}{३}=\frac{र}{४}=\frac{१}{१}$ या य=३, और र=४

उत्तर : य=३ और र=४ ।

(९) $४य-३र=११=य+२र$

(१०) $६य+७र=३२=८य+४र$

(११) $८य-५र=२=य-\frac{र-२}{२}$

(१२) $\frac{३य-र}{२}-\frac{य+र}{३}=७य-९र=४$

तीन अज्ञात राशियोंवाले समीकरण

तीयक गुणन द्वारा

जब समीकरण निम्न प्रकार के हों, तब तीर्यक् गुणन द्वारा इनका हल सरलता पूर्वक हो सकता है ।

$क_१य+ख_१र+ग_१ल=०$ ....(१)

$क_२य+ख_२र+ग_२ल=०$ ....(२)

$क_३य+ख_३र+ग_३ल=च$ ....(३)

क्रिया

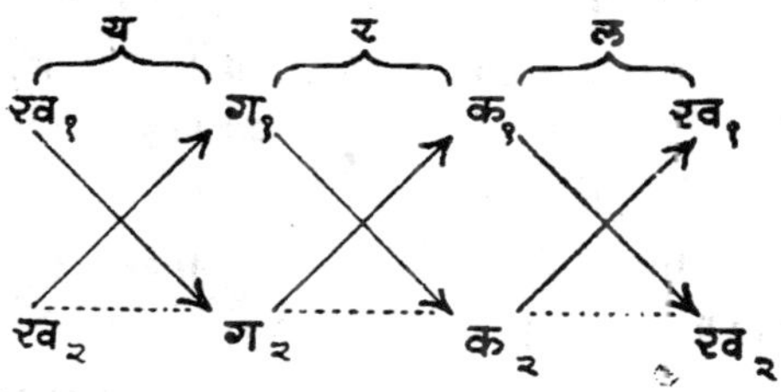

तीर्यक् गुणन द्वारा

$$\frac{य}{ख_१ग_२-ख_२ग_१}=\frac{र}{ग_१क_२-ग_२क_१}=\frac{ल}{क_१ख_२-क_२ख_१}$$

मान लिया कि प्रत्येक अनुपात स के बराबर हैं

तब $य=स\,(ख_१ग_२-ख_२ग_१)$ ....(४)

$र=स\,(ग_१क_२-ग_२क_१)$ ....(५)

$ल=स\,(क_१ख_२-क_२ख_१)$ ....(६)

अब य, र और ल का मान (३) में प्रति स्थापन करने से

$$क_३स\,(ख_१ग_२-ख_२ग_१)+ख_३स\,(ग_१क_२-ग_२क_१)+ ग_३स\,(क_१ख_२-क_२ख_१)=च$$

या $स\{क_3(ख_1ग_2-ख_2ग_1)+ख_3(ग_1क_2-ग_2क_1)+ग_3(क_1ख_2-क_2ख_1)\}=च$

या $स=\frac{च}{क_3(ख_1ग_2-ख_2ग_1)+ख_3(ग_1क_2-ग_2क_1)+ग_3(क_1ख_2-क_2ख_1)}$

अब स का मान क्रमशः (४), (५) और (६) म प्रतिस्थापन द्वारा

$$य=\frac{च(ख_1ग_2-ख_2ग_1)}{क_3(ख_1ग_2-ख_2ग_1)+ख_3(ग_1क_2-ग_2क_1)+ग_3(क_1ख_2-क_2ख_1)}$$

$$र=\frac{च(ग_1क_2-ग_2क_1)}{क_3(ख_1ग_2-ख_2ग_1)+ख_3(ग_1क_2-ग_2क_1)+ग_3(क_1ख_2-क_2ख_1)}$$

और $ल=\frac{च(क_1ख_2-क_2ख_1)}{क_3(ख_1ग_2-ख_2ग_1)+ख_3(ग_1क_2-ग_2क_1)+ग_3(क_1ख_2-क_2ख_1)}$

प्रश्नावली ४८

निम्नलिखित को हल करो :—

(१) $२य+४र-५ल=०$
$३य-१३र+२ल=०$
$३य+५र+६ल=२६$

क्रिया : $२य+४र-५ल=०$ ..(१)
$३य-१३र+२ल=०$ ..(२)
$३य+५र+६ल=२६$ ..(३)

तीर्यक् गुणन द्वारा

$$\frac{य}{४\times२-(-१३)(-५)}=\frac{र}{(-५)\times३-२\times२}=\frac{ल}{२\times(-१३)-३\times४}$$

या $\frac{य}{८-६५}=\frac{र}{-१५-४}=\frac{ल}{-२६-१२}$

या $\frac{य}{-५७}=\frac{र}{-१९}=\frac{ल}{-३८}$

या $\frac{य}{३}=\frac{र}{१}=\frac{ल}{२}$

मान लिया कि प्रत्येक अनपात स के बराबर है

∴ य = ३स .. (४)

र = स .. (५)

और ल = २स .. (६)

अब य, र और ल का मान (३) में प्रतिस्थापन से

३ × ३स + ५ × स + ६ × २स = २६

या ९स + ५स + १२स = २६

या २६स = २६

या स = १

अतः स का मान क्रमशः (४) (५) और (६) में प्रतिस्थापन से

∴ य = ३, र = १ और ल = २

उत्तर : य = ३, र = १, ल = २ ।

(२) ४य − ३र − ३ल = ०
३य − र − ४ल = ०
य + २र + ५ल = ४८

(३) २य + ३र + ४ल = ०
५य + ६र + ९ल = ०
३य + ४र + ५ल = २

(४) ३य + र − २ल = ०
२य − ११र + ल = ०
२य + ४र + ३ल = २५

(५) ५य − ४र + ६ल = ०
३य + २र − १४ल = ०
४य − ५र + १६ल = ४

(६) य − ६र + ४ल = ०
२य + ८र − ७ल = ०
४य + ५र + ३ल = ३५

(७) २य + ७र − ५ल = ०
३य + ८र − ६ल = ०
३य + ४र + २ल = २८

(८) ३य + ३र + ३ल = ०
५य + ८र + ६ल = ०
४य + ५र + ७ल = ८

(९) ३य + ६र − ५ल = ०
५य − ७र + ३ल = ०
$\frac{१}{य} + \frac{२}{र} + \frac{३}{ल} = ३$

(१०) ३य + २र − ३ल = ०
४य − ४र + ल = ०
$\frac{२}{य} + \frac{३}{र} + \frac{४}{ल} = ३६$

(११) २य + ३र − ९ल = ०
४य − र − ४ल = ०
$\frac{१}{य} + \frac{२}{र} + \frac{३}{ल} = -\frac{१}{६}$

(१२) य + र + ल = ०
कय + खर + गल = ०
$क^२य + ख^२र + ग^२ल = (क - ख)(ख - ग)(ग - क)$

लोप-रीति द्वारा

इस रीति के अनुसार दिये हुये तीन समीकरणों में से सुविधा अनुसार दो-दो समीकरणों को लेकर दो जोड़े बनाये जाते हैं। फिर न समीकरणों के दो जोड़ों में से किसी एक अज्ञात राशि को लोप किया जाता है। ऐसा करने से नये दो समीकरणों का एक ऐसा जोड़ा तयार होता है, जिसमें केवल दो ही अज्ञात राशियाँ रहती हैं। इस प्रकार के समीकरणों को किसी भी पिछली बताई हुई रीति से हल किया जा सकता है। जब दो अज्ञात राशियों का मान ज्ञात हो जाता है, तब इनके मानों को दिये हुय तीनों समीकरणों में से किसी एक में प्रतिस्थापन करके ऊपर की तीसरी अज्ञात राशि का मान ज्ञात किया जाता है।

प्रश्नावली ४६

निम्नलिखित को हल करो :—

(१) २य + ३र + ४ल = २६
३य + ४र + ५ल = ३८
५य + ७र − ३ल = १६

क्रिया : २य + ३र + ४ल = २६ ..(१)
३य + ४र + ५ल = ३८ ..(२)
५य + ७र − ३ल = १६ ..(३)

(१) को ५ से और (२) को ४ से गुणा करने पर
१०य + १५र + २०ल = १४५ ..(४)
१२य + १६र + २०ल = १५२ ..(५)

अब (५) में से (४) को घटाने पर
२य + र = ७ ..(६)

फिर (२) को ३ से और (३) को ५ से गुणा करने पर
९य + १२र + १५ल = ११४ ..(७)
२५य + ३५र − १५ल = ९५ ..(८)

अब (७) और (८) को जोड़ने से
३४य + ४७र = २०९ ..(९)

फिर (६) को १७ से गुणा करने से

$$३४य + १७र = ११९ \quad \ldots(१०)$$

(९) में से (१०) को घटाने से

$$३०र = ९०$$

या $र = ३$

अब र का मान (६) में प्रतिस्थापन करने से

$$२य + ३ = ७$$

या $२य = ४$

या $य = २$

फिर य और र के मानों को (१) में प्रतिस्थापन करने से

$$२ \times २ + ३ \times ३ + ४ल = २९$$

या $४ल = २९ - ४ - ९$

या $४ल = १६$

$\therefore$ $ल = ४$

उत्तर : य=२, र=३ और ल=४।

(२) $य + २र + ३ल = १४$
$३य + ४र + ५ल = २६$
$२य + ३र + ४ल = २०$

(३) $३य + ४र + ६ल = ४०$
$५य + ३र + ७ल = ४३$
$४य + ५र + ४ल = ४०$

(४) $४य - ५र + ६ल = ३२$
$३य + ८र - ४ल = ५$
$५य - ३र + ५ल = ३४$

(५) $३य + ४र + २ल = ७$
$५य - ६र - ३ल = १८$
$६य + ५र + ५ल = ३$

(६) $७य - ४र = ८$
$५र - ३ल = ७$
$८ल - ७य = २०$

(७) $५य + ३र = २५$
$५र + ७ल = ३२$
$९ल + ११य = ३१$

(८) $\frac{१}{य} + \frac{२}{र} + \frac{३}{ल} = १४$
$\frac{५}{य} - \frac{३}{र} + \frac{४}{ल} = ११$
$\frac{७}{य} + \frac{४}{र} - \frac{२}{ल} = ९$

(९) $\frac{३}{य} + \frac{२}{र} + \frac{१}{ल} = ९$
$\frac{४}{य} - \frac{३}{र} - \frac{५}{ल} = २६$
$\frac{५}{य} + \frac{४}{र} + \frac{३}{ल} = ११$

(१०) $\frac{२}{य}-\frac{३}{य}+\frac{४}{ल}=१९$

$\frac{३}{य}+\frac{४}{र}-\frac{३}{ल}=९$

$\frac{५}{य}-\frac{७}{र}+\frac{६}{ल}=२९$

(११) २र ल−३ल य+४य र=११य र ल

३र ल+४ल य+५य र=३८य र ल

४र ल+७ल य−६य र= ५य र ल

[संकेत : दोनों पक्षों को य र ल से भाग दो]

(१२) ३र ल+२ल य−५य र=१२य र ल

४ल य−३ल य+६य र=६य र ल

८ल य−५ल य−३य र=य र ल

(१३) ४र ल−९ल य+१५य र=२य र ल

६र ल+१५ल य−२५य र=३य र ल

र ल+ल य+य र=१$\frac{१}{३०}$य र ल

(१४) य+र−३ल=−क

ल+य−३र=−ख

र+ल−३य=−ग [मद्रास १८८१]

विशेष प्रकार के समीकरण

प्रश्नावली ५०

निम्नलिखित को हल करो :—

(१) य+र=५

र+ल=७

ल+य=६

क्रिया : य+र=५ .. .. .. (१)

र+ल=७ .. .. .. (२)

ल+य=६ .. .. .. (३)

(१), (२) और (३) को जोड़ने से

$$२य+२र+२ल=१८$$

या $य+र+ल=९ \quad .. \quad .. \quad .. \quad (४)$

अब (४) म से (२) घटाने से

$$य=२$$

सी प्रकार (४) में से क्रमशः (३) और (१) को घटाने से

$$र=३ \text{ और } ल=४$$

उत्तर : य=२, र=३, ल=४ ।

(२) $य+र=१$
$र+ल=२$
$ल+य=९$

(३) $य+र=१$
$र+ल=७$
$ल+य=२$

(४) $\frac{१}{य}+\frac{१}{र}=५$
$\frac{१}{र}+\frac{१}{ल}=८$
$\frac{१}{ल}+\frac{१}{य}=७$

(५) $\frac{२}{य}+\frac{३}{र}=१८$
$\frac{३}{र}+\frac{४}{ल}=४$
$\frac{४}{ल}+\frac{२}{य}=-२$

(६) $य\,र=८$
$र\,ल=२४$
$ल\,य=१२$

क्रिया : $य\,र=८ \quad .. \quad .. \quad ... \quad (१)$
$र\,ल=२४ \quad .. \quad .. \quad .. \quad (२)$
$ल\,य=१२ \quad .. \quad .. \quad .. \quad (३)$

(१), (२) और (३) को आपस म गुणा करने से

$$य^२र^२ल^२ = २३०४$$

दोनों पक्षों का वर्गमूल लेने से

$$य\,र\,ल=\pm ४८ \quad .. \quad .. \quad (४)$$

(४) में क्रमशः (२), (३) और (१) का भाग देने से

$$य=\pm २, र=\pm ४ \text{ और } ल=\pm ६$$

उत्तर : य=२, र=४, ल=६
य=−२, र=−४, ल=−६ ।

(७) य र = १२
र ल = २०
ल य = १५

(८) य र = २०
र ल = ३०
ल य = २४

(९) $\frac{१}{य र} = ६$
$\frac{१}{र ल} = १२$
$\frac{१}{ल य} = ८$

(१०) $\frac{१}{य र} = \frac{१}{३०}$
$\frac{१}{र ल} = \frac{१}{४२}$
$\frac{१}{ल य} = \frac{१}{३५}$

(११) (य+र) (र+ल) = ६३
(र+ल) (ल+य) = ७२
(ल+य) (य+र) = ५६

(१२) (य−र) (र−ल) = १
(र−ल) (ल−य) = −२
(ल−य) (य−र) = −२

(१३) $\frac{य र}{य+र} = \frac{१}{५}$, $\frac{र ल}{र+ल} = \frac{१}{८}$, $\frac{ल य}{ल+य} = \frac{१}{७}$

क्रिया :

$$\frac{य र}{य+र} = \frac{१}{५} \quad ...(१)$$

$$\frac{र ल}{र+ल} = \frac{१}{८} \quad ...(२)$$

$$\frac{ल य}{ल+य} = \frac{१}{७} \quad ...(३)$$

(१), (२) और (३) का क्रमशः विलोम लेन से

$$\frac{य+र}{य र} = ५ \quad \text{या} \quad \frac{१}{य} + \frac{१}{र} = ५ \quad ....(४)$$

$$\frac{र+ल}{र ल} = ८ \quad \text{या} \quad \frac{१}{र} + \frac{१}{ल} = ८ \quad ....(५)$$

और $$\frac{ल+य}{ल य} = ७ \quad \text{या} \quad \frac{१}{ल} + \frac{१}{य} = ७ \quad ....(६)$$

अब (४), (५) और (६) को जोड़ने से

$$२\left(\frac{१}{य} + \frac{१}{र} + \frac{१}{ल}\right) = २०$$

$$\text{या} \quad \frac{१}{य} + \frac{१}{र} + \frac{१}{ल} = १० \quad ....(७)$$

(७) म से क्रमशः (५), (६) और (४) घटाने से

$$\frac{१}{य} = २ \quad या \quad य = \frac{१}{२}$$

$$\frac{१}{र} = ३ \quad या \quad र = \frac{१}{३}$$

और $$\frac{१}{ल} = ५ \quad या \quad ल = \frac{१}{५}$$

उत्तर : $य = \frac{१}{२}, र = \frac{१}{३}, ल = \frac{१}{५}$

(१४) $\frac{य\,र}{य+र} = \frac{१}{६}$

$\frac{र\,ल}{ल+र} = \frac{१}{११}$

$\frac{ल\,य}{ल+य} = \frac{१}{१०}$

(१५) $\frac{य\,र}{३य+२र} = \frac{१}{१८}$

$\frac{र\,ल}{५र+३ल} = \frac{१}{३७}$

$\frac{ल\,य}{३ल+५य} = \frac{१}{३४}$

(१६) $ल(य+र) = ५४$

$य(र+ल) = ४४$

$र(ल+य) = ५०$

(१७) $य(य+र+ल) = १८$

$र(य+र+ल) = २७$

$ल(य+र+ल) = ३६$

समकालिक समीकरण पर आधारित प्रश्न

प्रश्नावली ५१

(१) किसी पेड़ की डाली पर चिड़ियों के दो झुण्ड अलग-अलग बैठे थे। पहले झुण्ड के नायक ने दूसरे झुण्ड के नायक से कहा कि यदि तुम अपने झुण्ड में से ५ चिड़ियाँ मुझे दे दो, तो हम तुम बराबर हो जायँगे। तब दूसरे झुण्ड के नायक ने कहा कि यदि तुम अपने गिरोह से ५ चिड़ियाँ मुझे दे दो, तो मैं तुम्हारे दूना हो जाऊँ। दोनों गिरोहों में अलग-अलग कितनी चिड़ियाँ थी ?

क्रिया : मान लिया कि पहले गिरोह में य चिड़ियाँ,

और दूसरे में र चिड़ियाँ थीं।

जब दूसरे गिरोह की ५ चिड़ियाँ निकल कर पहले गिरोह में सम्मिलित हो जाती हैं; तब पहले गिरोह में य + ५ चिड़ियाँ

और दूसरी गिरोह में र − ५ चिड़ियाँ हो गईं।

इसलिए पहली शर्त के अनुसार

$$य + ५ = र - ५ \quad ..(१)$$

इसी प्रकार दूसरी शर्त के अनुसार

$$२(य - ५) = र + ५ \quad ..(२)$$

(१) से $य - र = -१०$ ..(३)

और (२) से $२य - र = १५$ ..(४)

(४) में से (३) घटाने से

$$य = २५$$

य का मान (१) में रखने से

$$२५ + ५ = र - ५$$

या $र = ३५$

उत्तर : पहले गिरोहमें २५ चिड़ियाँ और दूसरी गिरोहमें ३५ चिड़ियाँ थीं।

(२) बालचरों की दो टोलियाँ अलग-अलग बैठी थीं। पहली टोली के नायक ने दूसरी टोली के नायक से कहा कि यदि तुम अपनी टोली में से ८ बालचर मुझे दे दो, तो मेरी टोली तुम्हारी टोली के बराबर होगी। तब दूसरी टोली के नायक ने कहा कि यदि तुम अपनी टोली में से ८ बालचर मुझे दे दो, तो मेरी टोली में बालचर तुम्हारी टोली के दूने हो जायँगे। दोनों टोलियों में बालचरों की संख्या अलग-अलग बताओ।

(३) किसी समिति में किसी प्रस्ताव पर दो मत हो गये। मतदान के पहले देखा गया कि समर्थकों में से यदि ५ सदस्य विरोधी-दल में मिल जाते हैं, तो पक्ष और विपक्ष में बराबर-बराबर मत मिलेंगे। परन्तु यदि विरोधी दल का केवल एक सदस्य समर्थकों के साथ मिल जाता है, तब विपक्ष के दूने मत पक्ष में मिलेंगे। समिति में कुल कितने सदस्य थे ?

(४) चिड़ियों की दो टोलियाँ किसी पेड़ पर अलग-अलग बैठी थीं। जब पहली टोली में से ५ चिड़ियाँ उड़ कर दूसरी में बैठ जाती थीं, तब दोनों टोलियों में बराबर-बराबर चिड़ियाँ हो जाती थीं। परन्तु जब दूसरी टोली से उड़कर ३ चिड़ियाँ पहली टोली में बैठ जाती थीं, तब पहली टोली में दूसरी टोली के दूनी चिड़ियाँ हो जाती थीं। पहली टोली में कितनी चिड़ियाँ थी ?

(५) एक संख्या का दूना दूसरी संख्या के ढाई गुने से ५ कम है। और पहली संख्या का ढ़ाई गुना दूसरी संख्या के तीन गुने के बराबर है। दोनों संख्याओं को बताओ।

(६) कल्लू और मल्लू कुछ रुपयों से जुआ खेलने लगे। जब कल्लू ने मल्लू के ६ रु० जीत लिये, तब उसके पास मल्लू के रुपये के दूने रुपये हो गये। परन्तु यदि मल्लू ने कल्लू के ६ रुपये जीत लिये होते तब दोनों के पास बराबर रुपये हो जाते। दोनों के पास अलग-अलग कितने रुपये थे?

(७) किसी भिन्न के हर में यदि १ जोड़ दिया जाता है, तो वह $\frac{१}{५}$ हो जाती है और जब अंश में ४ जोड़ दिया जाता है, तब वह $\frac{२}{३}$ हो जाती है। उस भिन्न को बताओ।

क्रिया : मान लो कि इष्ट भिन्न $\frac{य}{र}$ है।

पहली शर्त के अनुसार

$$\frac{य}{र+१}=\frac{१}{५} \qquad ....(१)$$

और दूसरी शर्त के अनुसार

$$\frac{य+४}{र}=\frac{२}{३} \qquad ....(२)$$

(१) से $५य=र+१$ या $५य-र=१$ ....(३)

और (२) से $३य+१२=२र$ या $३य-२र=-१२$ ....(४)

(३) को २ से गुणा करके गुणनफल में से (४) को घटाने से,

$$७\ य=१४$$

या $य=२$

य का मान (३) में प्रतिस्थापन करने से

$$५\times२-र=१$$

या $र=९$

उत्तर : अभीष्ट भिन्न $\frac{२}{९}$ है।

(८) वह कौन-सी भिन्न है, जो $\frac{१}{२}$ हो जाती है जब उसके अंश में से १ घटाया जाता है अथवा हर में २ जोड़ा जाता है?

(९) किसी भिन्न के अंश में से २ घटान पर वह $\frac{३}{८}$ हो जाती है और हर में ७ जोड़ने से वह $\frac{१}{२}$ ो जाती है। वह भिन्न क्या है ?

(१०) वह भिन्न बताओ जो $\frac{५}{७}$ हो जाती है, जब उसके अंश में १ जोड़ा जाता है और जो $\frac{३}{४}$ हो जाती है; जब उसके हर में से २ घटाया जाता है।

(११) किसी भिन्न के हर में २ जोड़ने और अंश में से १ घटाने से वह $\frac{१}{३}$ हो जाती है और अंश में २ जोड़ने और हर में से १ घटाने से वह $\frac{३}{८}$ हो जाती है, वह भिन्न बताओ।

(१२) किसी भिन्न के अंश और हर के योगफल से ६३ में भाग देने से भजनफल ३ और शेष ९ प्राप्त होते हैं; और जब उनके अन्तर से १६ में भाग दिया जाता है, तब भजनफल ४ आता है। वह भिन्न बताओ।

(१३) एक संख्या दो अंकों की बनी है। वह संख्या अपने स्थानीय अंकों के योगफल के आठ गुनी है। जब अंकों का स्थान बदल दिया जाता है, तब नई संख्या पुरानी संख्या से ४५ कम हो जाती है। नई संख्या बताओ।

क्रिया : मान लो कि उस संख्या के इकाई और दहाई के अंक क्रमशः य और र हैं।

पहली शर्त के अनुसार

$$१०र+य=८(य+र) \qquad ....(१)$$

और दूसरी शर्त के अनुसार

$$१०य+र=१०र+य-४५ \qquad ....(२)$$

(१) से $२र-७य=०$ ....(३)

और (२) से $९य-९र=-४५$ ....(४)

(३) से $र=\frac{७य}{२}$ ..(५)

र का मान (४) में प्रतिस्थापन करन से

$$९य-\frac{९\times ७य}{२}=-४५$$

या $४५य=९०$, या $य=२$

य का मान (५) में प्रतिस्थापन करने से, $र=७$

∴ अभीष्ट संख्या ७२ है

उत्तर : ७२।

(१४) एक संख्या दो अंकों से बनी है। वह संख्या अपने स्थानीय अंकों के योगफल के ७ गुनी है। जब उसके अंकों के स्थान बदल दिये जाते हैं तब नई संख्या का सात ुना पुरानी संख्या के चार गुना के बराबर होता है। उस संख्या को मालूम करो।

(१५) एक संख्या ो अंकों की है। जब उन अंकों के जोड़ से ७५ में भाग दिया जाता है, तब भजनफल ६ और शेष ९ प्राप्त होते हैं। और जब उन अंकों के अन्तर से उस संख्या में, जो अंकों के स्थान परिवर्तन से बनती है भाग दिया जाता है तब भजनफल और शेष क्रम से १५ और २ आते हैं। वह संख्या क्या है?

(१६) १० और १०० के बीच एक संख्या है, जो अपने स्थानीय अंकों के योगफल का ५ गुनी है। जब उसके अंकों के स्थान बदल दिये जाते ह, तब नई संख्या पुरानी से ९ अधिक हो जाती है। वह संख्या बताओ।

(१७) १० और १०० के बीच एक संख्या अपने स्थानीय अंकों के जोड़ के ५ गुने से १३ अधिक है। जब अंकों के स्थान बदल जाते हैं तब नई संख्या पुरानी संख्या से ९ छोटी हो जाती है। उस संख्या को बताओ।

(१८) एक संख्या दो अंकों से बनी है। वह अपने स्थानीय अंकों के जोड़ से दूनी है; परन्तु जब उसके अंकों का स्थान बदल दिया जाता है तब नई संख्या उन अंकों के योगफल के वर्ग के बराबर हो जाती है। उस संख्या को बताओ।

✓(१९) **३ पुरुष और ५ स्त्रियाँ मिलकर किसी काम को ५ दिन में कर सकते हैं, और उसी काम को ४ पुरुष और १० स्त्रियां ३ दिन में करती हैं। बताओ एक पुरुष अथवा एक स्त्री उसी काम को कितन दिनों में कर लेगी?**

क्रिया : मान लिया कि एक आदमी पूरा काम य दिन में कर लेता है, और एक स्त्री पूरा काम र दिन में कर लेती है।

१ आदमी का १ दिन का काम $=$ पूरे काम का $\frac{१}{य}$

१ स्त्री का ,, ,, $=$ पूरे काम का $\frac{१}{र}$

$\therefore$ १ दिन का ३ पुरुषों और ५ स्त्रियों का काम

$=$ पूरे काम का $\left(\frac{३}{य}+\frac{५}{र}\right)$

परन्तु प्रश्न के अनुसार १ दिन का ३ पुरुषों और ५ स्त्रियों का काम $=$पूरे काम का $\frac{१}{५}$

$$\therefore \quad \frac{३}{य}+\frac{५}{र}=\frac{१}{५} \quad \ldots(१)$$

इसी प्रकार $$\frac{४}{य}+\frac{१०}{र}=\frac{१}{३} \quad \ldots(२)$$

(१) को २ से गुणा करके, गुणनफल में से (२) को घटाने से

$$\frac{२}{य}=\frac{१}{१५}$$

$$य=३०$$

य का मान (१) में प्रतिस्थापन करने से

$$\frac{३}{३०}+\frac{५}{र}=\frac{१}{५}$$

$$\text{या} \quad \frac{५}{र}=\frac{१}{१०}$$

$$\therefore \quad र=५०$$

उत्तर : उस काम को १ पुरुष ३० दिन में और १ स्त्री ५० दिन में कर सकती है।

(२०) दो पुरुष और ४ बालक किसी काम को ५ दिन में कर सकते हैं और उसी काम को ४ पुरुष और २ बालक ४ दिन में कर सकते हैं। एक आदमी या एक बालक उसी काम को कितने दिनों में कर सकता है ?

(२१) ५ मर्द और २ स्त्रियाँ किसी काम को ४ दिन में कर सकती हैं। और ३ मर्द और १० स्त्रियाँ उसी काम को ३ दिन में कर सकती हैं, बताओ १ मर्द उस काम को अकेले कितने दिनों में कर लेगा ?

(२२) ६ मर्द और ५ बालक किसी काम को २ दिन में कर सकते हैं, और २ मर्द और ३ बालक उसी काम को ५ दिन में कर सकते हैं। एक बालक उस काम को कितने दिन में कर लेगा ?

(२३) ४ मर्द और ७ बालक जिस काम को ४ दिन में कर सकते हैं, ६ मर्द और ८ बालक उसी काम को ३ दिन में कर लेते हैं। बताओ १ मर्द या १ बालक उस काम का कितने दिन में कर लेगा ?

(२४) ५ बालक और ३ मर्द जिस काम को ४ दिन में कर लेते हैं, उसी काम को १५ बालक और ४ मर्द २ दिन में कर लेते हैं। बताओ १ बालक उसी काम को कितने दिनों में कर लेगा ?

(२५) **एक मजदूर ३० दिन के लिये काम पर इस शर्त पर लगाया गया कि जब वह काम करेगा तब प्रति दिन २ रु० की दर से मजदूरी पायेगा; परन्तु जिस दिन वह अनुपस्थित होगा उस दिन उसे ८ आना दण्ड देना पड़ेगा। अन्त में उसे कुल १५ रु० मिले। उसने कितने दिन काम किये ?**

क्रिया : मान लिया उसने य दिन काम किया और वह र दिन काम पर से अनुपस्थित था।

∴ प्रश्न के अनुसार,

$$य + र = ३० \quad \ldots (१)$$

य दिन की मजदूरो उसको २ य पये मिले और र दिन के लिये $\frac{र}{२}$ रुपये दण्ड देना पड़ा।

$$\therefore \quad २य - \frac{र}{२} = १५ \quad \ldots (२)$$

(२) को २ से गुणा करो। फिर गुणनफल में (१) जोड़न से

$$५य = ६०$$

$$\therefore \quad य = १२$$

∴ उसने १२ दिन काम किया था

उत्तर : १२ दिन।

(२६) एक मजदूर ४० दिन के लिये काम पर इस शर्त पर लगाया गया कि जब वह काम करेगा तब वह २ रु० ८ आना प्रतिदिन की मजदूरी पायेगा, परन्तु जिस दिन वह अनुपस्थित रहेगा उस दिन उसे ८ आना दण्ड देना पड़ेगा। अन्त में उसे कुल ४६ रु० मिले। बताओ वह कितने दिनों तक काम पर से अनुपस्थित था ?

(२७) एक आदमी इस शर्त पर ३२ दिन के लिये काम करने के लिये तैयार हुआ कि जितने दिन वह काम करेगा ५ सेर चना प्रति दिन की दर

से पायेगा और २ सेर प्रतिदिन की दर से अनुपस्थित होने के कारण दंड देगा। यदि अन्त में उसे कुल २ मन १० सेर चना मिला, तो उसने कितने दिन काम किया ?

(२८) एक बढ़ई इस शर्त पर ३० दिन तक काम करने के लिये रखा गया कि उसको ३ रु० ८ आ० प्रति दिन की दर से मजदूरी मिलेगी; परन्तु जिस दिन वह काम पर से अनुपस्थित रहेगा, उसे १२ आना दंड देना पड़ेगा। अन्त में उसे कुल ६२ रु० ८ आ० मिले। उसने कितने दिनों तक काम किया था ?

(२९) ३ घोड़े और ५ गायों की कीमत १९५० रु० है और ५ घोड़े और ४ गायों की कीमत २६०० रु० है। एक घोड़े और एक गाय की कीमत अलग-अलग बताओ।

क्रिया : मान लिया कि एक घोड़े की कीमत य रुपये है
और एक गाय की कीमत र रुपये हैं

तब ३य + ५र = १९५० ....(१)

और ५य + ४र = २६०० ....(२)

इनको हल करने से य = ४०० और र = १५०

इसलिये १ घोड़े की कीमत ४०० रु० और १ गाय की कीमत १५० रु० है।

उत्तर : ४०० रु०, १५० रु०

(३०) ७ बैल और ४ गाय की कीमत २७०० ० है तथा ५ बैल और ७ गाय की कीमत २५५० रु० है। एक गाय की कीमत बताओ।

(३१) ४ टेबुल और ७ कुर्सियों की कीमत २६५ ० है तथा ६ टेबुल और १० कुर्सियों की कीमत ३९० ० है। एक टेबुल तथा एक कुर्सी की कीमत अलग-अलग बताओ।

(३२) ५ घोड़े और ९ खच्चरों की कीमत ५६५० रु० है तथा ९ घोड़े ौर ५ खच्चरों की कीमत ६२५० ० है, तो एक खच्चर की कीमत बताओ।

(३३) एक मल्लाह नदी के प्रवाह के साथ २२ मील और प्रवाह के विरुद्ध १५ मील ५ घंटे में खेता है। वह ३३ मील प्रवाह के साथ और २५ मील प्रवाह के विरुद्ध ८ घंटे में खे सकता है। मल्लाह के खेने ौर नदी के प्रवाह की चाल प्रति घंटे क्या है ?

क्रिया : मान लिया कि खड़े पानी में मल्लाह **य** मील प्र० घं० खे सकता है, और नदी के प्रवाह की चाल र मील प्र० घं० है।

तब यह स्पष्ट है कि नाव की चाल प्रवाह के साथ **य+र** मील प्र० घं० और प्रवाह के विरुद्ध **य−र** मील प्र० घं० है।

इसलिये $\frac{२२}{य+र}+\frac{१५}{य-र}=५$ ....(१)

और $\frac{३३}{य+र}+\frac{२५}{य-र}=८$ ....(२)

(१) और (२) को क्रमशः ५ और ३ से गुणा करने से

$\frac{११०}{य+र}+\frac{७५}{य-र}=२५$ ....(३)

$\frac{९९}{य+र}+\frac{७५}{य-र}=२४$ ....(४)

(३) में से (२) को घटाने से,

$\frac{११}{+र}$ $=१, \therefore य+र=११$ ....(५)

य+र का मान (१) में प्रतिस्थापन करने से

$\frac{१५}{य-र}=३ \therefore य-र=५$ ....(६)

(५) और (६) को जोड़ने से **२य=१६** या **य=८**

(५) में से (६) को घटाने से **२र=१०** या **र=३**

अतः मल्लाह के खेने और नदी के प्रवाह की चाल क्रम से

८ मील और ३ ी० प्र० घं० है।

उत्तर : ८ मी० प्र० घं०, ३ मील प्र० घं०

(३४) ६ घंटे में एक मल्लाह अपनी नाव ३६ मील नदी के प्रवाह के साथ और १८ मील प्रवाह के विरुद्ध खेता है। वह ९ घंटे में ४८ मील नदी के प्रवाह के साथ और ३० मील प्रवाह के विरुद्ध अपनी नाव ले जा सकता है। नदी के वाह की चाल तथा मल्लाह के नाव खेने की चाल प्रति घंटे क्या है ?

(३५) एक मल्लाह अपनी नाव ३० मील नदी के प्रवाह के विरुद्ध और ४४ मोल प्रवाह के साथ १४ घं में खेता है। वही २४ मील प्रवाह के वि द्ध

और ५५ मील प्रवाह के साथ १३ घंटे में खेता है। प्रवाह की चाल प्रति घंटा बताओ।

(३६) प्रवाह के विरुद्ध एक मल्लाह अपनी नाव ७$\frac{1}{2}$ घंटे में ३० मील खे सकता है और प्रवाह के साथ वह अपनी नाव २५ मिनट में ६$\frac{1}{4}$ मील ले जा सकता है। खड़े पानी में वह प्रति घंटा कितने मील खे सकता है ?

(३७) एक मुसाफिर अपने घर से जब ३ मील प्रति घंटे की चाल से चलता है, तब स्टेशन पर ५ मिनट देर में पहुंचता है। और जब ४ मील प्रति घंटे की चाल से चलता है, तब वह स्टेशन पर १० मिनट पहले पहुँचता है। उसके घर से स्टेशन कितनी दूर है और वह प्रति घंटा कितने मील चल कर स्टेशन पर ठीक समय पर पहुँचेगा ?

(३८) **एक व्यापारी ने ३० मन गेहूँ और ४० मन चना ११२० रु० में खरीदा। उसने गेहूँ को १०% लाभ से चने को ५% घाटे पर बेच दिया। उसको कुल ११५४ रुपया मिले। गेहूँ और चने के प्रति मन का क्रय मूल्य बताओ।**

क्रिया : मान लो कि गेहूँ और चने का क्रय-मूल्य प्रति मन क्रमशः **य** रुपया और **र** रुपया है।

तब ३० मन गेहूँ और ४० मन चने का क्रय-मूल्य

$$= (३०य + ४०र) \text{ रु०}$$

$$\therefore \quad ३०य + ४०र = ११२० \qquad \ldots.(१)$$

$$३० \text{ मन गेहूँ का विक्रय मूल्य} = \frac{११० \times ३०य}{१००} \text{ रुपया} = ३३य \text{ रुपया}$$

$$\text{और } ४० \text{ मन चने का } ,, \; ,, = \frac{९५ \times ४०र}{१००} \text{ रुपया} = ३८र \text{ रुपया}$$

$$\therefore \quad ३३य + ३८र = ११५४ \qquad \ldots.(२)$$

(१) और (२) को हल करने से य = २० और र = १३।

इसलिये प्रति मन गेहूँ का क्रय मूल्य = २० रुपया

और ,, चने ,, ,, = १३ रुपया।

(३९) एक व्यापारी ने ४० मन चावल और ३० मन चीनी २१८० रु० में खरीदी। उसने चावल को १५% लाभ और चीनी को ५% हानि पर

बेच दिया। इस तरह उसको कुल २३२७ रुपया मिले। चावल और चीनी का क्रय-मूल्य प्रति मन बताओ।

(४०) एक आदमी ने ४ भैंस और ३ गाय २३०० रुपये में खरीद कर, कुछ दिनों बाद भैंसों को १० प्र० सै० लाभ पर और गायों को १५ प्र० सै० लाभ पर बेच दिया। इस तरह उसको २७५ रु० का लाभ हुआ। एक भैंस और एक गाय का क्रय मूल्य अलग-अलग बताओ।

(४१) एक आदमी ने एक घोड़ा और एक गाड़ी १८०० रु० में खरीदा। कुछ दिनों बाद उसने घोड़ को १२% लाभ पर और गाड़ी को ४% हानि पर बेच दिया। इस तरह उसको कुल पर ६% लाभ हुआ। घोड़े का मूल्य बताओ।

(४२) एक व्यापारी ने कुछ सामान खरीदा। परन्तु कुछ दिनों बाद उसको न तो उस सामान का क्रय मूल्य याद रहा और न उसका तौल। केवल उसे यही याद रहा कि यदि उस सामान को वह ३० रु० प्रति मन के भाव से बेचता तो उसे १००रु० लाभ होता। और यदि २२ रु० प्रति मन के भाव से बेचता तो उसे ६० रु० की हानि होती। उस सामान का तौल और क्रय-मूल्य प्रति मन बताओ।

✓ **(४३) एक आयताकार कमरे का क्षेत्रफल १६२ व० फु० है। यदि इसकी लम्बाई और चौड़ाई चार-चार फुट बढ़ा दी जाय, तो उसका क्षेत्रफल ३२० व० फु० हो जायगा। उसकी लम्बाई और चौड़ाई बताओ।**

क्रिया : मान लिया कि इस कमरे की लम्बाई और चौड़ाई क्रमशः **य** फुट और **र** फुट है।

तब प्रश्नानुसार

$$य\,र = १६२ \quad \ldots.(१)$$

और $(य+४)(र+४) = ३२०$

या $य\,र + ४य + ४र + १६ = ३२०$

या $य\,र + ४य + ४र = ३२० - १६ = ३०४ \quad \ldots.(२)$

य र का मान दूसरे में प्रतिस्थापन करने से

$१६२ + ४य + ४र = ३०४$

या $४य + ४र = ३०४ - १६२ = ११२$

या $य + र = २८ \quad \ldots.(३)$

$\because$ (य − र)^{२} = (य + र)^{२} − ४य र

या (य − र)^{२} = ७८४ − ७६८

या (य − २)^{२} = १६

$\therefore$ य − र = ४ ....(४)

अब (३) और (४) को जोड़ने से

२य = ३२

या य = १६

और य का मान (३) में प्रतिस्थापन करने से

र = १२

उत्तर : लम्बाई = १६ फुट और चौड़ाई = १२ फुट।

(४४) एक आयताकार कमरे का क्षेत्रफल ३०० व० फुट है। यदि उस की लम्बाई और चौड़ाई पाँच-पाँच फुट बढ़ा दी जाय तो उसका क्षेत्रफल ५०० व० फु० हो जायगा। उसकी लम्बाई और चौड़ाई ज्ञात करो।

(४५) एक आयताकार मैदान यदि ६ फुट अधिक लम्बा और ५ फुट अधिक चौड़ा होता, तो उसका क्षेत्रफल ३०० व० फुट अधिक होता और यदि वह ४ फुट अधिक लम्बा और २ फुट कम चौड़ा होता, तो उसका क्षेत्रफल १२ व० फु० अधिक होता। उस कमरे की लम्बाई बताओ।

(४६) एक घास के मैदान का क्षेत्रफल १२०० व० ग० है। यदि उसकी लम्बाई ५ गज बढ़ा दी जाय और चौड़ाई ५ गज कम कर ी जाय, तो उसका क्षेत्रफल ११२५ व० फु० हो जायगा, तो ैदान की लम्बाई बताओ।

(४७) १० वर्ष पूर्व राम की आयु अपने पुत्र की आयु के ७ गुनी थी और १५ वर्ष पश्चात् अपने पुत्र की आयु के दूनी होगी। राम और उसके पुत्र की वर्तमान आयु बताओ।

क्रिया : मान लिया कि राम और उसके पुत्र की वर्तमान आयु क्रमशः य वर्ष और र वर्ष है।

इसलिये १० वर्ष पूर्व राम की आयु य − १० वर्ष थी

और उसके पुत्र की आयु र − १० वर्ष थी।

और १५ वर्ष पश्चात् राम की आयु य + १५ वर्ष होगी

और उसके पुत्र की आयु आथु र + १५ वर्ष होगी

अतः प्रश्नानुसार

य + १० = ७(र − १०) ....(१)

और य + १५ = २(र + १५) ....(२)

अब (२) में से (१) को घटाने से

५र = ७५

या र = १५

और र का मान (१) में प्रतिस्थापन करने से

य = ४५

उत्तर : पिता की वर्तमान आयु ४५ वर्ष है,
पुत्र की वर्तमान आयु १५ वर्ष है।

(४८) पिता ने पुत्र से कहा, "सात वर्ष पहले जितने बड़े तुम थे मैं उसका ७ गुना था। अब तीन वर्ष बाद मैं तुम्हारी अवस्था का तीन गुना हूँगा।" उनकी अस्वथायें निकालो।

(४९) १० वर्ष पूर्व दो पुत्रों की आयु का योगफल उनके पिता की आयु का तिहाई था। एक पुत्र दूसरे से २ वर्ष बड़ा है और उनकी वर्तमान आयु का योगफल उनके पिता की आयु से १४ वर्ष कम है। उनकी वर्तमान आयु बताओ। (अलीगढ़ १९२६)

(५०) अ, ने ब से कहा है, "मैं तुम्हारी उस समय की आयु का दूना बड़ा हूँ जब कि मैं उतना बड़ा था जितना कि तुम अब हो। उनकी वर्तमान आयु का जोड़ ६३ वर्ष है। उनकी आयु बताओ। (इलाहाबाद १९३१)

(५१) एक पिता अपने पुत्र से कहता है, "तुम्हारे जन्म से ६ **वर्ष पूर्व तुम्हारी माता से मैं** दुगुना **बड़ा था।** १० वर्ष **पूर्व तुम्हारी माता तुमसे** दूनी **बड़ी थी।** ३ वर्ष **पश्चात् मैं तुमसे** दूना **बड़ा हो जाऊँगा। तो उनकी वर्तमान आयु बताओ।** [बम्बई १९३०]

क्रिया : मान लिया कि पिता, पुत्र और माता की आयु क्रमशः य वर्ष, र वर्ष और ल वर्ष है।

इसलिये पुत्र के जन्म के ६ वर्ष पूर्व पिता की आयु

य − (र + ६) वर्ष या य − र − ६ वर्ष

और माता की आयु ल − र − ६ वर्ष

आज से १० वर्ष पूर्व माता की आयु ल − १० वर्ष

और पुत्र की आयु र − १० वर्ष

३ वर्ष पश्चात् पिता की आयु य + ३ वर्ष

और पुत्र की आयु र + ३ वर्ष

अतः प्रश्नानुसार

य $-$ र $-$ ६ $=$ २(ल $-$ र $-$ ६) ..(१)

ल $-$ १० $=$ २(र $-$ १०) ..(२)

य $+$ ३ $=$ २(र $+$ ३) ..(३)

(१), (२) और (३) से क्रमशः

य $+$ र $-$ २ल $= -$ ६ (४)

ल $-$ २र $= -$ १० (५)

य $-$ २र $=$ ३ ..(६)

(५) का दूना (४) में जोड़ने से

य $-$ ३र $= -$ २६ ..(७)

(६) में से (७) को घटाने से

र $=$ २९

र का मान क्रमशः (५) और (६) में प्रतिस्थापन से

ल $=$ ४८

और य $=$ ६१

उत्तर : पिता ६१ वर्ष

माता ४८ वर्ष

पुत्र २९ वर्ष

(५२) १८ वर्ष पहले माता अपने पुत्र की आयु की दुगुनी थी। ३२ वर्ष पूव पिता की आयु माता और पुत्र की आयु के योगके बराबर थी, पिता माता से ६ वर्ष बड़े हैं। तीनों की वर्तमान आयु बताओ। [बम्बई १९३१]

(५३) एक संख्या तीन अंकों की, जिनका योग १० है, बनी है. मध्य का अंक शेष दोनों अंकों के योग के बराबर है। यदि पहले और तीसरे अंक का स्थान परस्पर बदल दिया जाय, तो नई संख्या पहली संख्या से ९९ अधिक हो जायगी। तो संख्या बताओ। [कलकत्ता १९२३]

(५४) किसी संख्या के तीनों अंकों का जोड़ ९ है। काई और सकड़े के स्था ीय अंकों का जोड़ ६ है। संख्या में १९८ जोड़ देने से अंकों का क्रम उलट जाता है। संख्या ज्ञात करो।

(५५) एक कमरे का क्षेत्रफल ३०० व० फु० है। उसकी दोनों बड़ी दीवारों तथा छोटी दीवारों का क्षेत्रफल क्रमशः ४८० व० फु० और ३६० व० फु० उस कमरे की लम्बाई, चौड़ाई और ऊँचाई ज्ञात करो।

अध्याय ८

वर्ग समीकरण (Quadratic Equation)

उस समीकरण को जिस में अज्ञात राशि का बड़े से बड़ा घात दो हो, **वर्ग समीकरण** (Quadratic Equation) कहते हैं, जैसे--

(१) $य^२=९$
(२) $य^२-२५=०$
(३) $य^२=\frac{१६}{९}$
(४) $२५य^२=३६$
(५) $य^२+३य-४=०$
(६) $२य^२-५य+३=०$
(७) $कय^२+खय+ग=०$

ऊपर के उदाहरणों में हम देखते हैं कि (१), (२), (३) और (४) में केवल वही अज्ञात राशि है जिसका घात दो है। इस प्रकार के वर्ग समीकरण को **शुद्ध वर्ग समीकरण** (Pure Quadratic Equation) कहते हैं।

और (५), (६) और (७) में अज्ञात राशि का घात दो के अतिरिक्त एक भी है। इस प्रकार के समीकरण को **अशुद्ध वर्ग समीकरण** (Adfected Quadratic Equation) कहते हैं।

शुद्ध समीकरण

प्रश्नावली ५२

निम्नलिखित में **य** का मान बताओ :--

(१) $३य^२=१४७$

क्रिया : $३य^२=१४७$

दोनों पक्षों को ३ से भाग देने से

$य^२=४९$

अब दोनों पक्षों का वर्गमूल लेने से

$य=\pm७$

यह प्रश्न निम्न प्रकार से भी किया जा सकता है—

$३य^२=१४७$

या $य^२=४९$

या $य=\pm७$

उत्तर : $य=\pm७$।

सूचना :

(१) इससे स्पष्ट है कि शुद्ध वर्ग समीकरण में अज्ञात राशि के ो समान मान होते हैं; परन्तु इनके चिह्न विपरीत होते हैं। अथवा धनात्मक और दूसरा ऋणात्मक होते हैं।

(२) ऊपर की क्रिया में यह प्रश्न पूछा जा सकता है कि दोनों पक्षों का वर्गमूल लेने पर दाहिने पक्ष की संख्या का वर्गमूल धनात्मक तथा ऋणात्मक आता है। तब $य^२$ का वर्गमूल $\pm य$ क्यों नहीं लिया गया ?

यह बात ठीक है कि $य^२$ का वर्गमूल $\pm य$ होना चाहिये परन्तु ऐसा करने से

$$\pm य = \pm ७$$

अर्थात् $+य=+७$, $-य=-७$; $+य=-७$ अथवा $-य=-७$

इससे $य=७$, $य=-७$, $य=-७$ और $य=७$

अतः स्पष्ट है कि **य** के दो ही मान हुये एक $+७$ और दूसरा -७।

अतः वर्गमूल होते समय एक ही पक्ष का मान धनात्मक और ऋणात्मक मानना चाहिये।

(२) $य^२=३६$ (३) $य^२=६४$

(४) $२य^२=५०$ (५) $३य^२=४८$

(६) $(य-४)^२-९=०$ (७) $(य-७)^२=८१$

(८) $४य^२-३६=०$ (९) $५य^२-१२५=०$

(१०) $९य^२=६४$

क्रिया : $९य^२=६४$

या $य^२=\frac{६४}{९}$

या $य=\pm\frac{८}{३}=\pm २\frac{२}{३}$

उत्तर : $य=\pm २\frac{२}{३}$

(११) $२५य^२=१६$ (१२) $३६य^२=१२१$

(१३) $१६य^२=१६९$ (१४) $४९य^२=१४४$

(१५) $५य^२=१२०$ (१६) $८य^२=५२$

(१७) $\frac{य}{३}=\frac{३}{य}$ (१८) $\frac{२य}{५}-\frac{५}{२य}=०$

(१९) $\frac{य}{२}+\frac{२}{य}=\frac{य}{८}+\frac{८}{य}$ [उत्तर प्रदेश, १९४७]

(२०) $\frac{१+य}{१-य}+\frac{१-य}{१+य}=६\frac{१}{६}$

क्रिया : $\frac{१+य}{१-य}+\frac{१-य}{१+य}=६\frac{१}{६}$

या $\frac{(१+य)^२+(१-य)^२}{(१-य)(१+य)}=\frac{३७}{६}$

या $\frac{२य^२+२}{१-य^२}=\frac{३७}{६}$

या $१२य^२+१२=३७-३७य^२$

या $४९य^२=२५$

या $य^२=\frac{२५}{४९}$

या $य=\pm\frac{५}{७}$

उत्तर : $य=\pm\frac{५}{७}$

(२१) $\frac{२+य}{२-य}+\frac{२-य}{२+य}=४\frac{१}{४}$

(२२) $\frac{३+य}{३-य}+\frac{३-य}{३+य}=२\frac{१}{२}$

(२३) $\frac{य+५}{य-५}+\frac{य-५}{य+५}=३\frac{१}{२४}$

(२४) $\frac{य+२}{य+३}=\frac{य+४}{२य+३}$

(२५) $\frac{२}{य+२}+\frac{३}{य+३}=१$

(२६) $\frac{१}{२-य}+\frac{१}{२+य}=\frac{५}{४+य^२}$

(२७) $\frac{१}{य+४}-\frac{१}{य+५}=\frac{१}{य+२}-\frac{२}{२य+५}$

(२८) $\frac{१}{य^२-२}-\frac{१}{य^२-४}=\frac{१}{य^२-५}-\frac{१}{य^२-७}$

(२९) $\frac{१}{य^२-३}-\frac{१}{य^२-१}=\frac{१}{य^२-७}-\frac{१}{य^२-५}$

(३०) $\frac{य^२-४}{य^२-५}-\frac{य^२-१}{य^२-२}=\frac{य^२-६}{य^२-७}-\frac{य^२-३}{य^२-४}$

गुणनखण्ड द्वारा

प्रश्नावली ५३

निम्नलिखित को हल करो :—

(१) $य^२-७य+१२=०$

क्रिया : $य^२-७य+१२=०$

या $(य-३)(य-४)=०$

$\therefore य-३=०$

या $य=३$

और $य-४=०$

या $य=४$

उत्तर : $य=३, ४$ ।

(२) $य^२-५य+६=०$ (३) $य^२-१५य+५६=०$

(४) $य^२+१२य+३५=०$ (५) $य^२+१७य+७२=०$

(६) $य^२+३य-२८=०$ (७) $य^२+५य-६६=०$

(८) $य^२-७य-४४=०$ (९) $य^२-य-१३२=०$

(१०) $२य^२+१७य+३५=०$ (११) $६य^२+२३य+२०=०$

(१२) $४य^२-१६य+१५=०$ (१३) $१२य^२-४३य+३५=०$

(१४) $६य^२-य-१५=०$ (१५) $२य^२+११य-६३=०$

(१६) $य^२-(क+\frac{१}{क})य+१=०$

(१७) $य^२-२कय+क^२-ख^२=०$

(१८) $कय^२+(ख-कग)य-खग=०$

(१९) $य-\frac{१}{य}=क-\frac{१}{क}$

(२०) $य^२-कय=ख^२-कख$

वर्ग समीकरण के हल करने का गुर

[१] श्रीधर आचार्य की रीति द्वारा

मान लो निम्नलिखित वर्ग समीकरण हल करना है :—

$$क य^२ + ख य + ग = ०$$

$य^२$ का गुणक क है, इसलिये दोनों पक्षों को ४ क से गुणा करने से

$$४क^२य^२ + ४क ख य + ४क ग = ०$$

या $४क^२य^२ + ४क ख य = -४क ग$

या $४क^२य^२ + ४क ख य + ख^२ = ख^२ - ४क ग$

या $(२क य + ख)^२ = ख^२ - ४क ग$

दोनों पक्षों का वर्गमूल लेने से

$$२क य + ख = \pm\sqrt{ख^२ - ४क ग}$$

या $२क य = -ख \pm \sqrt{ख^२ - ४क ग}$

या $य = \frac{-ख \pm \sqrt{ख^२ - ४क ग}}{२क}$

[२] उमरखैयाम की रीति द्वारा

$$क य^२ + ख य + ग = ०$$

$य^२$ के गुणक क से दोनों पक्षों को भाग देने से

$$य^२ + \frac{ख}{क}य + \frac{ग}{क} = ०$$

या $य^२ + \frac{ख}{क}य = -\frac{ग}{क}$

या $य^२ + २\frac{ख}{२क}य + \frac{ख^२}{४क^२} = \frac{ख^२}{४क^२} - \frac{ग}{क}$

या $\left(य + \frac{ख}{२क}\right)^२ = \frac{ख^२ - ४क ग}{४क२}$

दोनों पक्षों का वर्गमूल लेने से

$$य + \frac{ख}{२क} = \frac{\pm\sqrt{ख^२ - ४कग}}{२क}$$

या $य = -\frac{ख}{२क} \pm \frac{\sqrt{ख^२ - ४कग}}{२क}$

$= \frac{-ख \pm \sqrt{ख^२ - ४कग}}{२क}$

प्रश्नावली ५४

निम्नलिखित को हल करो :—

(१) $३य^२ + ५य + २ = ०$

क्रिया : $३य^२ + ५य + २ = ०$

दोनों पक्षों को ४ × ३ या १२ से गुणा करने से

$३६य^२ + ६०य + २४ = ०$

या $३६य^२ + ६०य = -२४$

या $३६य^२ + ६०य + २५ = २५ - २४$

या $(६य + ५)^२ = १$

दोनों पक्षों का वर्गमूल लेने से

$६य + ५ = \pm १$

या $६य = -५ \pm १$

या $य = \frac{-५ \pm १}{६}$

$= -\frac{२}{३}, -१$

यही प्रश्न गुर द्वारा भी हल हो सकता है

इसमें क = ३, ख = ५ और ग = २

$\therefore य = \frac{-५ \pm \sqrt{५^२ - ४ \times ३ \times २}}{२ \times ३} = \frac{-५ \pm १}{६} = -\frac{२}{३}$ और -१

(२) $४य^२ + ५य + १ = ०$ (३) $५य^२ + ९य + ४ = ०$

(४) $६य^२ + १७य + ७ = ०$ (५) $७य^२ + ३०य + ८ = ०$

(६) $१०य^२ - १७य + ३ = ०$ (७) $९य^२ - ४०य + १६ = ०$

(८) $२य^२ + य - १५ = ०$ (९) $४य^२ + य - १४ = ०$

(१०) $१२य^२ + २५य - ७ = ०$ (११) $१३य^२ - २३य - ६ = ०$

(१२) $३य^२ - ४य - ५ = ०$ (१३) $५य^२ + ६य - ४ = ०$

(१४) $\frac{क}{य + क} + \frac{क}{य - क} = ४$

(१५) $६\left(\frac{य - क}{य + क}\right)^२ - ५\left(\frac{य - क}{य + क}\right) + १ = ०$

प्रश्नावली ५५

(१) $य^२ + ६य + ४ = ०$ [बनारस १९२१]

(२) $\frac{१}{य - १} - \frac{१}{य - २} + \frac{१}{य + २} = ०$ [उ० प्र० १९२१]

(३) $\frac{१}{य - १} + \frac{२}{य} = \frac{३}{२ - य}$ [उ० प्र० १९२३]

(४) $\frac{य - १}{य + १} + \frac{य + ३}{य - ३} = २\left(\frac{य + २}{य - २}\right)$ [उ० प्र० १९२४]

(५) $\frac{२य + ३}{य} + \frac{४य}{२य + ३} = ४\frac{१}{३}$ [उ० प्र० १९२७]

(६) $य^२ - १७य + ७२ = ०$ [उ० प्र० १९२९]

(७) $\frac{य + २}{य + १} + \frac{य - २}{य - ३} = २\frac{६}{३५}$ [राजपूताना १९३७]

(८) $\frac{२य}{य - ४} + \frac{२य - ५}{य - ३} = ८\frac{१}{३}$ [उ० प्र० १९४०]

(९) $\frac{य - १}{य + १} + \frac{य - ४}{य + ४} = \frac{य - २}{य + २} + \frac{य - ३}{य + ३}$ [राजपूताना १९३१]

(१०) $\frac{७}{३य - १} - \frac{४}{य + १} = \frac{१}{४}$ [राजपूताना १९३४]

(११) $\frac{२(३य - १)}{४य - ३} = \frac{५य}{य + २} - २$ [राजपूताना १९३६]

(१२) $\frac{३}{५-य}+\frac{२}{४-य}=\frac{८}{य+२}$ [राजपूताना १९३८]

(१३) $य^२-२\sqrt{१७य}-८=०$ [कलकत्ता १९४७]

(१४) $य^२-२\sqrt{१३य}+=३०$ [कलकत्ता १९४८]

(१५) $\frac{४}{२य+३}-\frac{१८}{७य+१२}=५$ [पटना १९४५]

वर्ग समीकरण पर प्रश्न

प्रश्नावली ५६

(१) वह संख्या बताओ जो अपने वर्ग सहित १५६ के बराबर है।

क्रिया : मान लिया कि यह संख्या **य** है।

तब प्रश्नानुसार

$$य^२+य=१५६$$
या $य^२+य-१५६=०$
या $(य-१२)(य+१३)=०$
$\therefore$ $य=१२, -१३$

उत्तर : १२, −१३।

(२) वह संख्या बताओ जो अपने वर्ग सहित २७२ के बराबर है।

(३) वह संख्या बताओ जो अपने वर्ग से १८२ कम है।

(४) वह संख्या बताओ जो अपने व्युत्क्रम से $९\frac{९}{१०}$ अधिक है।

(५) वह संख्या बताओ जिसका वर्ग उस संख्या के ८ गुने से ३३ अधिक है।

(६) दो लगातार विषम संख्याओं के वर्गों का योग ३९४ है, उन संख्याओं को ज्ञात करो।

क्रिया : मान लिया कि दो लगातार विषम संख्यायें य और **य+२** हैं।

तब प्रश्नानुसार

$$य^२+(य+२)^२=३९४$$
या $य^२+य^२+४य+४=३९४$
या $२य^२+४य-३९०=०$
या $य^२+२य-१९५=०$
या $(य+१५)(य-१३)=०$
$\therefore$ $य=-१५, १३$

अतः अभीष्ट संख्यायें −१५ और −१३ अथवा १३ और १५ हैं।

उत्तर : −१५ और −१३; १३, १५।

(७) दो लगातार विषम संख्याओं के वर्गों का योग २९० है। उन संख्याओं को बताओ।

(८) उन दो लगातार विषम संख्याओं को बताओ, जिनके वर्गों का योग उनके योग के ६ गुने से ३४ अधिक है।

(९) ो लगातार सम संख्याओं का योग १०० है, तो वे कौन-सी संख्यायें हैं ?

(१०) दो लगातार सम संख्याओं के व्युत्क्रम का योग $\frac{७}{२४}$ है। उन संख्याओं को बताओ।

(११) उन तीन संख्याओं के वर्गों का योग, जो २ : ३ : ५ के अनुपात में ९५० है। उन संख्याओं को बताओ।

(१२) १८ को दो ऐसे भागों के बाँटों जिनके वर्गों का योग उनके गुणनफल से ९३ अधिक हो।

क्रिया : मान लिया कि एक भाग य है, तब दूसरा भाग १८—य हुआ।

अब प्रश्नानुसार

$$य^2 + (१८ - य)^2 = य(१८ - य) + ९३$$

या $$य^2 + ३२४ - ३६य + य^2 = १८य - य^2 + ९३$$

या $$३य^2 - ५४य + २३१ = ०$$

या $$य^2 - १८य + ७७ = ०$$

या $$(य - ७)(य - ११) = ०$$

$$\therefore \quad य = ७, ११$$

उत्तर : ७, ११।

(१३) १६ को दो ऐसे भागों में बाँटों, जिनके व ों का योग १६० हो

(१४) २३ को दो ऐसे भागों में बाँटो जिनके वर्गों का योग उनके गुणनफल के पाँच गुना से १०९ अधिक हो।

(१५) दो ऐसी संख्यायें बताओ, जिनका गुणनफल ६० हो और जिनके वर्गों का अन्तर ६४ हो।

(१६) दो संख्यायें बताओ, जिनमें से एक दूसरी के $\frac{३}{५}$ से ४ अधिक हो और उनके वर्गों का अन्तर २४ हो। [उ० प्र० १९२१]

(१७) एक संख्या दो अंकों से बनी है। इकाई का अंक दहाई के अंक से ३ अधिक है। यदि उन अंकों का गुणनफल उस संख्या से १५ कम है, तो वह संख्या ज्ञात करो।

क्रिया : मान लिया कि उस संख्या के दहाई का अंक य है, तब इकाई का अंक य + ३ है।

श्नानुसार य (य + ३) = १०य + य + ३ − १५

या $य^२$ + ३य = ११य − १२

या $य^२$ − ८य + १२ = ०

या (य − ६) (य − २) = ०

∴ य = ६, २

अतः अभीष्ट संख्या = ६९ या २५

उत्तर : ६९, २५

(१८) एक संख्या दो अंकों से बनी है। दहाई का अंक इकाई के अंक से २ अधिक है। अंकों के गुणनफल का चार गुना उस संख्या से १० कम है। उस संख्या को बताओ।

(१९) एक संख्या दो अंकों से बनी है। दहाई अंक इकाई के अंक से ४ अधिक है। यदि दोनों अंकों के गुणनफल का चार गुना उस संख्या से ११ अधिक है, तो उस संख्या को ज्ञात करो।

(२०) एक संख्या दो अंकों से बनी है। दहाई का अंक इकाई के अंक का व ँ है। उस संख्या में से १८ घटाने पर अंकों के स्थान बदल जाते हैं। उस संख्या को बताओ।

(२१) एक आयताकार कमरे का क्षेत्रफल ३२० वर्ग फुट है। यदि उसकी लम्बाई ३ फुट अधिक और चौड़ाई २ फुट छोटी होती, तो उसका क्षेत्रफल २ वर्ग फुट अधिक होता। उस कमरे की लम्बाई बताओ।

क्रिया : मान लिया कि उस कमरे की लम्बाई य फुट है,

तब उसकी चौड़ाई $\frac{३२०}{य}$ फुट है।

प्रश्नानुसार $(य + ३)\left(\frac{३२०}{य} - २\right) = (३२० + २)$

या (य + ३) (३२० − २य) = ३२२य

या $३१४य - २य^२ + ९६० = ३२२य$

या $२य^२ + ८य - ९६० = ०$

या $(य - २०)(य + २४) = ०$

$\therefore$ य = २० अथवा य = −२४

चूँकि लम्बाई ऋणात्मक नहीं हो सकती

$\therefore$ लम्बाई = २० फुट

उत्तर : २० फुट ।

(२२) एक आयताकार कमरे का क्षेत्रफल ७०० वर्ग फुट है। यदि उसकी लम्बाई ६ फुट कम और चौड़ाई ५ फुट अधिक होती है तो उस कमरे का क्षेत्रफल २५ वर्ग फुट अधिक होता। उसकी लम्बाई बताओ।

(२३) किसी आयताकार खेत की लम्बाई और चौड़ाई क्रमशः ७५ गज और ५० गज है। उसके बाहर चारों ओर समान चौड़ाई का रास्ता है। यदि रास्ते का क्षेत्रफल ६५० वर्ग गज है, तो रास्ते की चौड़ाई बताओ।

(२४) एक आयताकार घास के मैदान की परिमिति और क्षेत्रफल क्रमशः ११० गज और ७५० वर्ग गज है। उसकी लम्बाई ज्ञात करो।

(२५) **एक सवारी गाड़ी को जिसकी चाल एक माल गाड़ी से १५ मील अधिक है, २१६ मील की दूरी तै करने में मालगाड़ी से १० घंटे कम लगते हैं, सवारी गाड़ी की प्रति घंटे की चाल बताओ।**

क्रिया : मान लिया कि सवारी गाड़ी की चाल प्रति घंटे य मील है

तब माल गाड़ी की चाल प्रति घंटे की य − १५ मील है

$\therefore$ सवारी गाड़ी को २१६ मील की दूरी तै करने में $\frac{२१६}{य}$ घंटे लगेंगे

और मालगाड़ी को २१६ मील की दूरी तै करने में $\frac{२१६}{य - १५}$ घंटे लगेंगे

अतः प्रश्नानुसार

$$\frac{२१६}{य} = \frac{२१६}{य - १५} - १०$$

दोनों पक्षों को य(य − १५) से गुणा करने से

$२१६य - ३२४० = २१६य - १०य^२ + १५०य$

या $१०य^२ - १५०य - ३२४० = ०$

या $य^२ - १५य - ३२४ = ०$

या $(य - २७)(य + १२) = ०$

$\therefore$ $य = २७$, या -१२

चूँकि चाल ऋणात्मक नहीं हो सकती,

$\therefore$ य का पहला मान मान्य है और दूसरा मान अमान्य है।

उत्तर : गाड़ी की चाल २७ मील प्रति घंटा

(२६) एक मोटर गाड़ी ४८० मील की दूरी समान चाल से तै करती है। यदि उसकी चाल १० मील प्रति घंटा अधिक होती तो उसको वही दूरी तै करने में ४ घंटे कम लगे रहते। मोटर की प्रति घंटा की चाल बताओ।

(२७) एक आदमी साइकिल पर ३६ मील समान चाल से जाता है, परन्तु यदि वह अपनी चाल १ मील प्रति घंटे बढ़ा दिये होता, तो वह अपने निर्दिष्ट स्थान पर २४ मिनट पहले पहुँच गया होता। उसकी चाल प्रति घंटे की बताओ।

(२८) एक रेलगाड़ी की चाल दूसरी गाड़ी के चाल से १० मील प्रति घंटे कम है। मन्द गति से जाने वाली गाड़ी को ३६० मील जाने में उस समय से ५ घंटे अधिक लगते हैं, जितने तीव्र गति से जाने वाली गाड़ी को ४२० मील की दूरी तै करने में लगता है। दोनों गाड़ियों की प्रति घंटे की चाल बताओ।

(२९) एक मोटर गाड़ी १२० मील समान चाल से जाती है। यदि उसकी चाल ४ मील प्रति घंटे अधिक होती तो वह अपने निर्दिष्ट स्थान पर १ घंटा पहले पहुँच जाती। उसकी चाल प्रति घंटे की बताओ।

(३०) एक मल्लाह धारा के साथ १५ मील अपनी नाव ले जाता है और पुनः अपने स्थान पर उसे वापस लाता है। आने और जाने में उसको कुल २० घंटे लगते हैं। यदि नदी का प्रवाह प्रति घंटे मल्लाह के शान्त पानी में नाव खेने से १ मील कम है तो धारा की प्रति घंटे की गति बताओ।

(३१) **राम और श्याम किसी काम को मिल कर १२ दिन में कर सकते हैं, यदि राम उसी काम को श्याम से १० दिन कम में कर सकता है, तो बताओ राम और श्याम उसी काम को अलग अलग कितने दिनों में कर लेंगे ?**

क्रिया : मान लिया कि श्याम उस काम को य दिन में कर सकता है,

तब राम उस काम को $य - १०$ दिन में कर लेगा।

अर्थात् राम और श्याम अलग अलग एक दिन में क्रमशः $\frac{१}{य - १०}$ और

$\frac{१}{य}$ काम कर लेंगे । परन्तु दोनों मिलकर

एक दिन में $\frac{१}{१२}$ काम करते हैं,

∴ प्रश्नानुसार

$$\frac{१}{य}+\frac{१}{य-१०}=\frac{१}{१२}$$

या $\frac{य-१०+य}{य(य-१०)}=\frac{१}{१२}$

या $१२(२य-१०)=य(य-१०)$

या $२४य-१२०=य^{२}-१०य$

या $य^{२}-३४य+१२०=०$

या $(य-४)(य-३०)=०$

∴ $य=३$ और $य=३०$

इसके अनुसार श्याम ३ दिन या ३० दिन में काम कर लेता है, इसमें से ३ दिन अमान्य है, क्योंकि श्याम राम की अपेक्षा १० दिन अधिक में काम करता है ।

अतः श्याम और राम क्रमशः ३० दिन और (३० – १०) दिन अर्थात् २० दिन में करते हैं ।

उत्तर : राम २० दिन, श्याम ३० दिन ।

(३२) राम और श्याम मिल कर किसी काम को १२ दिन में कर सकते हैं । यदि उसी काम को राम, श्याम की अपेक्षा ७ दिन कम में कर लेता है, तो श्याम उसी काम को कितने दिनों में कर लेगा ?

(३३) किसी हौज में दो नल लगे हैं । दोनों एक साथ ही खुलने पर हौज को २० मिनट में भर देते हैं; परन्तु उसी हौज को भरने में पहला नल दूसरे की अपेक्षा ९ मिनट अधिक लेता है । बताओ प्रत्येक नल उसी हौज को अलग-अलग कितने मिनटों में भर लेगा ।

(३४) ४ पुरुष और २ स्त्रियाँ मिलकर किसी काम को ३ दिन में कर लेती हैं । यदि एक स्त्री एक पुरुष की अपेक्षा उसी काम को ८ दिन अधिक में करती है, तो उसी काम को एक पुरुष कितने दिनों में कर लेगा ?

(३५) पिता और पुत्र की वर्तमान आयु का गुणनफल ३४० है और ६ वर्ष पश्चात् पिता और पुत्र की आयु में ५:२ का अनुपात हो जायगा। पुत्र की वर्तमान आयु बताओ ?

(३६) राम और श्याम की वर्तमान आयु का गुणनफल ९६ है और ४ वर्ष पूर्व उनकी आयु में १:२ का अनुपात था। राम की वर्तमान आयु बताओ।

(३७) मोहन ने अपनी गाय ११९ रुपये में बेच दी। यदि उसको इतना ही प्रतिशत लाभ हुआ जितने को उसने गाय मोल ली थी, तो गाय का क्रय मूल्य बताओ।

क्रिया : मान लिया कि गाय का क्रय मूल्य य रु० है।

$$\text{तब उसका लाभ} = \frac{\text{य}^2}{१००} \text{ रु०}$$

$$\text{और विक्रय मूल्य} = \left(\text{य} + \frac{\text{य}^2}{१००}\right) \text{रु०}$$

∴ प्रश्नानुसार

$$\text{य} + \frac{\text{य}^2}{१००} = ११९$$

$$\text{या } \text{य}^2 + १००\text{य} = ११९००$$

$$\text{या } \text{य}^2 + १००\text{य} - ११९०० = ०$$

$$\text{या } (\text{य} - ७०)(\text{य} + १७०) = ०$$

$$\therefore \text{य} = ७०, -१७०$$

अतः गाय का क्रय मूल्य = ७० रु०

उत्तर : ७० रु०

(३८) सईद ने अपनी बकरी ३९ रुपये पर बेच कर उतने ही प्रतिशत लाभ उठाया, जितने पर उसने उस बकरी को मोल लिया था। उस बकरी का क्रय मूल्य बताओ।

(३९) राम ने अपने बैल को १६८ रु० में बेच दिया। यदि उसको क्रय मूल्य का $\frac{1}{3}$ प्रतिशत लाभ हुआ, तो उस बल का क्रय मूल्य बताओ।

(४०) श्याम ने एक घोड़ा मोल लेकर १७५ रु० में बेच दिया।

यदि उसको क्रय मूल्य का $\frac{१}{६}$ प्रतिशत घाटा हुआ, तो उस घोड़े का क्रय मूल्य बताओ ।

(४१) कुछ लोगों को होटल में ३० रु० १५ आ० देने थे । उनमें से दो आदमी अपना भाग बिना दिये हुए चले गये और शेष व्यक्तियों में से प्रत्येक को १० आने अधिक देने पड़े । कुल कितने आदमी थे ?

(४२) एक आदमी अपने मित्रों में १०० रु० बराबर-बराबर बाँटता है । यदि वहाँ ५ मित्र अधिक होते, तो प्रत्येक मित्र को १ रु० कम मिलता, बताओ कितने मित्र थे ?

—:०:—

उत्तरावली

प्रश्नावली १

(१) ७क, ४कख, ३क^{२}ख (२) १६ (३) $१\frac{३}{८}$ (४) (क) ७२ (ख) १२ (ग) ७ (५) २० (६) २ (७) −६८ (८) (क) १०ग+ख (ख) १००ख+१०ग+क (ग) $\frac{ख}{क}+\frac{क}{ग}$ (९) (क) +५ मील, −८ मील (ख) +८ मील, −५ मील (ग) +८ रु०, −७ रु० (घ) +३ इंच, −५ इंच (१०) (क) २ गोल से हार गया (ख) १०० रनों से हार गया (११) १−य (१२) य−र+ल−क+ख−ग (१३) य−क−ख+२ग+२घ+र−ल (१४) ३य−क+ग−घ+च+छ (१५) ल−२र−क+ख (१६) य−र मील (१७) १०य−३र रुपये (१८) {१०−(क+ख)} पये

प्रश्नावली २

(१) ३ (२) −२ (३) −१० (४) शून्य (५) ५क (६) ५क (७) −३क (८) −८क (९) ४ (१०) १० (११) −३ (१२) −३ (१३) क (१४) ७क (१५) −क (१६) क (१७) २क+२ख+२ग (१८) ३क+२ख+३ग (१९) ७य−र−ल+२ (२०) −४य^२+६यर+१०र^२ (२१) २क+८ख+२ग (२२) ९य−१ (२३) −२य−२२र+२४ (२४) −य^२−४यर+१३र^२ (२५) ७ख−क रुपये (२६) ४क+ख रुपये (२७) ३ख−४ग (२८) ४य+४र+४ल पेड़ (२९) ३य−र (३०) −६य−१५र (३१) ६क^२+८ख^२+१०ग^२ (३२) −१०ग (३३) य−य^२ (३४) २र−ल; १४, ६७ और १९३ (३५) य^३−२य+६

प्रश्नावली ३

(१) १५कख (२) −यर (३) −४कख (४) −९यर (५) ४कख (६) −१०यर (७) यर (८) १२कख (९) −२१कख (१०) क^५

(११) $६क^{७}$ (१२) $-क^{४}ख^{५}$ (१३) $-६क^{१०}$ (१४) $८क^{५}य^{५}$ (१५) $क^{म+२}ख^{न+३}$ (१७) $य^{३}+२य^{२}-५य+६$ (१८) $य^{३}-७य^{२}+१६य-१२$ (१९) $६य^{३}-१७य^{२}+२२य-१५$ (२०) $२७य^{३}-र^{३}$ (२१) $क^{४}+४क^{२}+१६$ (२२) $क^{४}+९क^{२}ख^{२}+८१ख^{४}$ (२३) $४य^{२}-९र^{२}+२४रल-१६ल^{२}$ (२४) $य^{३}-र^{३}$ (२५) $य^{३}+र^{३}$ (२६) $य^{४}-१$ (२७) $य^{४}-र^{४}$ (२८) $य^{४}-१$ (२९) $य^{४}-र^{४}$ (३०) $१+य^{२}-य^{४}-य^{६}$ (३१) $\frac{य^{३}}{र^{३}}-\frac{र^{३}}{य^{३}}$ (३२) $य^{३}+र^{३}+ल^{३}-३यरल$ (३३) $क^{२}-ख^{२}$ (३४) $४क^{२}-९ख^{२}$ (३५) $य^{४}-र^{४}$ (३६) $२५६य^{८}-र^{८}$ (३७) $२य^{२}र^{२}+२र^{२}ल^{२}+२ल^{२}य^{२}-य^{४}-र^{४}-ल^{४}$ (३८) $य^{१२}+६४$ (३९) $क^{८}+क^{४}ख^{४}+ख^{८}$ (४०) $क^{२}-ख^{२}$ (४१) $क^{२}-ख^{२}+ग^{२}+२कग$ (४२) $१०य-१०$ (४३) $८क^{२}-१८ख^{२}$ (४४) $य^{२}+र^{२}$ रुपये (४५) $य^{४}+ल^{४}+२य^{२}ल^{२}-य^{२}र^{२}$ विद्यार्थी (४६) $८य^{२}-र^{२}$ मील (४७) $क^{४}-२क^{२}ख^{२}+ख^{४}$ व० फुट

प्रश्नावली ४

(१) $क+३ख$ (२) $२क+३ख$ (३) $४+ख$ (४) $३क+५ग$ (५) $२यर+४$ (६) $३कखग+६क^{२}ख^{२}ग^{२}$ (७) $३य-४$ (८) $य-२र+३र^{२}$ (९) $२क+६ख$ मील (१०) $४-ख$ मील (११) $य^{२}+य-३$ (१२) $२ख+\frac{१}{य}$ (१४) $य^{२}+यर+र^{२}$ (१५) $य^{२}-यर+र^{२}$ (१६) $य^{२}+४र^{२}+ल^{२}-२यर-२रल-लय$ (१७) $य^{२}+र^{२}+ल^{२}+यर+रल-लय$ (१८) $य^{२}+र^{२}+४ल^{२}+यर-२रल+२लय$ (१९) $य^{२}+६य+३क$ (२०) $य^{४}+२य-८$ (२१) $य^{३}+य^{२}र+यर^{२}+र^{३}$ (२२) $३क^{२}+४कख+ख^{२}$ (२३) $२य^{२}-३य+२$ (२४) $य^{२}+कय+ग$ (२५) $क^{२}-ख^{२}$

प्रश्नावली ५

(२) ८ (३) −१२ (४) ३१ (५) २७ (६) ३२ (७) १३ (८) १ (९) ७ (१०) $१७\frac{१}{४}$ (१२) −६ (१३) २४ (१४) −८ (१५) −२ (१६) ६ (१७) ४८ (१८) क=११, ख=−६ (१९) −६ (२१) ३८ (२२) −४५ (२३) १६५१९ (२४) ९

प्रश्नावली ६

(१) क^2+४क+४ (२) ९+६क+क^2 (३) १६+८क+क^2 (४) १+४ख+४ख^2 (५) ९क^2+६क+१ (६) १६क^2+८क+१ (८) ९य^2+२४य र+१६र^2 (९) १६य^2+४०य र+२५र^2 (१०) २५य^2+६०य र+३६र^2 (११) क^2 य^2+२क ख य र+ख^2 र^2 (१२) ४क^2 य^2+१२क ख य र+९ख^2 र^2 (१३) ९क^2 य^2+२४क ख य र+१६ ख^2 र^2 (१४) ९य^4+६य^2 र^2+र^4 (१५) ९य^4+२४य^2 र^2+१६र^4 (१६) १६य^4+४०य^2 र^2+२५र^4 (१८) क^2+ख^2+४ग^2+२क ख+४ख ग+४ग क (१९) ४क^2+ख^2+ग^2+४क ख+२ख ग−४ग क (२०) ४क^2+९ख^2+ग^2+१२क ख+६ख ग+४ग क (२१) ४क^2+९ख^2+१६ग^2+१२क ख+२४ख ग+१६ग क (२३) ८६४९ (२४) ९४०९ (२५) ११४४९ (२६) ४३६८१ (२८) ४क^2+$\frac{४}{क^2}$+८ (२९) $\frac{क^2}{१६}+\frac{१६}{क^2}$+२ (३०) $\frac{क^2}{य^2}+\frac{य^2}{क^2}$+२ (३१) $\frac{क^2 ख^2}{य^2 र^2}+\frac{य^2 र^2}{क^2 ख^2}$+२ (३३) (२क+ख)^2 (३४) (३क+ख)^2 (३५) (क+५ख)^2 (३६) (२क+५ख)^2 (३७) (५क+३ख)^2 (३८) (७क+५ख)^2 (४०) १६क^2 (४१) १६क^2 (४२) ४क^2 (४३) १६ख^2 (४५) १६ (४६) ९ (४७) शून्य (४८) शून्य (४९) १ (५१) ४ (५२) ·२१ (५३) शून्य (५४) ४ (५५) य^2−२न (५६) ४ (५७) ५ (५९) २३ (६०) ७९ (६१) ९८ (६२) ३९८ ६३) ४व (६४) ४७ (६५) २५४ (६६) य^2−२ (६७) न^2−२ (६८) य^2−२ (६९) ख^2 (७०) ९ख^2 (७१) ख^2 (७२) १०क ख (७३) ६०क ख (७४) ८४क ख (७६) ४०क (७७) ४८क (७८) १८०क ख (७९) १६८ (८०) २०८क ख (८१) ४२०क ख (८३) ९ख^2 (८४) ३६ख^2 (८५) २५ख^2 (८६) ४९ख^2 (८७) १६ख^2 (८८) ८१ख^2

प्रश्नावली ७

(१) क^2−२क+१ (२) क^2−४क+४ (३) ९−६क+क^2 (४) १६−८क+क^2 (५) १−६ख+९ख^2 (६) ९−६ख+४ख^2 (८) ९क^2−२४क ख+१६ख^2 (९) १६क^2−४०क ख+२५ख^2 (१०) २५य−

$४०यर+१६र^{२}$ (११) $क^{२}य^{२}-२कखयर+ख^{२}र^{२}$ (१२) $४क^{२}य^{२}-१२कखयर+९ख^{२}र^{२}$ (१३) $९क^{२}य^{२}-२४कखयर+१६ख^{२}र^{२}$ (१४) $क^{४}-२क^{२}ख^{२}+ख^{४}$ (१५) $९क^{४}-२४क^{२}ख^{२}+१६ख^{४}$ (१६) $१६क^{४}-४०क^{२}ख^{२}+२५ख^{४}$ (१८) $क^{२}+ख^{२}+४ग^{२}+२कख-४खग-४गक$ (१९) $क^{२}+ख^{२}+ग^{२}-२कख-२खग+२गक$ (२०) $क^{२}+ख^{२}+ग^{२}-२कख+२खग+२गक$ (२१) $४क^{२}+९ख^{२}+१६ग^{२}+१२कख-२४खग-८गक$ (२२) $४क^{२}+९ख^{२}+ग^{२}-१२कख-६खग+४कग$ (२३) $क^{२}+९ख^{२}+१६ग^{२}-१६कख+२४खग-८गक$ (२५) १५२१ (२६) ११८८१ (२७) १४१६१ (२८) ३९६०१ (३०) $४क^{२}+\frac{४}{क^{२}}-८$ (३१) $\frac{क^{२}}{४}+\frac{४}{क^{२}}-२$ (३२) $\frac{क^{२}}{य^{२}}+\frac{य^{२}}{य^{२}}-२$ (३३) $\frac{क^{२}य^{२}}{ख^{२}र^{२}}+\frac{ख^{२}र^{२}}{क^{२}य^{२}}-२$ (३५) $(३क-५ख)^{२}$ (३६) $(४क-५ख)^{२}$ (३७) $(६क-७ख)^{२}$ (३८) $(२क-९ख)^{२}$ (३९) $(१०क-७ख)^{२}$ (४०) $(१२क-११ख)^{२}$ (४२) $४ख^{२}$ (४३) $३६ख^{२}$ (४४) $६४ख^{२}$ (४५) $४ग^{२}$ (४७) २५ (४८) १ (४९) शून्य (५०) १६ (५१) १ (५३) ५८ (५४) ७३ (५५) १८० (५६) १०० (५७) $म^{२}+२न$ (५८) २ (५९) ८० (६१) १८ (६२) ५१ (६३) ४८ (६४) ३४ (६५) ११९ (६६) $म^{२}+२$ (६७) $न^{२}+२$ (६८) $न^{४}+४न^{२}+२$ (६९) ६क (७०) ४कख (७१) १२कख (७२) $ख^{२}$ (७३) $३६ख^{२}$ (७४) $३६क^{२}$ (७६) ३०क (७७) ४०कख (७८) ८४कख (७९) १४४कख (८०) १८०कख (८१) $२१६ कख^{२}$ (८३) $९ख^{२}$ (८४) $४ख^{२}$ (८५) $४९ख^{२}$ (८६) $\frac{१९३६ख^{२}}{२५}$ (८७) $१२१ख^{२}$ (८८) $८१ख^{२}$ (८९) १ (९०) ९५ (९१) ११ (९२) ५० (९३) ९९६ (९४) २८ (९५) २८

प्रश्नावली ८

(२) ५६ (३) ८१ (४) १०० (५) १२१ (७) ७ (८) १२ (९) १५ (१०) १७ (११) १६ (१३) ९ (१४) ३६ (१५) १ (१६) २५ (१८) १२ (१९) १४ (२०) १७ (२१) १८ (२२) २० (२४) $२\sqrt{१०}$ (२५) $\sqrt{५३}$ (२६) $\sqrt{८५}$ (२७) $२\sqrt{२६}$ (२९) $४\sqrt{२}$

(३०) ३$\sqrt{५}$ (३१) २$\sqrt{७७}$ (३२) ४$\sqrt{६}$ (३४) ५३ (३५) ७४ (३६) ४ (३७) ९ (३९) १ (४०) ४० (४१) ५२$\frac{१}{४}$ (४२) १ (४३) ३ (४४) २४०

प्रश्नावली ९

(१) क^{२} — १ (२) क^{२} — ४ (३) क^{२} — ९ (४) क^{२} — १६ (६) २५क^{२} — १६ख^{२} (७) क^{२}ख^{२} — ग^{२}घ^{२} (८) क^{२}य^{२} — ख^{२}र^{२} (९) क^{४} — ख^{४} (१०) क^{४} + क^{२}ख^{२} + ख^{४} (११) क^{४} + ४^{२}ख^{२} + १६ख^{४} (१२) क^{४} — १ (१३) क^{४} — ख^{४} (१४) १ + क^{४} + क^{८} (१६) ८क ख — १०क ग — ४ख ग + ५ग^{२} (१७) —४८क ख + ६० क ग (१८) ४क^{३}ख + ४क ख^{२} (१९) ४ (क + घ) (ख — ग) (२०) १३६७ (२१) २९३२ (२२) १३८०० (२३) ५३०८०००० (२५) ९९ (२६) १४३ (२७) १७ (२८) २०९ (२९) ५$\sqrt{२१}$ (३०) २१$\sqrt{५}$ (३१) १६$\sqrt{१७}$ (३२) २०$\sqrt{२६}$ (३३) शून्य

प्रश्नावली १०

(१) क^{२} + ३क + २ (२) क^{२} + ५क + ६ (३) क^{२} + क — २ (४) क^{२} — १क — २ (५) क^{२} — ३क + २ (६) क^{२} — ५क + ६ (८) क^{२} + २७क + १८० (९) क^{२} + २६क + १५३ (१०) य^{२} + ५०य + ६०० (११) य^{२} + ९९य + २४३० (१२) य^{२} + (५क + ७ख) य + ३५क ख (१३) य^{२} + (९क + ७ख) य + ६३क ख (१५) य^{२} — ४य — १६१ (१६) य^{२} — ७य — १७० (१७) य^{२} + ४य — ९६ (१८) य^{२} + ६य — १६० (१९) य^{२} — (क — ख) य — क ख (२०) य^{२} — (२क — ३ख) य — ६क ख (२१) य^{२} + ३य — १३० (२२) य^{२} + ७य — ९८ (२३) य^{२} — ३र — ३४० (२४) य^{२} — ४य — २५२ (२५) य + (३क — ४ख) य — १२क ख (२६) य^{२} + (४क — ५ख) य — २०क ख (२८) य^{२} — १९य + ९० (२९) य^{२} — १८य + ७७ (३०) य^{२} — २५य + १५६० (३१) य^{२} — ४क + ३क^{२} (३२) य^{२} — (३क + ख) य + ३क ख (३३) य^{२} — (४क + ५ख) य + २०क ख (३५) य^{२} + ४य र + ४य^{२} + य + २र — ७२ (३६) ४य^{२} — ४य र + र^{२} — २य + र — ११० (३७) ४य^{२} + ४०य र + २५र^{२} — ५०य — १२५य + १५६ (३८) ४य^{२} — १२य र + ९र^{२} + ४६य + ६९र + १३२

प्रश्नावली ११

(१) क^{३}+६क^{२}+१२क+८ (२) क^{३}+९क^{२}+२७क+२७ (३) क^{३}+१२क+४८क+६४ (४) क^{३}+६क^{२}ख+१२कख^{२}+८ख^{३} (५) ८क^{३}+१२क^{२}ख+६कख^{२}+ख^{३} (६) ८क^{३}+३६क^{२}ख+५४कख^{२}+२७ख^{३} (७) २७क^{३}+१०८क^{२}ख+१४४कख^{२}+६४ख^{३} (८) क^{३}य^{३}+३क^{२}य^{२}खर+३कयख^{२}र^{२}+ख^{३}र^{३} (९) ८क^{३}य^{३}+३६क^{२}य^{२}खर+५४कयख^{२}र^{२}+२७ख^{३}र^{३} (११) ६४य^{३} (१२) २१६य^{३} (१३) ६४य^{३} (१४) २१६य^{३} (१६) शून्य (१७) ८ (१८) १ (१९) १ (२०) १ (२२) २८ (२३) ३५ (२४) ७२ (२५) २१७ (२६) ७३७ (२८) ७२९ (२९) १ (३०) १००० (३१) २१९७ (३३) २ (३४) ११० (३५) १९८ (३६) २ (३७) ३२२ (३८) य^{३}−३य (३९) न−३०० (४०) ९२

प्रश्नावली १२

(१) क^{३}−३क^{२}+३क−१ (२) क^{३}−६क^{२}+१२क−८ (३) २७−२७ख+९ख^{२}−ख^{३} (४) क^{३}−६क^{२}ख−१२कख^{२}−८ख^{३} (५) २७क^{३}−२७क^{२}ख+९कख^{२}−ख^{३} (६) ८क^{३}−३६क^{२}ख+५४कख^{२} −२७ख^{३} (७) २७क^{३}−१०८कख+१४४कख^{२}−६४ख^{३} (८) क^{३}य^{३}−३क^{२}य^{२}र+३कयर^{२}−र^{३} (९) क^{३}य^{३}−३क^{२}य^{२}खर+३कयख^{२}र^{२}−ख^{३}र^{३} (१०) क^{३}+ख^{३}−ग^{३}+३क^{२}ख+३कख^{२} −३ख^{२}ग+३ग^{२}क−३क^{२}ग+३खग^{२}−६कखग (११) क^{३}+ख^{३} +ग^{३}−३क^{२}ख+३कख^{२}+३ख^{२}ग−३खग^{२}+३क^{२}ग+३कग^{२}+६कखग (१३) (क+ख)^{३} (१४) (क−ख)^{३} (१५) ५१२ख^{३} (१६) −६४ख^{३} (१७) −८ख^{३} (१९) −१ (२०) १ (२१) शून्य (२२) १ (२३) ८ (२५) ६३ (२६) ९८ (२७) ६१ (२८) १५२ (२९) १९ (३१) ८ (३२) १२५ (३३) २७ (३४) ८ (३६) २६ (३७) १४० (३८) ७२ (३९) १४०९२ (४०) म^{३}+३म

प्रश्नावली १३

(१) क^{३}+ख^{३}+८ग^{३}−६कखग (२) क^{३}+८ख^{३}+ग^{३}−६कखग (३) क^{३}+८ख^{३}+२७ग^{३}−१८कखग (४) −९० (६) −२५२

विविध प्रश्नावली १

(१) ४० (२) $१\frac{४}{७}$ (३) १० क+ख (ख) १०० क+१० ख+ग (ग) १०० ग+१० क+ख (४) (क) ३, (ख) कख (ग) २२ (५) ५९ (६) २ (७) $४\frac{१३}{५८}$ (८) $१\frac{१}{२}$ (९) $-\frac{३}{४}$ (१०) २ क–४ ख (११) क (१२) ३ क – ६ ग (१३) १५ ग – ३ क – ४ ख (१४) – क – ख – ग (१५) २ ख य+क र+ख र (१६) ९ क+ख+ग पेड़ (१७) ९ य – ८ र+५ ल (१८) ३ य+६ र+३ ल (१९) $य^४+९ य^२+८१$ (२०) शून्य, $क^५-ख^५$ (२१) $क^३+८ ख^३-२७ ग^३-१८ क ख ग$ (२२) $क^५+ख^५$ (२३) $क^३-१२५ ख^३+८ ग^३+३० क ख ग$ (२४) $क^३-३ क ख+ख^२$ (२५) $४ क^२+९ ख^२+ग^२-६ क ख-३ ख ग-२ ग क$ (२६) क+ख–ग

(२७) $य^४-प^३+\frac{२य^२}{३}य^२-\frac{य^३}{३}य+\frac{य^४}{९}$ (२८) $\frac{क^२}{ख^२}+१+\frac{ख^२}{क^२}$

(२९) –१ (३०) १ (३१) ८२ (३२) १० (३३) ३९ (३४) ३५५७७९ (३५) $क^२$ (३६) $क^२+२ख$ (३७) ४७ (३८) $म^३-३ म$ (३९) $न^३+३ न$ (४०) २

प्रश्नावली १४

(१) २ (क+२ ख) (२) ३ (क+२ ख (३) २ (क+२ ख+३ग)
(४) क (ख+ग) (५) ख (क–ग) (६) क(ख+ग–घ)
(७) ३ (२क+३ख) (८) ४(३क+५ख) (९) ८(३ क–४ ख+५ ग)
(११) ५ क (२ ख+३ ग) (१२) ४ क (३ ख – ४ ग+५ घ)
(१३) $४क^२$ (४ ख+५ क ग) (१४) ९ क ख ग (२ क – ३ ग)
(१५) ७ क (क+२ ख) (१६) ७ क ख (३ क ख ग–१)
(१७) (क+ख) (क+ख+८) (१९) (क–ख) (क–ख+१)
(२०) (क–ख (क–ख–७) (२१) २ (क–ख) (क–ख+३)
(२२) $(य+र)\ \{क(य+र)^२+ख\ (य+र)+१\}$
(२३) $क(य+र)\ \{क(य+र)^२-३(य+र)+१\}$
(२४) $(य^२+र^२)\ \{३\ (य^२+र^२)^२-क(य^२+र^२)+६\}$
(२५) $२(य^२+र^२)२क(य^२+र^२)४ख+५$ (२६) $१३(क^२+ख^२)$

(२७) $(क^2+ख^2)(य^2+र^2)$ (२८) ३६० (२९) ४८० (३०) ५१
(३१) २१ (३२) ७०

प्रश्नावली १५

(२) (३+क) (य+र) (३) (२क+३ख) (य+र)
(४) (क−१)(य+१) (५) $(य+१)(य^2+१)$ (६) $(क-१)(क^2+१)$
(७) $क\ (क+१)\ (क^2+१)$ (८) $(५य^2+१)\ (य-१)$
(९) $(क+ख)\ (य^2+र^2)$ (१०) $(३क^2य-ख)\ (य^2-र^2)$
(११) (य−र) (क+ख+ग) (१२) (य+र) (३क−२ख+ग)
(१३) (क+ख+ग)(य+र−ल) (१५) ४(य+र) {२(य+र)+१}
(१६) ३(य+र) {४(य+र)−१} (१७) ८(य−र) {२(य−र)+१}
(१८) ६(य−र) {४(य−र)−१} (१९) क(य+र) {क(य+र)−१}
(२०) क (य−र) {क(य−र)−१} (२२) (य र+ल) (य+र ल)
(२३) (य र+ल) (र+ल य) (२४) (य ल−र) (लर−य)
(२५) (य+ग) (य+क+ख) (२६) (य−र) (य−र+क)
(२७) (य+र) $(य^2+र^2+ल)$

प्रश्नावली १६

(२) (य+४) (य+४) (३) (य+५) (य+५)
(४) (य+९) (य+९) (५) (य−१०) (य−१०)
(६) (य−११) (य−११) (७) (य−१६) (य−१६)
(९) (२य+३) (२य+३) (१०) (३य−५) (३य−५)
(११) (४य+५र) (४य+५र) (१२) (५य−६र) (५य−छर)
(१३) (७य−८र) (७य−८र) (१४) (९य+८र) (९य+८र)
(१५) ९(५य−र) (५य−र) (१६) (१४य−५र) (१४य−५र)
(१७) $\left(\frac{य}{र}+\frac{र}{य}\right)\left(\frac{य}{र}+\frac{र}{य}\right)$ (१८) $\left(\frac{२य}{र}-\frac{र}{य}\right)\left(\frac{२य}{र}-\frac{र}{य}\right)$
(१९) $\left(\frac{५य}{र}+\frac{र}{४य}\right)\left(\frac{५य}{र}+\frac{र}{४य}\right)$ (२०) $\left(\frac{७य}{र}-\frac{र}{६य}\right)\left(\frac{७य}{र}-\frac{र}{६य}\right)$
(२१) (क य+५ ख र) (क य+५ ख र)
(२२) (३कय−७खर) (३कय−७खर) (२४) ६४ (२५) शून्य
(२६) शून्य (२७) शून्य (२८) ३६ (२९) शून्य (३०) ६२५

प्रश्नावली १७

(१) (क—१) (क+१) (२) (क+३) (क—३)
(३) (क+४) (क—४) (४) (२+य) (२—य)
(५) (५+क) (५—क) (६) (६+य) (६—य)
(८) (४य+५र) (४य—५र) (९) (५य+६र) (५य—६र)
(१०) (७य+८र) (७य—८र) (११) (९य+११र) (९य—११र)
(१२) (१३य+१०र) (१३य—१०र)
(१३) (१५य+१६र) (१५य—१६र)
(१४) (य+र+ल) (य+र—ल) (१५) (४य+३र) (२य+३र)
(१६) (९य—४र) (य+४र)
(१७) (९य+९र+८ल) (९य+९र—८ल)
(१८) (२१य+र) (य+२१र) (१९) (२५य—र) (२५र—य)
(२०) ४ (य+ल) र (२१) (५य—२र) (य+८र)
(२२) (३य+५र+७ल) (य+र+ल)
(२३) (य^{२}+र^{२}) (य+र) (य—र)
(२४) (९य^{२}+र^{२}) (३य+र) (३य—र)
(२५) (४य^{२}+२५र^{२}) (२य+५र) (२य—५र)
(२६) (५य^{२}+७र^{२}) (५य^{२}—७र^{२})
(२८) (य^{४}+१६र^{४}) (य^{२}+४र^{२}) (य+२र) (य—२र)
(२९) (य^{४}+८१र^{४}) (य+९र^{२}) (य+३र) (य—३र)
(३०) {(य+र)^{४}+ल^{४}} {(य+र)^{२}+ल^{२}} (य+र+ल) (य+र—ल)
(३१) {(क+ख)^{४}+(ग+घ)^{४}} {(क+ख)^{२}+(ग+घ)^{२}}
(क+ख+ग+घ) (क+ख—ग—घ)
(३२) (य^{४}+९र^{४}) (य^{२}+३र^{२}) (य^{२}—३र^{२})
(३३) २४६८०००० (३४) ४९१२०००० (३५) ·९७४
(३६) ५७८००० (३७) ·३५६ (३८) १ (३९) १ (४०) १०

प्रश्नावली १८

(२) २ (य+३र) (य—३र) (३) ५ (य+२र) (य—२र)
(४) ५ (य+३र) (य—३र) (५) ६ (य+५र) (य—५र)

(६) ३ (२य+५र) (२य−५र) (७) ७ (५य+८र) (५य−८र)

(९) ७ $(२य+\frac{र}{७})(२य-\frac{र}{७})$ (१०) ३ $(य+\frac{र}{६})(५ य-\frac{र}{६})$

(११) $\frac{१}{२}(\frac{य}{३}+८र)(\frac{य}{३}-८र)$ $\frac{१}{३}$ (१२) $\frac{१}{२}(\frac{य}{८}+\frac{र}{४})(\frac{य}{८}-\frac{र}{४})$

(१४) (य+र+ल) (य+र−ल) (१५) (य+र−ल) (य−र+ल)

(१६) (य−३र+४) (य−३र−४) (१७) (ल+य+र) (ल−य−र)

(१८) $(य^२+य र-र^२)$ $(य^२-य र-र^२)$

(१९) (य−३ र+य र) (य−३ र−य र)

(२०) (क−ख+ग+घ) (क−ख−ग−घ)

(२१) (य+ल) (य−२ र−ल)

(२२) (य क+य ख+क र+ख र) (य क−य ख+ख र+क र)

(२३) (य−र) (य+र+३) (२४) $(क^२+ख^२)(क^२-ख^२+२ कख)$

(२५) (य+१) (य−१) (र+१) (र−१)

(२७) $(य^२-४ य+८)$ $(य^२-४ य+८)$

(२८) $(य^२+य+\frac{३}{२})$ $(य^२-य+\frac{३}{२})$

(२९) $(२ य^२+६ यर+९ र^२)(२ य^२-६ य र+९ र^२)$

(३०) $(८ य^२+२० य र+२५ र^२)(८ य^२-२० य र+२५ र^२)$

(३१) $(य^२+य+१)$ $(य^२-य+१)$

(३२) $(य^२-य र-र^२)(य^२-य र-र^२)$

(३३) $(य^२+य र+२ र^२)$ $(य^२-य र+२ र^२)$

(३४) $(य^२+३ य र+र^२)$ $(य^२-३य र+र^२)$

(३५) (२य+२र−५ल) (२य−४र+५ल)

(३६) (३ य+र+ल) (य−र−ल)

(३७) (६ य+र+३ ल) (२ य−र−ल)

प्रश्नावली १९

(२) (य+२) (य+३) (३) (य+३) (य+४)

(४) (य+३) (य+६) (५) (य+७) (य+८)

(६) (य+९) (य+८) (७) (य+६) (य+१५)

(८) (य+३ र) (य+८ र) (९) (य+७ र) (य+१६)

(११) (य − ७) (य − १०)   (१२) (य − ९) (य − १०)
(१३) (य − ८) (१ − १६)   (१४) (य − ६) (य − १६)
(१५) (य − १० र) (य − १६ र)   (१६) (य − ६ र) (य − २१ र)
(१७) (य − १० र) (य − २० र)   (१८) (य − १५) (य − १८)
(१९) (म − १५ न) (म − २० न)   (२०) (म − १४ न) (म − ३० न)
(२२) (य − ४) (य − १०)   (२३) (य − ६) (य + १२)
(२४) (य + १३) (य − ९)   (२५) (य + ८) (य − ६)
(२६) (य + ८) (य − १)   (२७) (य + ९) (य − ८)
(२८) (य + ७ र) (य − र)   (२९) (य + १२ र) (य − ११ र)
(३०) (य + १८ र) (य − ११र)   (३१) (यर + १६) (यर − ७)
(३३) (य − ३) (य + २)   (३४) (य − ६) (य + ५)
(३५) (य − ७) (य + ४)   (३६) (य − ६) (य + १)
(३७) (य − १६) (य + ५)   (३८) (य − १८) (य + ५)
(३९) (यर − २१ल) (यर + १२ल)   (४०) (य र − २० ल) (य र − ९)
(४१) (य + १६) (य + ७)   (४२) (य र − ८ ल) (य र + ल)
(४३) (म − १५ न) (म + ४ न)   (४४) म न (म + १ ८न) (म − ६न)
(४५) (म + ८ क) (म − २ ४ क)   (४६) (य − क) (य − ख)
(४७) (य − क) (य + ख)

प्रश्नावली २०

(२) (३ य + २) (य + १)   (३) (४ य + १) (य + १)
(४) (य + २) (५ य + २)   (५) (३ य + २) (य + २)
(६) (२ य + १) (३ य + ७)   (७) (७ य + २) (य + ४)
(८) (य + २ र) (८ य + ३ र)   (९) (य + २ र) (९ य + ५ र)
(१०) (११ य + ४ र) (य + ३ र)   (११) (१३ य + ७ र) (य + २ र)
(१३) (य − २) (४ य − ३)   (१४) (५ य − १) (य − १)
(१५) (२ य − ३) (५ य − १)   (१६) (९ य − ३) (य − ४)
(१७) (य − ४) (९ य − ४)   (१८) (२ य − १) (६ य − ५)
(१९) (य र − ३) (८ य र − ३)   (२०) (य − १) (क य − ख)
(२१) (३ य − ७ र) (४ य − २ र)   (२२) (५ य − ४ र) (३ य − २ र)

(२४) (य−१) (ख+३)
(२५) (२य−५) (य+३)
(२६) (४य−७) (य+२)
(२७) (४य−१) (३य+७)
(२८) (य−२) (१३य+३)
(२९) (य+६) (५य−२)
(३०) (५य−४र) (६य+५र)
(३१) (कय−ख) (य+१)
(३२) (८य−३र) (३य+४र)
(३३) (५य−४र) (४य−३र)
(३५) (य−२) (४य+३)
(३६) (३य−७) (४य+१)
(३७) (य−५) (५य+२)
(३८) (य−५) (६य+२)
(३९) (७य−४) (२य+१)
(४०) (३य−४) (४य+५)
(४१) (कय+ख) (य−१)
(४२) (य−२र) (७य+९र)
(४३) (४य−१३) (य+२)
(४४) (१−३य) (३+२य)
(४५) (य+क) (य−$\frac{१}{क}$)
(४६) (य+क) (य−$\frac{१}{क}$)
(४७) (य−क−ख) (य−क+ख)
(४८) (य+क−ख) (य−क−ख)
(४९) (य+क+२ख) (य−क+ख)
(५०) {य+(क+ख) र} {य+(क−ख) र}

प्रश्नावली २१

(२) (य+८) (य+७)
(३) (य+६) (य+७)
(४) (य+८) (य+६)
(५) (य+६) (य+९)
(६) (य+५) (य+१६)
(७) (य+७र) (य+१४र)
(८) (य+क) (य+ख)
(९) (य−५) (य−३)
(१०) (य−२०) (य−२)
(११) (य−क) (य−ख)
(१२) (य+११) (य−६)
(१३) (य−३) (य+१)
(१४) (य−१०) (य+७)
(१५) (य−१६र) (य+९र)
(१६) (य−२०र) (य+८र)
(१८) (य+२) (३य+२)
(१९) (२य−३) (४य+१)
(२०) २(य+१) (४य+७)
(२१) (य−३) (५य+४)
(२२) (य−३) (६य−५)
(२३) (य−३) (६य+५)
(२४) (य−३) (७य+३)
(२५) $(य+क+\sqrt{क^{२}-ख})\ (य+क-\sqrt{क^{२}-ख})$

प्रश्नावली २२

(२) (य + र − ३) (य + र − ४) (३) (य + र − ४) (य + र − ५)

(४) (य − र − १५) (य − र + ४) (५) (य + र − १६) (य + र − ३)

(६) (य + र + ६) {५ (य + र) − ३}

(७) (२ य + २ र − १३ ल) (य + र + ५ ल)

(८) {७ (२ य − ३ र) − १८ ल} {२ य − ३ र + २ ल}

(९) (१७ य + ४ र) (य + ८ र)

(१०) ($क^२$ + क + ८) ($क^२$ + क − ३)

(११) ($य^२$ + १) (य + १) (य − ४)

(१३) ($य^२$ + १८) (य − २) (य + २)

(१४) ($य^२$ + ११) (य + ३) (य − ३)

(१५) ($य^२$ + १०) (य + ५) (य − ५)

(१६) (४ $य^२$ + ३ $र^२$) (य + २) (य − २)

(१७) (य + ३) (य − ३) (य − ४) (य + ४)

(१८) (२ $य^२$ + ३) (य + ४) (य − ४)

(१९) (३ $य^२$ + २ $र^२$) (३ य − २ र) (३ य + २ र)

(२०) ($य^३$ + २) (५ $य^३$ − २)

(२१) (६ $य^२$ − $र^२$) (य − २ र) (य + २ र)

(२२) {३ (य + $र^२$) − ४ $ल^२$} (य + र − २ ल) (य + र + २ ल)

(२४) $\left(य - \frac{१}{य} + ३\right) \left(य - \frac{१}{य} + ४\right)$

(२५) $\left(य - \frac{१}{य} + ८\right) \left(य - \frac{१}{य} + १\right)$

(२६) $\left(य - \frac{१}{य} - ७\right) \left(य + \frac{१}{य} - ४\right)$

(२७) $\left(य + \frac{१}{य} - ४\right) \left(३ य + \frac{३}{य} + ७\right)$

(२८) $\left(य - २ क - \frac{२}{क}\right) \left(य + क + \frac{१}{क}\right)$

प्रश्नावली २३

(२) (२य + १) (४य^{२} − २य + १)

(३) (य + ३) (य^{२} − ३य + ९)

(४) (२य + ३र) (४य^{२} − ६यर + ९र^{२})

(५) (य + ४) (य^{२} − ४य + १६)

(६) (५य + २र) (२५य^{२} − १०यर + ४र^{२})

(७) (य + र + ३ल) (य^{२} + र^{२} + ९ल^{२} + २यर − ३लय − ३रल)

(८) २य (य^{२} + ३र^{२})   (९) (५य + र) (७य^{२} − ५यर + १९र)

(१०) (य + २) (य + १) (य^{४} + ६य^{३} + ७य^{२} − ६य + ४)

(११) (य^{२} + र^{२}) (य^{४} − य^{२}र^{२} + र^{४})

(१२) (य + र) (य + ३र) (य^{४} + ८य^{३}र + १३य^{२}र^{२} − १२यर^{३} + ९र^{४})

(१३) (य + र) (य^{२} − यर + र^{२}) (य^{६} − य^{३}र^{३} + र^{६})

(१४) $\left(क + \frac{१}{क}\right) \left(क^{२} − १ + \frac{१}{क^{२}}\right)$

(१५) कय (य + क) (य^{२} − यक + क^{२}) (१७) (य − २) (य^{२} + २य − ४)

(१८) (य − ३) (य^{२} + ३य + ९)

(१९) (य − ३र) (य^{२} + ३यर + ९र^{२})

(२०) (३य − २र) (९य^{२} − ६यर + ४र^{२})

(२१) (५य − ६र) (२५य^{२} + ३०यर + ३६र^{२})

(२२) (१३य − ८र) (१६९य^{२} − १०४यर + ६४र^{२})

(२३) (य + र − ल) (य^{२} + र^{२} + ल^{२} + २यर + लय + लर)

(२४) (य − २र − ल) (य^{२} + ४र^{२} + ल^{२} − २यर − यल + ४रल)

(२६) (य − २) (य + २) (य − २य + ४) (य + २य + ४)

(२७) (२य − ३र) (२य + ३र) (४य^{२} + ६यर + ९र^{२}) (४य^{२} − ६यर + ९र^{२})

(२८) (य^{२} + र^{२}) (य^{४} − य^{२}र^{२} + र^{४}) (य − र) (य + र) (य^{२} + यर + र^{२}) (य^{२} − यर + र^{२})

(२९) (२य^{२} − र) (२य^{२} + र) (१६य^{८} − ४य^{४}र + र^{४})

(३०) यर (य − र) (य + र) (य^{२} − यर + र^{२}) (य^{२} + यर + र^{२})

(३१) (य + र) (य − २र) (य^{४} − २य^{३}र + ३य^{२}र^{२} − २यर^{३} + ४र^{४})

(३२) $५ र^{३}(२ य^{६} + ६ य^{३} र^{३} + ४ र^{६})$

(३३) $२ (य + र) (य - र) (४ य^{४} + १० य^{२} र^{२} + १३ र^{४})$

(३४) $१८ र (४ य^{२} - ३ र^{२})$ (३५) $(५ र - य) (१९ य^{२} + ५ य र + ७ र^{२})$

(३६) $(य - \frac{१}{य}) (य^{२} + १ + \frac{१}{य^{२}})$

(३७) $(य - \frac{२}{य}) (य + २य + \frac{४}{य^{२}})$

(३८) $(य + \frac{१}{य}) (य - \frac{१}{य}) (य^{२} + १ + \frac{१}{य^{२}}) (य^{२} - १ + \frac{१}{य^{२}})$

प्रश्नावली २४

(२) $(य + र + १) (य^{२} + र^{२} + १ - य र - र - य)$

(३) $(य + र + २) (य^{२} + र^{२} + ४ - य र - २र - २य)$

(४) $(य + र - ल) (य^{२} + र^{२} + ल^{२} - य र + र ल + ल य)$

(५) $(य - र - ल) (य^{२} + र^{२} + ल^{२} + य र - र ल + ल य)$

(६) $(य - र + ल) (य^{२} + र^{२} + ल^{२} + य र + र ल - ल य)$

(७) $(२ य + र + ल) (४य^{२} + र^{२} + ल^{२} - २य र - र ल - २ल य)$

(८) $(२य + र + ३ल) (४य^{२} + र^{२} + ९ल^{२} - २य र - ३र ल - ६ल य)$

(१०) $(य^{२} + य - २) (य^{४} - य^{३} + ३य^{२} + २य + ४)$

(११) $(य^{२} - य + ३) (य^{४} + य^{३} - २य^{२} + ३य + ९)$

(१२) $(य^{२} - य + ५) (य^{४} + य^{३} - ४य^{२} + ५य + २५)$

(१३) $(य^{२} + य + ६) (य^{४} - य^{३} - ५य^{२} - ६य + ३६)$

(१४) $३ (य - र) (र - ल) (ल - य)$

(१५) $३ (य - र) (र - २) (२ - य)$

(१६) $(य - २र) (२र - ३ल) (३ल - य)$

प्रश्नावली २५

(१) $(य + २) (य + ५) (य^{२} + ७य - ९)$

(२) $(य^{२} + १०य + २२) (य^{२} + १०य + २३)$

(३) $(य^{२} + ८य + १२) (य^{२} + ८य + १०)$

(४) $(य + ३) (य + ७) (य^{२} + १०य + १९)$

(५) $(य^2+५य-७)(य^2-५य-३)$
(६) $(य^2+२य-४)(य^2+२य-७)$
(७) $(य^2+३य-२७)(य^2+३य-११)$
(८) $(य^2-२य+२)(य^2-२य-१३)$
(९) $(य^2-४य+१)(य^2-४य-२७)$
(१०) $(य+१)(य-४)(य^2-३य-६)$
(११) $(य^2+३य+३)(य^2+३य-१)$
(१२) $(य^2+२य-६)(य^2+४य-६)$
(१३) $(य-१)(य-८)(य^2+य+८)$
(१४) $(य^2+४य-२४)(य^2+३य-२४)$
(१५) $(४य^2-१६+९)(४य^2-१६य+१३)$
(१६) $(४य^2+८य-१५)(४य^2+८य-५०)$

प्रश्नावली २६

(२) $(य+१)(य+२)(य+३)$
(३) $(य+१)(य+२)(य+४)$
(४) $(य-१)(य-२)(य-३)$
(५) $(य-२)(य-४)(य-५)$
(६) $(य-३)(य-४)(य-५)$
(७) $(य+३)(य-५)(य-७)$
(८) $(य-१)(य-२)(य+३)(य+४)$
(९) $(य-२)(य-३)(य-४)(य-५)$
(१०) $(य-र)(य+२र)(य+३र)$
(११) $(य-२र)(य+४र)(य-५र)$
(१२) $(य+र)(य+२र)(य+३र)(य+४र)$
(१३) $(य-२)(य-३)(य+५)$
(१४) $(य-३)(य-४)(य+७)$
(१५) $(य+२)(य+४)(य-६)$
(१६) $(य+१)(य^2-य+३८)$
(१७) $(य+२)(य^2-२य+२३)$

(१८) (य – र) (य – २ र) (य + ३ र)
(१९) (य – २ र) (य – २ र) (य + ४ र)
(२०) (य – १) (य + २) (य + ३) (य – ४)
(२१) (य – २) (य + ३) (य + ४) (य – ५)
(२२) (य – १) (य + १) ($य^२$ + १०)
(२३) (२ य – १) (२ य + ३) (य + ५)
(२४) (२ य – १) (२ य – ३) (य + ७)
(२५) (२ य – ३) (३ य – १) (य – ७)

प्रश्नावली २७

(१) है (२) नहीं (३) है (४) है (५) नहीं (६) है

प्रश्नावली २८

(२) (क + ख) (ख + ग) (ग + क) (३) (क + ख) (ख + ग) (ग + क)
(४) (क + ख + ग) (क ख + ख ग + ग क)
(५) (क + ख) (ख + ग) (ग + क)
(६) – (क – ख) (ख – ग) (ग – क) (क + ख + ग)
(७) (क + ख) (ख + ग) (ग + क)
(८) – (क – ख) (ख – ग) (ग – क) (क + ख + ग)
(९) (क + ख) (ख + ग) (ग + क)
(१०) (क + ख + ग) (क ख + ख ग + ग क)
(११) – (क – ख) (ख – ग) (ग – क) (क ख + ख ग + ग क)
(१२) – (क – ख) (ख – ग) (ग – क) ($क^२$ + $ख^२$ + $ग^२$ + क ख + ख ग + ग क)
(१३) – (क – ख) (क + ख) (ख – ग) (ख + ग) (ग – क) (ग + क)
(१४) (क + ख + ग) (२क ख + २ख ग + २ग क – $क^२$ – $ख^२$ – $ग^२$)

प्रश्नावली २९

(२) ($य^२$ + ५ य + १) ($य^२$ + य + १)
(३) ($य^२$ + ३ य + १) ($य^२$ + य + १)
(४) ($य^२$ + ४ य + १) ($य^२$ – ७ य + १)

(५) (य^{२} − ४ य + १) (य^{२} − ३ य + १)
(६) (२ य^{२} + ७ य + २) (य^{२} − य + १)
(७) (३य^{२} + ४ य + ३) (य^{२} + य + १)
(८) (४ य^{२} − य + ४) (य^{२} − ७ य + १)
(९) (५ य + ४ य + ५) (य^{२} − ३ य + १)

प्रश्नावली ३०

(१) (य^{२} − ३ य − १) (य^{२} − ३ य − ५)
(२) (य^{२} + ४ य + १) (य^{२} + ४ य − ७)
(३) (य^{२} − ४ य − १) (य^{२} − ४ य − २)
(४) (य^{२} + ५ य + १) (य^{२} + ५ य + ३)
(५) (य^{२} + ६ य − ५) (य^{२} + ६ य − ३)
(६) (य^{२} − ७ य − ११) (य^{२} − ७ य + २)
(७) (२ य^{२} − ३ य + ७) (२ य^{२} − ३ य − १३)
(८) (२ य^{२} + ५ य − ९) (२ य^{२} + ५ य + ४)
(९) (३ य^{२} + २ य − ४) (३ य^{२} + २ य + २)
(१०) (३ य^{२} − ५ य + ३) (३ य^{२} − ५ य − ५)

विविध प्रश्नावली २

(१) (क + ख + ग) (क ख + ख ग + ग क)
(२) (क − ख) (क + ३ ख − २ ग)
(३) {(क − ख) य + (क + ख) र} {(क + ख) य − (क − ख) र}
(४) (य − ३ र + १) (य − र − १)
(५) (य + २ र + १) (य^{२} + ४ र^{२} + १ − २ य र − २ र − य)
(६) (क − ख) (क + ख) (क^{२} − क ख + ख^{२}) (क^{२} + क ख + ख^{२}) (क^{४} − क^{२} ख^{२} + ख^{४})
(७) (क + ख + ग) (क ख + ख ग + ग क)
(८) (क − ख − ग) (क^{२} + ख^{२} + ग^{२} + क ख − ख ग + ग क)
(९) (य^{२} + १) (य^{२} − २) (य^{४} − य + १) (य^{४} + २ य^{२} + ४)
(१०) (य + १) (य − १) (र + १) (र − १)

(११) (क + ख — २) (क + ख — ३)

(१२) (य + १) (२ य + १) (२ य — ३)

(१३) (क^{२} + २ क ख + २ ख^{२}) (क^{२} — २ क ख — २ ख^{२})

(१४) (२ क — ३) (२ क + ३) (२ क^{२} — ५)

(१५) (यर — १२ ल) (यर + ६ ल) (१६) (१ — य) (१ + य) (१ — २य)

(१७) (२ य — ५ र) (३ य — ४ र)

(१८) (य^{२} + ३ य र + र^{२}) (य^{२} — ३ य र + र^{२})

(१९) (य + ३) (य — ३) (य^{२} + २०)

(२०) (य^{२} + य र + र^{२}) (य^{२} — य र + र^{२})

(२१) ३ (क — २ ख य) (९ क य + २ ख)

(२२) — ३ (क — ख) (ख + ग) (क + २ख + ग)

(२३) — ५७ और — २८५

(२४) (य — १) (य^{२} — ३) (य^{२} + य + १) (य^{२} + ३ य + ९)

(२५) — (क — ख) (ख — ग) (ग — क) (क ख + ख ग + ग क)

(२६) य^{२} (य + १) (य^{२} + १)

(२७) (२ क — ख + ३ ग) (४ क^{२} + ख^{२} + ९ ग^{२} + २ क ख + ३ ख ग — ६ क ग)

(२८) (य + २) (य — ३) (य + ५)

(२९) (क + ख + ग) (क + ख — ग) (क — ख + ग) (ग + ख — क)

(३०) (य + २) (य + ६) (य^{२} + ८ य + १०)

(३१) (य — १) (य — २) (य + ५) (य — ८)

(३२) (य — १) (य + १) (य — ४) (य — ४)

(३३) (क — ख) (ख — ग) (ग — क) (क + ख + ग)

(३४) (क — ख) (ख — ग) (ग — क) (क ख + ख ग + ग क)

(३५) (क — ख) (ख — ग) (ग — क) (क + ख + ग)

(३६) (क य + ख र — क र — ख य) (क य + ख र — क र + ख य)

(३७) (य + १) (य + २) (य — २) (य + ५)

(३८) — ३ (य — र) (य + र) (र — ल) (र + ल) (ल — य) (ल + य)

(३९) (य^{२} — ९ य + १२) (य^{२} — ९ य + २२)

(४०) (य^{२} — ३ य — ५) (य^{२} — ३ य — १७)

(४१) {(क — १) य + ख + १} {(क + १) य + ख — १}

(४२) $(य+१)\ (य^{२}-२)\ (य-२)$

(४३) $(य^{२}-३य-१)\ (य^{२}+२य-१)$

(४४) $(य^{२}+य-५)\ (य^{२}+य-२१)$

(४५) $(य^{२}+य+१)\ (य^{२}-य+१)$

(४६) $(य^{२}+य+२)\ (य^{२}+य+३)$

(४७) $(क+ख+ग)\ (क-ख+ग)\ (क+ख-ग)\ (ख+ग-क)$

(४८) $(य-२र)\ (य^{२}+२यर-८र^{२})$

(४९) $(य^{२}+५य-८)\ (य^{२}+५य+५)$

(५०) $(य^{२}-य+१)\ (य^{२}+२य+२)$ (५१) ३४४

प्रश्नावली ३१

(१) $य^{२}$ (२) $य^{३}$ (३) $३य^{४}$ (४) $२य^{२}$ (५) $५य^{२}र^{२}$

(६) $२क^{२}य^{२}$ (७) $२य^{३}र^{३}$ (८) $७य^{२}र^{२}$ (९) $५क^{२}य^{२}र^{२}$

(१०) $११क^{३}य^{३}र^{३}$ (११) $८क^{२}ख^{२}य^{२}र^{२}$ (१२) $१०क^{३}ख^{३}य^{३}$

प्रश्नावली ३२

(२) $य-३$ (३) $य-र$ (४) $य\ (य+र)$ (५) $५+२र$

(६) $य^{२}-यर+र^{२}$ (७) $य-४$ (८) $य-२$

(९) $य^{२}\ (य^{२}+३यर+९र^{२})$ (१०) $य+३$ (११) $य+३$

(१२) $य-३$ (१३) $य+५$ (१४) $य+१$ (१५) $य+३$

(१६) $य^{२}-२यर+४र^{२}$ (१७) $(य+३)\ (य-४)$

(१८) $य^{२}+७य+१०$ (१९) $य^{२}+५य+४$ (२०) $य-२र$

(२१) $४\ (य^{२}-यर+र^{२})$

प्रश्नावली ३३

(२) $य^{२}+३य+२$ (३) $य^{२}-य-२$ (४) $य+२$

(५) $य^{२}+५य+६$ (६) $य^{२}+७य+१२$ (८) $य^{२}+य-१२$

(९) $य^{२}-य+१$ (१०) $य^{२}+य+१$ (११) $२य^{२}+य+१$

(१२) $य^{२}+८य-२$ (१३) $२य+३$ (१४) $य+२$

(१५) $य^{२}+२य+३$ (१७) $२य\ (२य^{२}+३य+४)$

(१८) $६\ (य^{२}+५य+२)$ (१९) $य^{२}+२य+४$

(२०) २ य (य^{२} + ५ य + १) (२२) य (२ य − १)
(२३) य^{२} − ५ य + ६ (२४) य^{२} − ३ य + २ (२५) य + ३

प्रश्नावली ३४

(२) क^{३}य^{४} (३) क^{२}ख^{३} (४) क^{४}य^{३} (५) क^{४}ख^{४}य^{४} (६) क^{५}ख^{४}य^{५}
(७) क^{६}ख^{६}य^{५} (९) २४क^{३}य^{४} (१०) २४क^{५}ख^{५}ग^{५} (११) ४८क^{६}ख^{६}ग^{६}
(१२) ३०० क^{५}ख^{५}ग^{५} (१४) (य + १) (य + ३) (य − ४)
(१५) य (य − २) (य − ३) (य − ४)
(१६) (२ य + ५) (य + १) (३ य + २) (१७) य^{६} − र^{६}
(१८) य^{६} − ६४ र^{६} (१९) (४ य − १) (२ य − ३) (३ य − ४)
(२०) (य − १) (य − २) (य + ३) (य + ४)
(२१) (२ य + १) (२ य + ३) (२ य − ५) (२ य − ७)
(२२) (य^{६} − ६४) (य + ३)
(२३) (य + १) (य + २) (य^{२} − ५ य + ८) (य^{२} − ५ य + २)
(२४) (य^{२} − १) (य^{२} − ४) (य^{२} − ९) (२५) २४ (य^{२} − ९) (य^{२} − १६)
(२६) २४ य (य − २)^{२} (य + ३) (य^{२} + २ य + ४)
(२७) ४८ (य + ३) (२ य + १) (३ य + २)
(२८) (९ य^{२} − र^{२}) (य^{२} − ३ र^{२}) (३ य^{२} + र^{२}) (३ य^{२} − र^{२})

प्रश्नावली ३५

(२) ६ य^{४} + २९ य^{३} + १२ य^{२} − ८ य − ३
(३) ६ य^{४} − १७ य^{३} − ४५ य^{२} + ३१ य + ६०
(४) २ य^{४} − १५ य^{३} + ३२ य^{२} − ४१ य + ३०
(५) ४ य^{४} − ११ य^{३} − २ य^{२} − ६ य + ९
(६) ३ य (२ य^{२} − २ य − ३) (२४ य^{३} − २ य^{२} − ६० य^{२} − ३२)
(७) ६ य (२ य^{२} − २ य − ३) (१२ य^{३} − य^{२} − ३० य − १६)
(८) (५ य + ४) (४ य^{३} + १६ य^{२} − ३ य − ४५)
(९) य^{३} − ७ य + ६ (१०) य^{३} − १३ य^{२} + ४७ य − ३५
(१२) ख = ५; ग = ६

विविध प्रश्नावली ३

(१) य − १ (२) य + १ (३) य − ३

(४) (य—१) (य—२) (य—३) (५) (य—क) (य—ख) (य+ख)

(६) $(क^४—ख^४)(क^२+कख+ख^२)$ (७) (य—१) (८) $य^२+य+१$

(९) $य (य^२—३ य+७)$ (१०) $(क+ख)(क—ख)^२(क^२+कख+ख^२)$

(११) $(क—ख)^२ (क—२ ख)^२ (क+२ ख)^२$

(१२) २ (३ य—२ क) (२ य—३ क) (२ य+५ क) (य+क)

(१३) म० स० प० $य^२+३ य+२$, ल० स० प० $(य^२—१) (य^२—४)$

(१४) म० स० प० य—२; ल० स० प० $(य—१)^२(य+१)^२(य—२)(२+३)$

(१५) (५ य+१) (य+१) $(य^२—२ य—२)$

(१६) $य^२—१२ य+३५$ (१७) (य—१) (य—२)

(१८) (५ य—४) (३ य—४); (५ य—४) (२ य—५)

(१९) $य^२+२ य—३$; $य^२—३ य+२$

प्रश्नावली ३६

(१) समानता (२) एकात्म (३) एकात्म (४) एकात्म (५) समानता (६) समीकरण (७) एकात्म (८) समानता (९) एकात्म (१०) समीकरण (११) समानता (१२) एकात्म (१३) समीकरण (१४) समीकरण (१५) एकात्म

प्रश्नावली ३७

(१) ७ (२) ४ (३) ३ (४) ४ (५) ४ (६) ६ (७) २५

(८) ८ (९) क (१०) $\frac{ख}{क}$ (१२) ४ (१३) ५ (१४) ५ (१५) ३

(१६) २ (१७) ५ (१८) २ (१९) ३ (२०) ५ (२१) ४

(२२) —४ (२३) —६ (२४) २ (२५) ५ (२६) ३ (२७) ८

(२८) क+ख (२९) क+ख (३०) क+ख (३१) ख (३२) ८

(३३) २५ (३५) ६ (३६) १ (३७) २ (३८) ४ (३९) ५

(४०) शून्य (४१) $—५\frac{१}{४}$ (४२) ४ (४३) ४ (४४) ६ (४५) $३\frac{१}{२}$

(४६) $४\frac{१}{२}$ (४७) २ (४८) १२ (४९) २ (५०) $\frac{क^२+ख^२—कख}{क}$

प्रश्नावली ३८

(२) ५ (३) १४ (४) १२ (५) १२ (६) —२४ (७) ७

(९) २६ (१०) ०. (११) —५ (१२) $५\frac{३}{७}$ (१३) १ (१४) ३

(१५) $-\frac{६}{१३}$ (१६) ७ (१७) ५ (१८) १ (१९) ८ (२०) २०
(२१) क ख (२२) क ख(क+ख) (२३) क ख (२४) क ख(२५) क ख ग

प्रश्नावली ३९

(२) ९ (३) ११ (४) २१ (५) २३ (६) २ (७) ४ (८) क−ख

(९) $\frac{क+ख}{क}$ (११)−२ (१२)−३ (१३) $\frac{१}{३}$ (१४) ४ (१५) २

(१६) $\frac{क+ख}{२}$ (१७) $१\frac{३}{८}$ (१८) $-२\frac{३}{४}$ (२०) $\frac{५}{७}$ (२१) $-\frac{८}{१३}$

(२२) $-१\frac{३}{११}$ (२४) $१\frac{१}{८}$ (२५) $१\frac{१३}{१६}$ (२६) $२\frac{५}{७}$ (२८) −५

(२९) −८ (३०) ३ (३१) $५\frac{१}{२}$ (३२) ८ (३३) $\frac{क\,(ख+ग-क)}{ख}$

प्रश्नावली ४०

(२) ५ (३) ६ (४) २ (५) २ (६) शून्य (७) १ (८) २
(९) ४ (१०) −२ (११) −३ (१३) $-\frac{३}{८}$ (१४) $-१\frac{१}{२}$
(१५) ७ (१६) ५ (१७) ८ (१८) ५ (२०) ७ (२१) ५

(२२) ९ (२३) $\frac{क+ख}{२}$ (२४) $\frac{२\,क\,ख}{क+ख}$ (२५) $\frac{४\,क\,ख}{क+ख}$

(२६) $\frac{क\,घ+ग\,ख}{क-ख-ग+घ}$ (२८) २ (२९) ३८ (३०) $१९\frac{१}{२}$ (३१) −२

(३३) $-\frac{११}{१२}$ (३३) $-\frac{१३}{३२}$ (३५) $\frac{३}{४}$

प्रश्नावली ४१

(१) $२\frac{१}{२}$ (२) ३ (३) $\frac{२}{५}$ (४) $२\frac{३१}{३२}$ (५) ६ (६) $-६\frac{१}{२}$
(७) $-\frac{४}{९}$ (८) $-\frac{५}{८}$ (९) $-\frac{१९}{२८}$ (१०) ६ (११) $३\frac{१}{३}$
(१२) ६ (१३) $-\frac{५}{४}$ (१४) ४ (१५) १३ (१६) $४\frac{५}{११}$ (१७) $३\frac{१}{२}$
(१८) −३ (१९) $४\frac{१}{२}$ (२०) ३ (२१) ३ (२२) $१\frac{१}{२}$ (२३) २
(२४) ५ (२५) $३\frac{१}{२}$ (२६) $१\frac{१}{३}$ (२७) $-२\frac{१}{५}$ (२८) $\frac{३}{५}$ (२९) −१३

(३०) $\frac{१}{२}$ (३१) क+ख+ग (३२) $\frac{क+ख}{२}$ (३३) $\frac{क\,ख}{क-२ख}$

(३४) $\frac{क^2+ख^2}{क ख}$ (३५) $\frac{-२ य फ}{प-फ}$ (३६) १ (३७) $\frac{क ख}{ख-क}$

(३८) −(क+ख+ग) (३९) $\frac{क ख (क+ख)}{क^2+ख^2}$ (४०) $\frac{-ग}{क+क}$

प्रश्नावली ४२

(१) ५ (२) ख−क (३) २ क (४) ४०−क (५) ख−क
(६) १२ (७) क−ख (८) क+ख (९) क+५ (१०) क+ख
(११) क−४ (१२) क−ख (१३) क+ख (१४) ४ क
(१५) $\frac{क}{३}$ (१६) $\frac{क}{२०}$ (१७) ४५ (१८) १०क+ख (१९) २०−क
(२०) क+ख+३ (२१) २२ वर्ष (२२) क+७ वर्ष (२३) य+क वर्ष
(२४) २४ वर्ष (२५) य−७ वर्ष (२६) य−क वर्ष
(२७) २१, २२, २३ (२८) य−१, य, य+१ (२९) १४, १६, १८
(३०) २य−२, २य, २य+२ (३१) २य−१, २य+१, २य+३
(३३) य=५क (३४) य=क+ख (३५) य=क−ख (३६) $\frac{य}{४}$=क
(३७) २ य=क+१२ (३८) ३ य=क+ख+३
(३९) य−५=२ (र−५) (४०) य+४=२ (र+४)

प्रश्नावली ४३

(२) ७८, ४२ (३) ९१, ५९ (४) ३२ (५) १२० (६) ११०
(७) १५१ (९) १५ (१०) १६ (११) १८० (१२) ३२०
(१३) ७२ रु० (१४) १५८ रु० (१५) ७६ रु, १३४ रु, २२२ रु०,
(१५) १२० रु० (१८) १०५, १०६ (१९) ७७, ७८, ७९
(२०) ४५, ४६, ४७, ४८, ४९ (२१) ११६, ११८ (२२) १२२, १२४, १२६
(२३) १३१, १३३ (२४) ११९, १२१, १२३ (२६) ७२ (२७) ३५
(२८) ५३ (२९) ६३ (३०) १८, ३ (३२) ७५ वर्ष, २५ वर्ष
(३३) ६० वर्ष, १५ वर्ष (३४) १६ वर्ष, ८ वर्ष (३५) ४० वर्ष
(३६) ६ वर्ष (३७) ३० वर्ष (३९) ५ बज कर ४५ मिनट
(४०) ५ बजे ३१$\frac{१}{२}$ मील चल कर (४१) ८ मील (४२) २५ मील

(४३) ४$\frac{१}{२}$ मील (४५) १४ मील (४६) २ मील (४७) १$\frac{१}{२}$ मी०
(४९) १० सेर (५०) ७ सेर (५१) २५ फुट (५२) २४ फुट
(५४) २०० रु० (५५) ६० रु० (५६) १५ रु० (५८) ४१५ सिपाही
(५९) १५० सिपाही (६१) २५ से० (६२) १० दिन (६३) ३४ दिन

प्रश्नावली ४४

(२) य=७, र=३ (३) य=३, र=३ (४) य=३, र=२
(५) य=६, र=$\frac{१}{२}$ (६) य=५, र=२ (७) य=३, र=६
(९) य=३, र=१ (१०) य=४, र=५ (११) य=३, र=२
(१२) य=२, र=३ (१३) य=१, र=$\frac{१}{२}$ (१४) य=२, र=३

प्रश्नावली ४५

(२) य=३, र=२ (३) य=४, र=३ (४) य=$\frac{१}{५}$, र=$\frac{१}{४}$
(५) य=६, र=१ (६) य=४, र=१ (७) य=३, र=१
(८) य=१, र=२ (९) य=२, र=३ (१०) य=३, र=७
(११) य=३, र=२

प्रश्नावली ४६

(२) य=५, र=६ (३) य=४, र=३ (४) य=३, र=४
(५) य=१, र=४ (६) य=२, र=२ (७) य=५, र=३
(८) य=३, र=२ (९) य=२, र=७ (११) य=३, र=४
(१२) य=$\frac{१}{४}$, र=२ (१३) य=३, र=$\frac{१}{२}$ (१४) य=५, र=$\frac{१}{३}$
(१५) य=$\frac{१}{२}$, र=५ (१६) य=३, र=३ (१८) य=$\frac{१}{३}$, र=$\frac{१}{२}$
(१९) य=$\frac{१}{५}$, र=$\frac{१}{३}$ (२०) य=$\frac{१}{३}$, र=$\frac{१}{४}$ (२१) य=$\frac{१}{८}$, र=$\frac{१}{७}$
(२२) य=$\frac{१}{७}$, र=$\frac{१}{५}$ (२३) य=२, र=७ (२४) य=३, र=४
(२५) य=$\frac{१}{५}$, र=$\frac{१}{२}$ (२७) य=३, र=२ (२८) य=$\frac{१}{३}$, र=$\frac{१}{६}$
(२९) य=$\frac{१}{५}$, र=$\frac{१}{३}$ (३०) य=३, र=२ (३१) य=$\frac{१}{४१}$, र=$\frac{१}{६}$
(३२) य=$\frac{१}{२}$, र=$\frac{१}{९}$ (३३) य=$\frac{१}{५}$, र=$\frac{१}{२}$ (३४) य=$\frac{१}{७}$, र=$\frac{१}{६}$
(३६) य=२$\frac{१}{२}$, र=$-\frac{१}{२}$ (३७) य=२$\frac{१}{२}$, र=$-\frac{१}{२}$ (३८) य=७, र=$-$३
(३९) य=$\frac{८}{१५}$, र=$\frac{२}{१५}$ (४०) य=४, र=२ (४१) य=६, र=३

(४२) य=$-\frac{१}{२}$, र=२ (४३) य=$-\frac{५}{६}$, र=$२\frac{१}{१४}$ (४५) य=क, र=ख

(४६) य=ख, र=क (४७) य=$\frac{ज च}{च^{२}+छ^{२}}$, र=$\frac{ज छ}{च^{२}+छ^{२}}$

(४८) य=$\frac{क^{२}-ख^{२}}{ग क-ज ख}$, र=$\frac{ख^{२}-क^{२}}{ग ख-ज क}$

(४९) य=$\frac{२ क+ख}{२}$, र=$\frac{२ क-ख}{२}$

प्रश्नावली ४७

(२) य=५, र=२ (३) य=६, र=५ (४) य=३, र=५
(५) य=५, र=४ (६) य=७, र=६ (७) य=३, र=२
(९) य=५, र=३ (१०) य=३, र=२ (११) य=४, र=६
(१२) य=७, र=५

प्रश्नावली ४८

(२) य=९, र=७, ल=५ (३) य=३, र=२, ल=−३
(४) य=३, र=१, ल=−५ (५) य=२, र=४, ल=१
(६) य=२, र=३, ल=४ (७) य=२, र=३, ल=५
(८) य=−२, र=−१, ल=३ (९) य=१, र=२, ल=३
(१०) य=$\frac{१}{२}$, र=$\frac{१}{४}$, ल=$\frac{१}{३}$ (११) य=३, र=४, ल—२
(१२) य=ग−ख, र=क−ग, ल=ख−ग

प्रश्नावली ४९

(२) य=१, र=२, ल=३ (३) य=२, र=४, ल=३
(४) य=३, र=२, ल=५ (५) य=३, र=२, ल=−५
(६) य=४, र=५, ल=६ (७) य=२, र=५, ल=१
(८) य=१, र=$\frac{१}{२}$, ल=$\frac{१}{३}$ (९) य=$\frac{१}{३}$, र=$\frac{१}{२}$, ल=$\frac{१}{४}$
(१०) य=$\frac{१}{४}$, र—$\frac{१}{३}$, ल=$\frac{१}{५}$ (११) य=$\frac{५}{२}$, र=$\frac{१}{३}$, ल=$\frac{१}{४}$
(१२) य=$\frac{१}{३}$, र=$\frac{१}{४}$, ल=१ (१३) य=२, र=३, ल=५

(१४) य=$\frac{क+ख+२ ग}{४}$, र=$\frac{क+२ ख+ग}{४}$, ल=$\frac{२ क+ख+ग}{४}$

प्रश्नावली ५०

(२) य$=$४, र$=-$३, ल$=$५ (३) य$=-$२, र$=$३, ल$=$४
(४) य$=\frac{१}{२}$, र$=\frac{१}{३}$, ल$=\frac{१}{५}$ (५) य$=\frac{१}{३}$, र$=\frac{१}{४}$, ल$=-\frac{१}{२}$
(६) य$=$३, र$=$४, ल$=$५ (६) य$=$४, र$=$५, ल$=$६
य$=-$२ र$=-$४ य$=-$४ र$=-$५, ल$=-$६
(९) य$=\frac{१}{२}$, र$=\frac{१}{३}$, ल$=\frac{१}{४}$ (१०) य$=$५, र$=$६, ल$=$७
(११) य$=$३, र$=$४, ल$=$५ (१२) य$=$४, र$=$५, ल$=$६
(१४) य$=\frac{१}{४}$, र$=\frac{१}{५}$, ल$=\frac{१}{६}$ (१५) य$=\frac{१}{३}$, र$=\frac{१}{४}$, ल$=\frac{१}{५}$
(१६) य$=$४, र$=$५, ल$=$६ (१७) य$=$२, र$=$३, ल$=$४

प्रश्नावली ५१

(२) ४०, ५६ (३) ३६ (४) २९ (५) ६०, ५० (६) ६३ रु, ४५ रु० (७) $\frac{५}{८}$ (९) $\frac{११}{५५}$ (१०) $\frac{३}{५४}$ (११) $\frac{७}{५६}$ (१२) $\frac{७}{५५}$ (१४) ८४ (१५) ७४ (१६) ४५ (१७) ९८ (१८) १८ (२०) २० दिन, ४० दिन (२१) २४ दिन (२२) ४० दिन (२३) ३० दिन, ६० दिन (२४) ५० दिन, (२६) १८ दिन (२७) २२ दिन (२८) २० दिन (३०) १५० रु० (३१) ४० रु०, १५ रु० (३२) ३५० रु० (३४) ३ मी०, ९ मी० (३५) ४ मील (३६) ९$\frac{१}{२}$ मी० (३७) ३ मी०, ३$\frac{३}{५५}$ मी० प्र० घ० (३९) ३२ रु०, ३० रु० (४०) ३५० रु० ३०० रु० (४१) ११२५ रु० (४२) २० म० २५ रु० प्रति मन (४४) लम्बाई २० फुट, चौड़ाई १५ फु० (४५) ३० फु० (४६) ४० ग० (४८) पिता ४२ वर्ष, पुत्र १२ वर्ष (४९) पिता ४६ वर्ष, पुत्र १७ वर्ष, १५ वर्ष (५०) अ ३६ वर्ष, ब २७ वर्ष (५२) पिता ६४ वर्ष, माता ५८ वर्ष, पुत्र ३८ वर्ष (५३) २५३ (५४) २३४ (५५) लम्बाई २० फुट, चौड़ाई १५ फु०, ऊँचाई १२ फु०

प्रश्नावली ५२

(२) $\pm$६ (३) $\pm$८ (४) $+$५ (५) $\pm$४ (६) ७, १ (७) ११, $-$७ (८) $\pm$३ (९) $\pm$५ (११) $\pm\frac{४}{५}$ (१२) $\pm$१$\frac{५}{६}$ (१३) $\pm$३$\frac{१}{४}$ (१४) $\pm$१$\frac{५}{७}$ (१५) $\pm$२$\sqrt{६}$ (१६) $\pm\sqrt{\frac{३६}{२}}$ (१७) $\pm$३ (१८) $\pm$२$\frac{१}{२}$ (१९) $\pm$४ (२१) $\pm$१$\frac{१}{२}$ (२२) $\pm$१ (२३) $\pm$११ (२४) $\pm\sqrt{६}$ (२५) $\pm\sqrt{६}$ (२६) $\pm\frac{२}{३}$ (२७) $\pm\sqrt{१०}$ (२८) $\pm\frac{३\sqrt{२}}{२}$ (२९) $\pm$२ (३०) $\pm\frac{३\sqrt{२}}{२}$

प्रश्नावली ५३

(२) ३, २ (३) ७, ८ (४) −५, −७ (५) −८, −९ (६) −७, ४
(७) −११, ६ (८) ११, −४ (९) १२, −११ (१०) −५, $-३\frac{१}{२}$
(११) $-२\frac{१}{२}$, $-१\frac{१}{३}$ (१२) $२\frac{१}{२}$, $१\frac{१}{२}$ (१३) $१\frac{१}{४}$, $२\frac{१}{३}$ (१४) $१\frac{२}{३}$, $१\frac{१}{२}$
(१४) $\frac{५}{३}$, $-\frac{३}{२}$ (१५) −९, $३\frac{१}{२}$ (१६) क, १ (१७) क+ख, क−ख
(१८) ग, $-\frac{ख}{क}$ (१९) क, $-\frac{१}{क}$ (२०) ख, क−ख

प्रश्नावली ५४

(२) $-\frac{१}{४}$ −१ (३) −१, $-\frac{४}{५}$ (४) $-\frac{१}{२}$, $-\frac{७}{३}$ (५) $-\frac{२}{७}$, −४
(६) $\frac{३}{२}$, $\frac{१}{५}$ (७) ४, $\frac{४}{९}$ (८) −३, $-२\frac{१}{२}$, (९) −२, $१\frac{३}{४}$ (१०) $\frac{१}{४}$, $२\frac{१}{३}$
(११) $१\frac{३}{४}$, −२ (१२) $\frac{२\pm\sqrt{१९}}{३}$ (१३) $\frac{३\pm\sqrt{२९}}{५}$
(१४) $\frac{क+क\sqrt{१७}}{२}$ (१५) २ क ३ क

प्रश्नावली ५५

(१) $-३\pm\sqrt{५}$ (२) ०, ४ (३) $\frac{१}{२}$, $१\frac{१}{३}$ (४) $१\pm\sqrt{-३}$
(५) ३, $-४\frac{१}{२}$ (६) ९, ८ (७) $\frac{२}{३}$, १३ (८) ६, $३\frac{१}{१३}$ (९) ०, $-२\frac{१}{२}$
(१०) $१\frac{२}{३}$, −९ (११) $\frac{१}{२}$, $५\frac{१}{३}$ (१२) २, $४\frac{६}{१३}$
(१३) $\pm५-\sqrt{१७}$ (१४) $\pm३-\sqrt{१३}$ (१५) −२, $-१\frac{२३}{७०}$

प्रश्नावली ५६

(२) १६, −१७ (३) १४, −१३ (४) १०, $\frac{१}{१०}$ (५) ११, −३
(७) ११; १३; −११, −१३ (८) ७, ९; −३, −१ (९) ८, ६, −८, −६
(१०) ६, ८ (११) १०, १५, २५ (१३) १२, ४ (१४) २०, ३
(१५) १०, ६ (१६) ७, ५; $-\frac{११}{२}$, $\frac{५}{२}$ (१८) ४२ (१९) ७३ (२०) ४२
(२२) ३५ फु० (२३) $२\frac{१}{२}$ ग० (२४) ३० ग० (२६) ३० मी०
(२७) ९ मी० (२८) १८ मी०, २८ मी० (२९) २० मी० (३०) २ मी०
(३२) २८ दिन (३३) ३६ मि०; ४५ मि० (३४) १६ दिन (३५)
१० वर्ष (३६) ८ वर्ष (३८) ३० रु० (३९) १२० रु० (४०) ३५० रु.
(४१) ११ आदमी (४२) २० मित्र
